D1734593

Karmapa

König der Verwirklicher

herausgegeben von
Nik Douglas und Meryl White
2005

BUDDHISTISCHER VERLAG

Impressum

Über die Herausgeber:

Nik Douglas wurde in England geboren und wuchs im Nahen Osten auf. Er studierte Archäologie, Ägyptologie, Sanskrit und Tibetisch. Er bereiste weite Teile des Nahen und Fernen Ostens und sammelte Materialien über östliche Kunst und Archäologie. 1968 drehte er den Dokumentarfilm „Tantra", der von der indischen Regierung finanziert und in den USA ausgestrahlt wurde. Sein Buch „Tantra Yoga" gewann mehrere Preise. 1972 traf er Gyalwa Karmapa und schrieb dieses Buch gemeinsam mit Meryl White.

Meryl White, B.A. (Hons) der Universität Reading (Großbritannien), Stipendium der Royal Academy (Dip. R.A.). Sie bereiste Indien und Nepal, wo sie bei einem traditionellen Lehrer die tibetische Malkunst erlernte. In Sikkim traf sie Gyalwa Karmapa und arbeitete bis 1973 gemeinsam mit Nik Douglas an diesem Buch.

Die Deutsche Bibliothek - CIP-Einheitsaufnahme
Douglas, Nik und White, Meryl:
Karmapa: König der Verwirklicher/Douglas Nik und White Meryl;
Aus dem engl. von Ralf Trunsperger und Claudia Krysztofiak – Wuppertal: Buddhistischer Verlag 2005
Karmapa, Black Hat Lama of Tibet dt.
ISBN 3-937160-14-0

Besuchen Sie uns im Internet:
www.buddhistischer-verlag.de

Titel der englischen Originalausgabe:
Karmapa – Black Hat Lama of Tibet
1976 erschienen bei Luzac & Company LTD 46, Great Russel Street, London

Aus dem Englischen von Ralf Trunsperger und Claudia Krysztofiak
Lektorat: Peter Speier

Copyright © Künzig Shamarpa
Copyright © der deutschen Übersetzung 2005 Buddhistischer Verlag, Wuppertal
Alle Rechte vorbehalten.
Das Werk darf – auch auszugsweise – nur mit Genehmigung des Verlags wiedergegeben werden.

1. Auflage 2005 Buddhistischer Verlag, Wuppertal
Umschlaggestaltung: Ilona Jakubczyk, Hamburg
Gestaltung und Satz: Florence Dubois, Dortmund
Übersetzung: Ralf Trunsperger und Claudia Krysztofiak
Lektorat: Peter Speier, Berlin
Druck und Bindung: Westermann Druck Zwickau GmbH
Papier: Luxosamtoffset

Printed in Germany
ISBN 3-937160-14-0

Der achte Karmapa Mikyö Dorje wird mit Buch und *Schwarzer Krone* dargestellt. Der Meister des *Großen Siegels* ist ist von verwirklichten Lehrern der *Kagyü-Linie* umgeben.

Ausschnitt eines großen Banners, das die Karma-Kagyü-Linie in Form des Zufluchtsbaumes darstellt und als Hilfsmittel zur Vergegenwärtigung verwendet wird. Das Original befindet sich im Kloster Rumtek in Sikkim.

Inhalt

S.H. Gyalwa Karmapa
Rangjung Rigpe Dorje

ༀ། །ཁྱེ་ད་རྣམས་ཀྱི་དབུ་ཕྱོགས་སོ་སོའི་ཡུལ་གྲུ་སོ་སོ་ནས། །ཡང་དག་པའི་ལྟ་སྤྱོད་

ཀྱི་རྒྱལ་ཞིང་དུ། །གྲུབ་པའི་རྣལ་འབྱོར་དངོས་གྲུབ་འབྱུང་བའི་གནས། །རྗེ་བཙུན་རྣམས་

ཡི་དམ་རྣམས་ཀྱི་གཙུག །རྗེ་།།ནས་རྗེ་གོང་མའི་ལྟ་བསྟན་ཡོ་གྱ་ཡི། །བཞི་

ཆ་ལྡ་མཆེད་དེ་ནུ་པའི་རྩེ་སོ་ནས་དང་མ་གོང་མ་དང་རྩ་བ་དང་གྱུར་མེ་དབྱངས་

ཤར་ཆ་བའི་རྒྱུ་པ་འདི། །མངོན་པ་ལྟ་སྟོན་ནས་སྡེ་གི་ཡི་དམ་རྣམས་ཀྱི་ཅན་མ་སྡུག །

ག།།གང་དེ་ཁྱེ་ད་ལ་ངུ། །ཡེ་མ་ཡི་ཐོ་རངས་ད་ལྟ་ལྟ་བསྟན་རྣམས་ལ་སྡུག་པར་ཐོ་

མ་གྱི་ཆ་སྡུ་པ་ད་ནས་ནས། །རང་རྗེ་ངི་རྟགས་སུ་ལ་ད་མ་ཡི་ལེ་ད་རྒྱ་ཡི་ལ་གྱི།

ཐོད་ནི།།ད་ནི་ནག་ནས་རྩ་ལོ་ཡོ་གྱུ་ན། །རྩ་ལག་ལ་ན་ད། །ཏ་གྱུ་ཐ་ལ་ཡོ་གྱུ་ནི་ད།།

འཇི་ད་རང་ཡིན་ཅི་གྱི་ལོ་ཡི་ད་ནས་བཏང་། །ཆེ་ད་ཡི་གྱ་ལྟ་ལོ་ཡི་གི་ལ་ཡི་ད་རྟ་སྡུ་གྱུ་ད་སྡུ་།།

ཡང་ད་བཏ་མ་གི་ནས་བླ་གི་ཅ་ཡི་ལག་ད་ཡ་ལ་ཡ་ཐ་ནི་ལོ་བ་ཅ་རྣམས་ཐ་གྱི་ལོ་ནི་ད།

ད། །འཇི་ད་རྣམས་ཅ་ཡི་ཐེ་བྱུ་རྣམས་ཡི་ཐ་ར་ཡི་ཐོ་ད། །ཡི་ལ་ལ་ད་མཆོ་ལེ་ད་ཅ་ལོ་ད། །མཆོ་གི་གྱ་ད་།

མཆོ་ལ་མཆེ་ད་ཅ་ཡི་ལ་ང་ལོ་ཡ་སུ་འ་ར་ན་གྱ་ཡི་ལ་ད་ཐ་རྒྱ་གི་དཔྱུ་ནི་།ཡ་ད་ད་ལ།

བྱ་ད་བ་ད་ཐ་མ་ད་ཡི་ཅ་ད། །ཐི་ལ་ཐི་ དཔྱ་ད་ ནུ་ལ་ད་ཅ།།

Geleitwort S. H. Gyalwa Karmapa

In seiner grenzenlosen *Weisheit* und mit geschickten Mitteln lehrte *Buddha*, wie wir uns sinnvoll verhalten und falsche Handlungen vermeiden können. Für die erfolgreiche *Verwirklichung* von *Befreiung* und höchster Weisheit betonte er den Wert echten Mitgefühls.

Schon als Kind wurde ich als Teil der ungebrochenen Linie der Gyalwa Karmapas anerkannt, so wie es mein Vorgänger vorausgesagt hatte. Es fiel mir sehr schwer, die edlen Lehren in dem Maße zu verbreiten, wie es meine großen Vorgänger taten. Aber ich habe mich ernsthaft bemüht, allen Wesen ohne Ausnahme zu nutzen und wirklich zu helfen. Wenn die wahren und reinen buddhistischen Lehren künftig weltweit und in jeder Sprache Verbreitung finden können, glaube ich, dass alle weltlichen Schwierigkeiten und Elend abnehmen werden.

Dieses Buch über den Ursprung und die Überlieferung der großen *Kagyü-Linie* wird sehr zum Verständnis der buddhistischen Lehre beitragen und allen nutzen, die sich nach *Erleuchtung* sehnen. Ich danke deswegen all jenen, die es mit Vertrauen und Hingabe übersetzt und zu seinem Gelingen beigetragen haben.

In diesem dunklen Zeitalter, in dem es Krankheit, Hunger und Krieg gibt und Menschen vor ihrer Zeit sterben, mache ich Wünsche, dass der durch die Arbeit an diesem Buch angesammelte Verdienst allen Wesen nutzt und Frieden bringt. Mögen alle Wesen Liebe und Freundlichkeit füreinander erlernen, sodass ein Reichtum an Glück entsteht und alle Erleuchtung erreichen.

Ich, Gyalwa Karmapa, Halter der ungebrochenen Linie, habe dies im Jahre 1973 eigenhändig besiegelt.

Einführung

Dieser außergewöhnliche Text wurde sorgfältig aus gesicherten tibetischen Quellen recherchiert. Er beschreibt, wie die buddhistischen Lehren von Indien nach Tibet gelangten und dort in der Übertragungslinie der bewusst wiedergeborenen Karmapas weitergegeben wurden. Zum ersten Mal werden die Lehrer der *Karma-Kagyü*-Schule, der *„mündlichen Übertragung"*, als eine ununterbrochene Linie dargestellt. Die außergewöhnlichen Lebensgeschichten werden in ihrem geschichtlichen Zusammenhang bis heute aufgezeigt. Sie sind Ausdruck einer im fernöstlichen Kulturkreis tief verwurzelten Sicht der Wirklichkeit. Für den Verlauf des Lebens spielt hier die Vorstellung von Wiedergeburt sowie der alles durchdringende Einfluss von *Ursache und Wirkung* (skt. Karma) eine wichtige Rolle.

Karmapa bedeutet „Herr der Tat", ein Meister des *Karma*. Er verkörpert die *Buddhaaktivität* des großen Mitgefühls, das sich in der *Buddhaform Liebevolle Augen* (tib. Chenresig; skt. Avalokiteshvara) sinnbildlich ausdrückt. Karmapa war der erste bewusst wiedergeborene *Lama* Tibets. In einer ununterbrochenen Abfolge von Wiedergeburten wird Karmapa seit über 800 Jahren als lebender Buddha geehrt. Wie seine Vorgänger, wurde der 16. Karmapa Rangjung Rigpe Dorje erkannt und ausgebildet. Nachdem die Chinesen in Tibet einmarschiert waren, musste er jedoch nach Sikkim fliehen und gründete dort ein großes Kloster zur Verbreitung der buddhistischen Lehren. Es war seine Begeisterung und Großzügigkeit, die dieses Werk ermöglichte. Es ist seine Geschichte, die hier auf althergebrachte Weise erzählt und unter seinem prüfenden Blick und Anleitung niedergeschrieben wurde. In Tibet heißt es, dass die Lebensgeschichten verwirklichter Lehrer ein ausgezeichnetes Mittel für die eigene innere Entwicklung darstellen. Man liest sie mit der inneren Geisteshaltung, eine Art von *Einweihung* zu erhalten.

Das Werk enthält Fußnoten und Verweise, die es dem Leser erleichtern sollen, die Bedeutung der Ereignisse zu verstehen. Ein ausführlicher Anhang und ein Glossar runden das Buch ab.

Der erste Teil handelt von der alten *Übertragung*, die vor ungefähr 1.000 Jahren in Indien entstand. Der *Verwirklicher* (skt. Yogi) Tilopa erhält die höchsten Einweihungen, verwirklicht die *tantrischen* Lehren Buddhas und wird so zu einem Meditationsmeister, einem *Siddha*. Er gibt die Essenz seiner *Verwirklichung* an seinen Schüler Naropa weiter, der sie wiederum vollständig realisiert. Naropa wird der Lehrer des Tibeters Marpa, der später selbst

Verwirklichung erlangt und die buddhistischen Lehren ins Tibetische übersetzt. Als buddhistischer Lehrer des *Diamantweges* (tib. Lama) nimmt er Milarepa als seinen Schüler an und gibt ihm nach vielen harten Prüfungen die gesamte Übertragung. Als Einsiedler und Verwirklicher gibt Milarepa die Lehren an Gampopa weiter, der wiederum Düsum Khyenpa, den ersten Karmapa, unterweist.

Mit dem Erscheinen des ersten Karmapa erfüllt sich eine Prophezeiung Buddhas, die er 1600 Jahre zuvor gemacht hatte: Karmapa kommt als Ausstrahlung des *Bodhisattva* Liebevolle Augen auf die Welt, um den Menschen zu helfen, sich von ihrem Leid zu befreien. Karmapa zeigt sofort seine Aktivität, gründet Meditationsstellen, verteilt Geschenke, hilft Kranken und gibt Belehrungen. In aufeinander folgenden Wiedergeburten reist er sehr weit und wird zum Lehrer großer Herrscher und Könige. Er nutzt seinen Einfluss, um sowohl Frieden als auch Buddhismus in Tibet, China, der Mongolei, Nepal, Sikkim und Indien zu fördern. Als Meister von Wundern und Prophezeiungen verwendet Karmapa seine Fähigkeiten, um die Bedeutung seiner Lehren zu unterstreichen.

Die 16 Lebensgeschichten der Karmapas wurden aus tibetischen Biographien und Tagebüchern zusammengestellt und spiegeln 800 Jahre wichtiger kultureller und geschichtlicher Ereignisse wider. Ausführliche Berichte von Einweihungen, Visionen, Wundern und Vorhersagen vermitteln einen Einblick in die tibetisch-buddhistischen Lehren. Das Spiel von Ursache und Wirkung zieht sich durch alle Lebensgeschichten, überdauert Lebenszeiten und formt den Lauf der Geschichte. Gerade in dieser Hinsicht sind die Lehren der Karmapas für die heutige Zeit so wichtig.

Großer Wert wurde auf Genauigkeit und Klarheit gelegt. Manchmal erschien es als das Beste, in den Kommentaren eine genaue Umschrift aus dem Tibetischen zu geben, während wir im Text selbst bei einer einfacheren und leichter lesbaren Form geblieben sind. Das Manuskript entstand unter äußerst schwierigen Bedingungen, denn die urschriftlichen tibetischen Werke in Sikkim konnten nur für kurze Zeit eingesehen werden. Letzte Hinweise und Berichtigungen kamen während einer Pilgerfahrt des 16. Gyalwa Karmapa hinzu. Falls dennoch einige Fehler geblieben sein sollten, wird der Leser um Nachsicht gebeten.

Größten Dank schulden wir Gyalwa Karmapa und all denjenigen im Kloster Rumtek, die mit ihrer Zeit diese Arbeit ermöglichten. Anerkennung gilt Chögyam Trungpa, Akong und Dorzong für die Überlassung zusätzlicher, wertvoller Unterlagen. Dank gilt auch der indischen Regierung, der Hindu-Universität Benares, der Sanskrit-Universität Benares, der Bengal Asiatic Society Calcutta und der Tribhuvan University of Nepal für ihre freundliche Unterstützung und den Zugang zu allen Forschungsquellen. Besonderer Dank gilt der Arbeit von G. C. C. Chang, Karma Khechog Palmo, Karma Tinlay, H. E. Richardson und G. N. Roerich, wie auch denjenigen, die Bildmaterial und ihre Hilfe zur Verfügung gestellt haben. Schließlich danke ich besonders Meryl White, die mit mir an diesem Projekt gearbeitet hat, sowie Messrs. Luzac & Co., die es fertig stellten.

Nik Douglas

Erste Teil

DIE ALTE ÜBERTRAGUNGSLINIEN

Die Übertragungslinien

Diamanthalter

Tilopa	(988.)1069)
Naropa	(1016-1100)
Marpa	(1012-1097)
Milarepa	(1052-1135)
Gampopa	(1079-1153)
Karmapa Düsum Khyenpa	(1110-1193)

Diamanthalter (tib. Dorje Chang; skt. Vajradhara) Diese Statue wurde vom zehnten Karmapa Tschöying Dorje (1604–1674) aus dem Horn eines Rhinozeros geschnitzt und wird im neuen Kloster Rumtek in Sikkim aufbewahrt.

Tilopa (988-1069)

Tilopa wurde 988 im Osten Indiens[1] in einer Brahmanenfamilie geboren. Wie man sich erzählt, unterzog der große Meister Nagarjuna[2] den Jungen einer Prüfung. Nagarjuna, ein großer Philosoph, *Verwirklicher* und Alchimist, bat ihn beim Überqueren eines Flusses um Hilfe. Furchtlos watete Tilopa mit seinem Lehrer auf dem Rücken durch das tosende Wasser, ohne den geringsten Zweifel, dass er die andere Seite sicher erreichen würde.

Als sich Nagarjuna einige Jahre später wieder in der Gegend aufhielt, begegnete er dem Jungen nochmals. Tilopa, der mit zwei Mädchen gerade König und Königinnen spielte, verbeugte sich sofort vor dem Meister. Als Naropa ihn fragte, ob er denn wirklich gerne König werden wollte, bejahte Tilopa dies lachend. Aber er fügte hinzu, dass es wohl niemals geschehen würde. Einige Jahre später starb der König dieser Gegend, und der Staats-Elefant – eine Art Orakel – stellte die zeremonielle Vase auf Tilopas Kopf. Nagarjuna führte dabei den Elefant mit seinen magischen Kräften und zauberte zugleich eine mächtige, unbezwingbare

Armee hervor, die nur auf Tilopas Kommando hörte. Dies wurde als Zeichen für die übernatürliche Wahl des neuen Königs angesehen. Der junge Mann wurde gekrönt und regierte einige Jahre lang.

Bald jedoch war Tilopa des luxuriösen Lebens überdrüssig. Er gab die Herrschaft über das Königreich auf und wurde Mönch. Nachdem er die formellen *Einweihungen* erhalten hatte, wurde er von seinem Onkel im Tempel von Somapuri (Bengalen) ordiniert. Eines Tages, während er seinen Aufgaben als Mönch nachging, erschien eine hässliche, hexenhafte Frau. Sie fragte ihn, ob er wirkliche *Erleuchtung* erlangen wolle. Tilopa erkannte sie als eine *Dakini*, eine Halterin geheimer buddhistischer Lehren, und bat sie um Unterweisungen. Sie weihte ihn in das *Tantra* des Buddhas *Höchste Freude*[3] (tib. Khorlo Demchog; skt. Chakrasamvara) ein, und er war fähig, die Lehren vollständig aufzunehmen.

Tilopa blieb zwölf Jahre in Somapuri und beschäftigte sich mit den Belehrungen, die er erhalten hatte. Es gelang ihm, die *Reinen Länder* der Dakinis zu besuchen, und

---

[1] Lama Taranatha nennt Catighavo als Tilopas Geburtsort. Der Ort wird mit Chittagong im Osten Bengals gleichgestzt.

[2] Nagarjuna stammte aus Südindien, gründete die *Madhyamaka*-Schule des *Großen Weges* und gab befreiende höchste Weisheitsbelehrungen (skt. Prajnaparamita). Gelehrte sind unterschiedlicher Ansicht über seine Lebensspanne.

[3] Höchste Freude ist einer der wichtigsten Buddhaformen in der Kagyü-Übertragung.

meisterte viele Härten und Versuchungen. Schließlich traf er sogar die Königin der Dakinis[4] und erhielt von ihr die volle und letztendliche Übertragung von der Natur des Geistes. Als er sich mit einer Verwirklicherin vereinigte, die als Sesamstampferin arbeitete, wurde er aus der Gemeinschaft der Mönche ausgeschlossen. Von nun an lebte er an einsamen Begräbnisstätten, und die Leute hielten ihn für verrückt.

Tilopa reiste quer durch ganz Indien, traf viele Lehrer und erhielt von ihnen Übertragungen in zahlreiche geheime Übungen. Von Zeit zu Zeit stampfte er Sesamsamen (tib. Til), um seinen Lebensunterhalt zu verdienen, und es heißt, sein Name stamme davon ab. Tilopas Hauptlehrer war Buddha *Diamanthalter* (tib. Dorje Chang; skt. Vajradhara), der ihm die die Lehren unmittelbar ohne einen weiteren Vermittler übertrug. Vor allem die Übertragung des *Großen Siegels* (tib. Chag Chen; skt. Mahamudra) erhielt er auf diese Weise. Die Meister, mit denen er in Berührung kam, waren der Bengale Luipa, der dafür bekannt war, die Innereien von Fischen zu essen, Krishnacharin[5], Vajraghanta (tib. Dorje Trilbupa), Matangi[6], Vinapa, der das Saiteninstrument Vina spielte, und Darikapada. Dieser war

Tilopa

Diese Statue wurde vom zehnten Karmapa Tschöying Dorje (1604-1674) aus dem Horn eines Rhinozeros geschnitzt und wird im neuen Kloster Rumtek in Sikkim aufbewahrt.

[4] Es heißt Tilopa erhielt die letztendliche Übertragung durch sexuelle Vereinigung mit der Dakini Königin.

[5] Krishnacharin stammte aus Orissa. Er war der Schüler von Jalandhari und der Lehrer von Tantipa.

21

Schüler von Luipa und der großen *Verwirklicherin* Lakshminkara und verfasste eine Schrift über das *Tantra Rad der Zeit* (tib. Dükyi Khorlo; skt. Kalachakra).

Tilopa erhielt aus den vier Himmelsrichtungen die „Vier Kostbaren Lehren", auch die drei geheimen Lehren des so genannten „Juwel-Geist-Zyklus" (tib. Norbu Korsem) wurden an ihn weitergegeben. Er brachte die vielen Schulen des indischen *Diamantweges* zusammen und vereinigte sie in einem siebenteiligen Lehrwerk. Die Belehrungen leiten sich sowohl von Buddha *Diamanthalter* ab, als auch von seinen zahlreichen menschlichen Lehrern:

Tilopa lebte an einsamen Plätzen und wurde aufgrund des schillernden Lichts, das ihn ständig umgab, als großer Verwirklicher erkannt. Einmal erschien er auf einem Löwen sitzend und führte vor, wie er Sonne und Mond beherrschte. Damit beschämte er den nicht-buddhistischen Verwirklicher Mati, der damit geprahlt hatte, die größte übersinnliche Kraft zu besitzen. Ein andermal flog Tilopa mit seiner Gefährtin hoch durch die Luft, und man sah ihn dabei von einem belebten Marktplatz aus.

Tilopa hatte viele gute Schüler – Lalitavajra, der wichtige neue Tantras, wie bei-

spielsweise das Krishnayamari-Tantra, einführte – und Naropa. Dessen Lehren waren Ausdruck von höchster Verwirklichung. Er starb 1069 im Alter von 81 Jahren und ging in die *Reinen Länder*.

„Stelle dir nichts vor,

denke oder überlege nicht,

meditiere, handle, aber sei in Ruhe.

Sei Objekten nicht verhaftet."

(Die berühmten „Sechs Themen" Tilopas)

[6] Matangi trug den hinduistischen Titel Nath, ein Sanskritbegriff für König und auch die Bezeichnung für eine der vielen hinduistischen Schulen. Die hinduistische Göttin Shiva trägt diesen Ehrentitel.

Die wichtigsten verwirklichten Meister (skt. Siddha) der Karma Kagyü-Linie. Ausschnitt eines großen Zufluchtsbaumes im Kloster Rumtek. Am oberen Rand befindet sich Lodrö Rinchen mit Saraha und Nagarjuna links und rechts von ihm. Darunter sind Shavaripa und Maitripa zu sehen und unter ihnen die *Yogini* Yeshe Khandro (Mitte) mit Matangi und Luipa links und rechts von ihr. Unter Yeshe Khandro befindet sich Chandrakirti, mit Darikapada links und Sukhadari rechts von ihm. Unter Chandrakirti wiederum befindet sich Drengipa mit Vinapa und Lawapa links und rechts von ihm. Darunter ist Dhobipa (Mitte) mit Khandro Kalpa Zang auf der linken und Tanglopa auf der rechten Seite. Unter Dhobipa befindet sich Indrabhodi mit Karnarepa und Rolpa links und rechts von ihm. In der Mitte unten schließlich, befindet sich Shinglopa mit Jnanagarbha zu seiner Linken und Pentapa. Der Zufluchtsbaum zeigt weiterhin die direkte Kagyü-Übertragungslinie mit Tilopa, Naropa, Marpa, Milarepa, Gampopa, den Karmapas, Shamarpas, Situpas, Gyaltsapas und so fort.

NORDEN

Luipa

Drengipa

Darikapada

Sukhadari

Dhobipa[7]		Sukhasiddhi
Vinapa		Tanglopa[8]
WESTEN	Lawapa[9]	**TILOPA**	Shinglopa[10]	**OSTEN**
Indrabhuti[11]		Karnarepa

Nagarjuna

Aryadeva[12]

Chandrakirti

Matangi

SÜDEN

[7] Ein Wäscher, der in Saliputtranagar lebte. Er traf einen Yogi, der ihn in die Übungenen von *Höchste Freude* einweihte. Nach einigen Jahren der Meditation erlangte er *Verwirklichung*. Seitdem konnte er schmutzige Wäsche allein durch Berührung reinigen.

[8] Tanglopa stammte aus dem nördlichen Assam.

[9] Lawapa trug nur ein Wolltuch. Indische Sadhus pflegen diesen Brauch noch heute.

[10] Ein Verwirklicher, der sich nur mit Zweigen und Blättern kleidete. Heute wird dieser Brauch von den Giri Sadhus weitergeführt.

[11] König Indrabhodi, Padmasambhavas „Vater", erreichte Verwirklichung. Er regierte das Land Uddiyana (skt. tib.Urgyen) in der Frühzeit des Diamantweges. Uddiyana wird in Orissa (Ostindien) oder in der Region Swat in Nordpakistan vermutet. Indrabhodis Schwester, die große Verwirklicherin Lakshminkara, verbreitete die Sahajayana-Lehre und war die Lehrerin von Lilavajra. Indrabhodis berühmteste Arbeit ist das Inanasiddhi.

[12] Ein großer Verwirklicher, der das Cittasodhanaprakarana verfasste.

Naropa (1016-1100)

Naropa wurde 1016 in Bengalen als Sohn einer Königsfamilie geboren. Das Kind erhielt den Namen Samantabhadra und wurde mit der Absicht ausgebildet, später die Thronfolge von seinem Vater zu übernehmen. Die Interessen des Kindes lagen jedoch mehr bei den Lehren Buddhas. Als er acht Jahren alt war, bat Naropa um die Erlaubnis, nach Kaschmir gehen zu dürfen, denn dort gab es bessere Ausbildungsmöglichkeiten. Nach einem langen Streitgespräch setzte er sich schließlich durch und machte sich auf den Weg. Er erreichte Kaschmir, als er elf Jahre alt war, und befasste sich dort mit den Künsten, Wissenschaften, Grammatik, Rhetorik und Logik bei den bedeutendsten Lehrern.

Nach drei Jahren in Kaschmir kehrte der junge Gelehrte zu seinen Eltern zurück. Sie zwangen ihn, die Brahmanentochter Vimaladipi zu heiraten, und er lebte acht Jahre mit ihr zusammen. Während dieser Zeit wurde sie seine Schülerin. Sie entwickelte sich zu einer großen Verwirklicherin und wurde unter dem Namen Niguma bekannt. Schließlich bestand Naropa darauf, dass die Ehe gelöst wurde, denn er wollte seine Studien in Kaschmir fortsetzen. Nachdem er die Versprechen eines Novizen genommen hatte studierte er drei weitere Jahre und wurde für seine bemerkenswerte Gelehrtheit und Auffassungsgabe berühmt.

Im Alter von 28 Jahren kehrte Naropa aus Kaschmir zurück und lebte von da an in Pullahari. Er wurde Mitglied der nahe gelegenen Nalanda-Universität, die von den vier großen buddhistischen Meistern Sherab Jungne, Nagpopa (skt. Krishnacharin), Getari und Ratnakarashanti geleitet wurde. Als einer dieser Vorsitzenden starb, wurde Naropa zu dessen Nachfolger gewählt. Er erhielt den Namen Abhayakirti und lehrte für acht Jahre als Abt von Nalanda. Sein Ruhm verbreitete sich weit, und er brachte viele mit den Lehren Buddhas in Kontakt.

Eines Tages, als er über seinen Büchern saß, erschien eine alte Frau vor ihm, die 37 Zeichen der Hässlichkeit aufwies[13]. Sie war eine Verkörperung von der *Dakini Rote Weisheit* (tib. Dorje Phamo; skt. Vajravarahi) und offenbarte ihm die Überflüssigkeit allen Buchwissens. Nur ihr „Bruder" Tilopa könne wirkliche Erfahrungsweisheit übertragen. Naropa verließ seine hohe Stellung an der Universität mitsamt seinen Büchern,

---

13) Diese 37 Merkmale der Hässlichkeit werden mit den 37 feinen Kanälen (tib. Tsa; skt. Nadis) verglichen, wie auch mit den 37 Arten der weltlichen Unzufriedenheit.

und machte sich auf die Suche nach seinem Lehrer.

Naropa reiste Richtung Osten und hatte nur ein Gewand, Stab und Bettelschale dabei. Auf der Suche nach seinem Lehrer begegneten ihm mehrfach ganz seltsame Erscheinungen. Diese ließen ihn so verzweifeln, dass er sich schließlich umbringen wollte. Gerade in diesem Augenblick begegnete er Tilopa. Er war dunkelhäutig, mit Baumwollhosen bekleidet und die Haare er zu einem Zopf geknotet. Tilopas Augen standen hervor und waren blutunterlaufen.

Er übertrug Naropa die Lehren der Übertragungslinie und unterzog ihn dafür zwölf harten Prüfungen. Obwohl Naropa beträchtlich litt, gab er nicht auf und erhielt alle höheren *Einweihungen*. Einige Jahre lang besuchte er die Verbrennungsstätten Ostindiens und galt nach außen hin als Verrückter. Nachdem er die volle Übertragung seines Lehrers erhalten hatte, begab sich Naropa zur Meditation in ein entlegenes Gebiet.

Nach einiger Zeit schickte Tilopa Schüler zu Naropa und ließ ihn nach Pullahari zurückholen. Dort sah Naropa vor seinem inneren Auge, wie der tibetische Pilger Marpa in Indien ankam, zu ihm gebracht und als Schüler angenommen wurde. Naropa weihte Marpa in die höchsten *Tantras Oh Diamant* (tib. Kye Dorje; skt. Hevajra), Guhyasamaja (skt.) und *Höchste Freude* ein.

Er übertrug ihm auch die Lehren des *Großen Siegels* (tib. Chag Chen; skt. Mahamudra), bis zur vollkommenen Verwirklichung. Um Naropa zu treffen, reiste Marpa zwei weitere Male von Tibet nach Indien und bewahrte so die mündliche *Übertragung* für die Zukunft.

Naropa verbrachte seine letzten Jahre in Zurückziehung. Selten, wenn es wirklich notwendig war, erschien er seinen wichtigsten Schülern. Im Jahre 1100, mit 84 Jahren, ging er in die Reinen Länder.

Naropas Schüler

Siddha Dombhi *Heruka*, auch Dombhipa genannt, war König von Magadha, einem Königreich im Osten Indiens. Von Virupa – selbst ein Schüler Lakshminkaras und Lehrer des großen Verwirklichers Aradhutipa – erhielt er die ersten Einweihungen. Dombhipa tat sich mit dem kastenlosen Mädchen Sahayayogini Cinta zusammen und nahm sie zur Frau. Sie war eine *Yogini* und Schülerin von Darikapada und meditierte vorwiegend auf *Diamantgeist* (tib. Dorje Sempa; skt. Vajrasattva). Diese Verbindung gefiel seinen Untertanen jedoch überhaupt nicht, und so ging der König mit ihr in den Dschungel. Als eine Hungersnot das Land heimsuchte, kehrten sie beide wieder zurück – rittlings auf einer Tigerin reitend und mit Giftschlangen in den Händen. Dombhipa wurde auf einen Scheiterhaufen geworfen. Das Feuer konnte ihm jedoch nichts anhaben, und er übernahm wieder die Herrschaft. So konnte er die Lehre Buddhas weit verbreiten und wurde Lehrer des verwirklichten Meisters Krishnacharin und von Lama Drogmi[14], dem Gründer der *Sakya*-Linie in Tibet.

Shantipa wurde in Magadha in einer Brahmanen-Familie geboren. Als junger Mann befasste er sich mit den Veden und wurde schließlich Mönch. Man ließ ihn an der berühmten buddhistischen Hochschule von Vikramashila zu und er bekam dort Belehrungen von Jetari. Anschließend wurde Shantipa Abt in Somapuri, unterrichtete dort einige Jahre und drei weitere in Ceylon. Auf dem Rückweg nach Ostindien traf er den südindischen Bauer Kodalipa. Shantipa gab ihm nicht nur Einweihungen, sondern auch eine besondere Meditation, die Kodalipa bei seiner Arbeit verwenden konnte und tatsächlich bald Verwirklichung erlangte.

Nach seiner Ankunft in Vikramashila ernannte man Shantipa zum Abt der östlichen Tores. Wegen seiner großen Bildung und außergewöhnlichen Meisterschaft im gelehrten Redewettstreit wurde er schnell

Naropa

Diese Statue wurde vom zehnten Karmapa Tschöying Dorje (1604-1674) aus dem Horn eines Rhinozeros geschnitzt und wird im neuen Kloster Rumtek in Sikkim aufbewahrt.

[14] Lama Drogmi studierte für 8 Jahre an der berühmten buddhistischen Vikramashila-Universität.

berühmt. Shantipa, der im Alter von 108 Jahren starb, hatte viele gute Schüler. Dabei ist vor allem Lama Drogmi (992-1072) zu erwähnen, der acht Jahre in der berühmten buddhistischen Universität Vikramashila verbrachte und die Einweihung auf *Oh Diamant*, erhielt. Lama Drogmi gründete die Sakya-Linie in Tibet und lehrte Marpa das Sanskrit.

Maitripa war ein großer Lehrer aus der Linie Sarahas. Er hatte maßgeblichen Einfluss auf die wichtigen späteren Lehrer, vor allem auf Dipamkara Atisha (982-1054) und Marpa. Er war auch der Lehrer von Bodhibhadra.

Shantibhadra war ein großer Lehrer des Diamantweges in Ostindien.

Pitopa aus Ostindien entwickelte und erläuterte das Tantra *Rad der Zeit*[15].

Dipamkara Atisha wurde im Jahre 982 als zweiter Sohn eines bengalischen Königs geboren. Atisha lernte sehr viel – unter anderem bei dem berühmten Meister Dharmakirti – und wurde schon in jungen Jahren ein Meister des gelehrten Redewettstreits.

Nachdem er mit 22 Jahren eine Vision von *Oh Diamant* hatte, traf er den Lehrer Rahulagupta, der ihn in das *Kraftfeld* von *Rote Weisheit* einweihte. Atisha begegnete auch einer Dakini, die eine Kette aus Knochen und Schädeln trug. Von ihr erhielt Atisha weitere Einweihungen und *Gesänge der Verwirklichung* (tib. Doha). Weitere Einweihungen bekam er von Avadhutipa.

Mit 29 Jahren nahm Atisha die Mönchsversprechen. Seine Zeit verbrachte er damit, die vielen *Sutras des Großen Weges* bei den berühmtesten Lehrern zu studieren. Er wurde Abt von Vikramashila, das sich unter seiner Führung großartig entwickelte. Einige Jahre später nahm er eine Einladung nach Tibet an und kam im Jahre 1042 dort an. Er bereiste das ganze Land, gab Belehrungen und gründete buddhistische Zentren. Er starb 1054. Sein wichtigster Schüler war Lama Domtönpa (tib. Bromston). Er lebte von 1005-1064.

Marpa, der tibetische „Übersetzer", brachte den Buddhismus nach Tibet und begründete den Ursprung der *Kagyü-Linie*.

---

[15] Es heißt diese Tantra komme aus Shambhala, das mit Sambalpur in Orissa identifiziert werden kann. Vgl. auch N.K. Sahu; „Buddhism in Orissa", veröffentlicht von der Uthal Universität, 1958, S. 148. Shambhala wurde als Ort auch immer wieder mit Urgyen in Verbindung gebracht, das früher in der Region Swat in Nordwestindien vermutet wurde, heute aber eher mit Orissa gleichgesetzt wird.

Marpa (1012-1097)

Marpa wurde im Jahre 1012 in Südtibet geboren. Sein Vater sagte ihm große Möglichkeiten für geistige Verwirklichung voraus, sofern er den richtigen Weg wähle. Noch als er ganz jung war, verschrieb sich Marpa der buddhistischen Lehre und nahm den Namen Dharmamati an. Er lernte Sanskrit bei Lama Drogmi[16] von den Sakyapas, tauschte all seine weltlichen Güter in Gold ein und machte sich in Begleitung eines Freundes auf den Weg nach Indien.

Der Weg führte die beiden jungen Männer zunächst nach Nepal, wo sie zwei Schüler Naropas trafen, die sie mit ihrem lebensnahen Wissen beeindruckten. Nach der langen, schwierigen Reise traf Marpa schließlich Naropa. Dieser nahm ihn als Schüler an, und Marpa schenkte seinem Lehrer das gesamte Gold.

16 Jahre lang erhielt Marpa von Naropa Übertragungen und Belehrungen. Jnanagarbha im Westen weihte ihn in das Kraftfeld von Guhyasamaya (skt.) ein. Weitere Lehren erhielt Marpa bei Kukuripa im Süden. Dieser erreichte Erleuchtung durch seinen Hund, der eine Ausstrahlung von *Liebevolle Augen* war. Ein anderer Schüler Naropas, Maitripa, lehrte Marpa das *Große Siegel*, bis er es vollkommen verwirklicht hatte. Marpa übte die Lehren einige Zeit auf Friedhöfen und kehrte dann nach Tibet zurück.

Viele Jahre brachte er damit zu, die indischen Texte des Diamantweges, ins Tibetische zu übersetzen. In Lhobrag baute Marpa einen Bauernhof und eine Meditationsstelle auf und heiratete Dagmema, die ihm mehrere Söhne gebar. Als Lehrer kannten ihn nur ganz wenige Schüler, welchen er seine ganze Einsicht übertrug. Berühmt wurde er als Übersetzer.

Um weitere Belehrungen nach Tibet zu bringen, unternahm Marpa eine zweite Reise nach Indien. Nach seiner Rückkehr nahm er Milarepa als Schüler an. Dieser musste sich vielen Prüfungen unterziehen, bevor Marpa ihm schließlich die geheimen Belehrungen gewährte. Milarepa fragte ihn einmal nach den streng geheimen Drongjug-Lehren, einer Übertragungs-Übung, die für das Eintreten in die Körper anderer, zum Beispiel zum Beleben von Leichen, verwendet wurde. Um diese Frage beantworten zu können, wühlte sich Marpa durch all seine Texte, bis er schließlich feststellte, dass er keine genauen Erklärungen für diese Übung hatte. So beschloss er, trotz seines

[16] lama Drogmi war Schüler des Verwirklichers Shantipa. Von Verwirklicher Dombhi Heruka erhielt er die Einweihung in die Buddhaform *Oh Diamant*.

fortgeschrittenen Alters ein weiteres Mal die lange Reise nach Indien anzutreten in der Hoffnung, auch diese Belehrungen erhalten zu können.

Seine Schüler gaben ihm Gold, damit er die Reise bezahlen und einen Teil davon auch Naropa geben konnte. In Indien traf Marpa auf Atisha, der ihm mitteilte, dass Naropa gerade dabei war, die Welt zu verlassen. Als Marpa in Ostindien ankam erschien ihm Naropa jedoch in einer Vision und gab ihm die gewünschten Belehrungen. Daraufhin kehrte Marpa nach Tibet zurück.

Um künftige Entwicklungen zu verstehen, verwendete Marpa Träume und Zeichen. Er war ein strenger Lehrer und für sein aufbrausendes Temperament ebenso bekannt wie für plötzliche Augenblicke großer Freigebigkeit und bester Laune. Seinen vier wichtigsten Schülern übertrug er die geheimen Lehren und hinterließ ihnen zahlreiche besondere Reliquien, die er aus Indien mitgebracht hatte. Marpa begründete die Anfänge der *Kagyü-Linie* in Tibet und starb im Jahre 1097 im Alter von 86 Jahren.

Marpas wichtigste Schüler

Jetsün Milarepa aus Gungthang (1052-1135) erhielt von Marpa die Lehren der *Inneren Hitze* (tib. Tumo), etwas Kleidung von Naropa sowie einen Hut von Maitripa. Dieser war ein verwirklichter Schüler Naropas und der Lehrer von Atisha. Milarepas Biographie folgt auf Seite 32.

Ngochu Dorje (Ngodun Chudor) aus Zhung erhielt Belehrungen des Diamantweges, einen gesegneten Löffel und die Rubin-*Mala*, die beide Naropa gehört hatten, sowie sechs Schmuckstücke – Knochenschürze, Hut, Armbänder, Halskette und Ohrringe –, die die Bestandteile des Einweihungskraftfeldes versinnbildlichen.

Tsurtön Wangye aus Dor erhielt die Lehren der *Bewusstseins-Übertragung* (tib. Phowa), Reliquien von Naropas Haar und Nägeln, einen Kopfschmuck mit Bildern der *fünf Dhyani-Buddhas* und so genannte „Kostbare Pillen". Diese werden meist aus fünf Elixieren hergestellt und oft mit Reliquien vermischt. Der 16. Gyalwa Karmapa verteilte solche Pillen, besonders im Zusammenhang mit der *Kronzeremonie*.

Metön Tsönpo aus Tsang erhielt die Belehrungen über *Klares Licht* (tib. Ö Sel), außerdem Naropas *Glocke* und *Dorje*, ebenso wie eine kleine Doppeltrommel und eine Austernmuschel-Schale.

Marpa

Diese Statue wurde vom zehnten Karmapa Tschöying Dorje (1604-1674) aus dem Horn eines Rhinozeros geschnitzt und wird im neuen Kloster Rumtek in Sikkim aufbewahrt.

Milarepa (1052-1135)

Milarepa wurde im September 1052 im Westen Tibets[17] geboren. Man nannte ihn Thopaga (dt. Wundervoll zu hören). Er war erst sieben Jahre alt, als sein Vater starb. Das Familienvermögen hinterließ er gierigen Verwandten, die Milarepa und seine Mutter nach dem Tod des Vaters sehr schlecht behandelten. Milarepas Mutter verbitterte, und sobald Milarepa alt genug war, schickte sie ihn fort, damit er die Kunst der schwarzen Magie erlernte. Auf diese Weise, so hoffte die Mutter, würde er fähig werden, die Missetaten zu rächen.

Der junge Mann lernte schnell, die Kräfte der Zerstörung zu lenken. Er verwüstete das Dorf seiner Verwandten und verursachte den Tod vieler Menschen. Der Lehrer, von dem er die Magie gelernt hatte, bereute die Untaten jedoch. Er wollte, dass Milarepa die negativen Eindrücke , die er durch seine magischen Beschwörungen angesammelt hatte, reinige. Er schickte Milarepa, jemanden zu finden, der ihm dabei helfen könnte. Milarepa wurde Schüler des *Nyingma*-Lamas Rongtön. Dieser schickte ihn jedoch bald weiter zu Marpa, dem Übersetzer, der in Lhobrag lebte.

Im Alter von 38 Jahren wurde Milare-

17 Milarepa wurde in der Region Gungthang bei Kyanga Tsa, einige Meilen östlich von Kyrong geboren.

pa Schüler des großen Lama Marpa, der bereits eine Vision seines Kommens hatte. Marpa erlaubte ihm, in Lhobrag zu bleiben. Er verwehrte ihm jedoch den Zugang zu Einweihungen und gab ihm auch keine Belehrungen. Sechs Jahre lang behandelte er Milarepa wie einen Diener und gab ihm schwerste körperliche Arbeit. Nach mehreren enttäuschenden Versuchen, Häuser zu errichten, baute er schließlich einen neunstöckigen Turm nach den genauen Angaben Marpas.

Dagmema, Marpas Frau, half Milarepa, wenn er verzweifelt war. Sie setzte sich bei ihrem Mann dafür ein, dass Milarepa die ersehnten Einweihungen bekäme. Irgendwann schließlich waren die schweren Prüfungen vorüber und die negativen Eindrücke Milarepas gereinigt. Sogleich erhielt Milarepa die vollständigen Belehrungen und Übertragungen. Marpa bereitete ihn auf ein Leben in zurückgezogener Meditation vor und übertrug ihm die geheimen Lehren Naropas, insbesondere die Übung der *Inneren Hitze* (tib. Tumo). Nur in Baumwolle gehüllt, lebte Milarepa viele Jahre völlig abgeschieden in entlegenen Berghöhlen und tat alles, um die ihm übertragenen Lehren zu verwirklichen.

Die Jahre vergingen, und der baumwollgekleidete Verwirklicher erlangte vol-

Jetsün Milarepa
Diese Statue wurde vom zehnten Karmapa Tschöying Dorje (1604-1674)
aus dem Horn eines Rhinozeros geschnitzt und wird im neuen Kloster Rumtek
in Sikkim aufbewahrt.

le Erleuchtung. Viele hörten von ihm und suchten ihn auf, um seinen *Gesängen der Verwirklichung* zu lauschen. Nachdem er neun Jahre in Zurückziehung verbracht hatte, nahm er auch Schüler an. Er führte weiterhin ein sehr einfaches Leben und verbreitete seine Lehren durch tiefgründige Gesänge, von denen viele bis heute erhalten sind. Milarepa wurde in ganz Tibet berühmt.

1135, im Alter von 84 Jahren, starb Milarepa. Er hinterließ 13 begabte und acht sehr begabte Schüler. Fünf dieser acht Schüler gaben keine Belehrungen weiter und gingen geradewegs in die Reinen Länder. Drei blieben in der Welt, zwei von ihnen erhielten die geheimen Lehren Naropas und konnten sie weitergeben.

Milarepas wichtigste Schüler

Gampopa aus Nyal, auch Dagpo Lharje genannt (1079-1153) erhielt die vollständigen Lehren, und seine Erkenntnis wird als sonnengleich beschrieben. Seine ausführliche Lebensgeschichte folgt auf Seite 35.

Rechungpa aus Gungthang, auch Rechung Dorje Trakpa genannt (1084-1161) traf Milarepa im Alter von elf Jahren. Vier Jahre später erkrankte Rechungpa an Lepra. In der Hoffnung auf Heilung machte er sich auf den Weg nach Indien, wo er Balachand-

ra traf, einen indischen Nath Meister[18] aus der Carpati-Gopichandra-Linie. Dieser gab ihm Übertragungen und konnte ihn heilen. Rechungpa kehrte nach Tibet zurück, traf Milarepa wieder und erhielt Belehrungen von ihm. Einige Jahre später reiste er ein zweites Mal nach Indien. Er wurde in weitere Lehren Naropas und Maitripas eingeweiht, die er an Milarepa und Gampopa weitergab. Seine Erkenntnis wird als mondgleich beschrieben.

Shiva Od Repa war ein junger Edelmann, der Milarepa beim Überqueren eines Flusses begegnete. Als er Milarepas Gesänge der Verwirklichung hörte, entwickelte er sehr viel Hingabe. Er gab alles Weltliche auf, wurde ein Verwirklicher und erhielt viele Belehrungen.

Weitere Schüler Milarepas waren Sewan Repa aus Dota, Ngan Dzong Tschangtschub Gyalpo aus Chimlung, Khyira Repa aus Nyishang, Drigom Repa aus Mus sowie Sangye Kyab Repa aus Ragma.

[18] Nath ist der Sanskritbegriff für König und auch die Bezeichnung für eine der vielen hinduistischen Schulen. Die hinduistische Göttin Shiva trägt diesen Ehrentitel.

Gampopa (1079-1153)

Gampopa wurde 1079 in der osttibetischen Provinz Nyal geboren. Sein Vater war ein ausgezeichneter Arzt und gab seinem Sohn ein umfassendes medizinisches Wissen. Schon mit 15 Jahren war Gampopa in vielen buddhistischen *Tantras* bewandert und hatte bereits den Ruf eines guten Arztes. Mit 22 Jahren heiratete er und bekam einen Sohn und eine Tochter.

Es brach jedoch eine Epidemie aus, und beide Kinder starben unerwartet. Der junge Mann war bestürzt, als auch noch seine Frau erkrankte. Gampopa wandte all sein Wissen an, konnte sie aber nicht retten. Als sie im Sterben lag, bat sie ihn, sein weiteres Leben der Lehre Buddhas zu widmen.

Mit 26 Jahren nahm Gampopa die Mönchsversprechen und erhielt den Namen Sönam Rinchen. Er folgte den Lehren der Kadampa-Schule, die von *Lama* Domtönpa (1008-1064) gegründet worden war. Gampopa studierte unter der Anleitung berühmter Lehrer und entwickelte schnell ein tiefes Verständnis von der Natur des Geistes. Als er 32 Jahre alt war, hörte er zufällig, wie sich einige Bettler über Milarepa unterhielten. Gampopa war sofort von Hingabe erfüllt und verstand, dass dieser Verwirklicher sein Lehrer sein müsse.

Gampopa machte sich auf die Suche nach Milarepa und fand ihn schließlich nach vielen Schwierigkeiten. 13 Monate lang erhielt er von ihm Belehrungen, darunter die vollständigen Lehren des *Großen Siegels* und die *Sechs Lehren Naropas*. Dann reiste er nach Dagpo im südöstlichen Teil der Provinz Ü. Dort verbrachte er viele Jahre in Zurückziehung und gründete 1121 ein Kloster, das Daglha Gampo genannt wurde. Bald versammelten sich viele Schüler um ihn.

Gampopa bereicherte die Kadampa-Lehren mit seiner eigenen Erkenntnis des Großen Siegels und schuf so die Grundlage für die Vielfalt der Kagyü-Übertragung. Er galt als begabter Schriftsteller und war für seine Klarheit und tiefe analytische Einsicht bekannt. Gampopa betonte immer wieder die Einfachheit der Lehre. Allgemein kannte man ihn als Dagpo Lharje, den Arzt aus Dagpo, obwohl er später seine Zeit eher der Heilung von geistigen als von körperlichen Leiden widmete. Er gilt als bedeutende Wiedergeburt: Einige buddhistische Linien Tibets halten ihn für die Wiedergeburt von Chandraprabhakumara. Dieser Sohn eines reichen Haushälters in Rajgir hatte einst den Buddha gebeten, das Samadhiraja-Sutra zu lehren. Andere wiederum denken, er sei eine Wiedergeburt des Königs Song Tsen Gampo, des ersten buddhistischen Herrschers Tibets. Dieser König, der um das Jahr 649 starb, hatte zwei Frauen aus Nepal und China, die ihn zum Buddhismus brachten.

Von den beiden Hauptschülern Milarepas wurde Gampopa damit betraut, die Übertragung der vollständigen Lehren weiterzuführen. Seine vier Hauptschüler begründeten die vier Kagyü-Hauptlinien. Acht kleinere Linien entwickelten sich später, drei von ihnen wurden sehr wichtig. Gampopa hatte zwei Arten von Schülern: Etwa 500 erhielten ausschließlich das Große Siegel, aber nur fünf von ihnen die volle Übertragung des Diamantweges. Nachdem er die Kagyü-Lehren fest etabliert hatte, starb Gampopa 1153 im Alter von 75 Jahren.

Gampopas wichtigste Schüler

Düsum Khyenpa (1110-1193) aus Kham (Osttibet) war Gampopas erster Schüler mit der größten Hingabe von allen. Er erhielt die vollständige Übertragung und gründete die Kamtsang-Linie der Kagyüs sowie die Linie der aufeinander folgenden Karmapa-Inkarnationen. Er war der erste bewusst wiedergeborene Lama Tibets. Seine ausführliche Biographie folgt auf Seite 44.

Phag mo Gru Dorje Gyaltsen aus Talung (Osttibet) lebte von 1110 bis 1170. Mit neun Jahren wurde er Novize und studierte bei 16 verschiedenen Lehrern. Im Alter von 25 Jahren nahm er die vollständigen Mönchsversprechen bei Lama Dunzin. Er reiste zum Kloster Sakya und erhielt dort von Sakya Kunga Nyinpo (1092-1158), einem Schüler Kunchok Gyalpos und Gründer des Sakya-Klosters, die höheren Einweihungen. Anschließend vervollkommnete Phag mo Gru die Meditation des subtilen Atems. Gampopa, den er später traf, sollte seiner geistigen Verwirklichung Achtung und übertrug ihm die Lehren des Großen Siegels. Lama Phagmo Gru gründete 1158 in Densa Thil das erste große Kagyü-Kloster, das unter dem Namen Phagmo bekannt wurde. Hier entstand der Phagmo-Gru-Zweig mit acht kleineren Unterlinien. 500 der 800 Schüler Phagmo Grus erwarben besondere Fähigkeiten in der Meditation. Lama Phagmo Gru verstarb im Alter von 60 Jahren[19]. Am Himmel waren Regenbögen zu sehen, und in der Asche des Bestattungsfeuers zeigten sich kostbare Reliquien.

Die wichtigsten Schüler Phagmo Grus
Jigten Sumgun (1143-1212) aus Kham verbrachte 28 Monate bei seinem Lehrer und vervollkommnete sich schnell in höherer Meditation. Er erkrankte an Lepra, doch die Krankheit verließ ihn auf-

19) Aus dem Debter Marpo, Seite 203:
„Er verwirklichte so viele Taten zum Besten anderer, dass es jenseits aller Vorstellung ist."

Gampopa (Maler: Dolpo)

grund seines großen Mitgefühls für alle Wesen wieder. Als er 35 Jahre alt war, nahm er bei Lama Shongsam Töpa die vollen Versprechen. Mit Gründung des großen Klosters Drigung im Jahre 1179, das bald mehr als 800 Mönche zählte, rief Jigten Sumgun die Drigung-Unterlinie der Kagyüs ins Leben. Er galt als *Wiedergeburt* Nagarjunas und war der erste *Tulku* einer eigenen Inkarnationslinie mit vielen begabten Schülern.

Lingrepa Padma Dorje (1128-1188) aus Nangtod hatte in jungen Jahren Erscheinungen des *Schützers Schwarzer Mantel* (tib. Bernagchen, skt. Mahakala), von Yamantaka (skt; tib. Shin Jeche) und vom Buddha *Höchste Freude* (tib. Khorlo Demchok, skt. Chakrasamvara). Lingrepa traf Lama Phagmo Gru, erhielt von ihm die Lehren des Großen Siegels und verwirklichte sie innerhalb von drei Tagen.

Um das Jahr 1180 gründete Lingrepa das bedeutende Kloster Ralung. Damit schuf er die Drukpa-Linie der Kagyüs, die sich vor allem in Bhutan und Ladakh entwickelte. In einem Traum offenbarten sich ihm eines Nachts die vollständigen Worte Buddha (tib. *Kanjur*). Lingrepa gab viele kostbare Belehrungen und schrieb eine ausgezeichnete Auslegung zum *Tantra* des Buddhas *Höchste Freude*. Von Düsum Khyenpa, dem ersten Karmapa, er-

hielt er wichtige Einweihungen. Bevor Lingrepa starb, übertrug er alle Lehren an seinen Schüler Tsangpa Gyare, den Begründer der Tsangpa-Kagyü.

Tangpa Tashi Pal wurde 1142 in Yungshu geboren. Bis er 18 Jahre alt war, studierte er bei sehr vielen Lehrern. Mit 26 Jahren traf er Lama Phagmo Gru und erhielt von ihm wichtige Belehrungen und Übertragungen. Dem Rat seines neuen Lehrers folgend, vervollkommnete Tangpa Tashi Pal seine Meditation. Anschließend reiste er nach Taklung und baute dort von 1180 bis 1185 das gleichnamige große Kloster auf, in dem bald 3000 Mönche lebten. So begründete er die Taklung-Kagyü-Linie, die bis zum ersten Matul-Tulku allerdings keine *Inkarnationslinie* war. Tangpa Tashi Pal hatte viele Schüler und starb 1210 im Alter von 69 Jahren.

Chöje Mara Druptop, auch als Martsang Sherab Senge bekannt, gründete die Martsang-Linie und übertrug die Lehren an Yeshe Gyaltsen und Rinchen Lingpa.

Drogön Gyaltsa gründete die Trophu-Linie.

Yerpa Yeshe Tsegpa gründete die Yerpa-Linie sowie die großen Klöster Yerphung und Tarna.

Zharawa Yeshe Senge war Gründer der Yamzang Linie und des gleichnamigen Klosters in der Nähe von Nyiphu.

Weungom Tsultrim Nyingpo, auch unter dem Namen Gomtsul bekannt, wurde Gampopas Schüler und erhielt von ihm viele wichtige Belehrungen und Einweihungen. Über seinen berühmten Schüler Lama Shang (1123-1193), der die wichtigen Klöster Tsal (1175) und Gungthang (1187) aufbaute, gründete er den Tsapla-Zweig der Kagyüs.

Dharma Wangtschug aus Bahram erhielt von Gampopa wichtige Belehrungen und Einweihungen und meditierte hervorragend. Er begründete den Bahrampa-Zweig der Kagyüs und das Kloster gleichen Namens.

Gampopa hatte noch einen fünften Schüler, **Saltong Shogam** aus Kham, dem er die vollständigen Lehren übertrug. Dieser verweilte in Meditation und nahm keine Schüler an.

Die vier wichtigsten Schüler Gampopas begründeten also die vier größeren Schulen der Kagyü-Linie. Über ihre Schüler und spätere Wiedergeburten führten sie die ungebrochene Übertragung der kostbaren Lehren fort.

Zweiter Teil

DIE LINIE DER KARMAPAS
und Ihre Lebensgeschichten

Die Linie der Karmapas

1. Karmapa	Düsum Khyenpa	1110–1193
2. Karmapa	Karma Pakshi	1204–1283
3. Karmapa	Rangjung Dorje	1284–1339
4. Karmapa	Rölpe Dorje	1340–1383
5. Karmapa	Deshin Shegpa	1384–1415
6. Karmapa	Tongwa Dönden	1416–1453
7. Karmapa	Chödrag Gyamtso	1454–1506
8. Karmapa	Mikyö Dorje	1507–1545
9. Karmapa	Wangtschug Dorje	1556–1603
10. Karmapa	Tschöying Dorje	1604–1674
11. Karmapa	Yeshe Dorje	1676–1702
12. Karmapa	Tschangtschub Dorje	1703–1732
13. Karmapa	Düdül Dorje	1733–1797
14. Karmapa	Thegchog Dorje	1798–1868
15. Karmapa	Khachab Dorje	1871–1922
16. Karmapa	Rangjung Rigpe Dorje	1924–1980

Die Lebensgeschichten der Gyalwa Karmapas

Für die Lebensgeschichten der Gyalwa Karmapas wurden folgende wichtige Quellen
verwandt:

„Dawa Chushel gi Trengwa", engl.: „Moon-Water-Crystal-Rosary",
vom 8. Situ Tulku Tschökyi Jungne (1700-1774)

„Khephi Gatön", engl.: „Exposition of Panditas", vom 2. Pawo Tulku (1504-1566)

„Debter-Ngönpo", den Blauen Annalen, von Go Lotsawa Zhonu Pal (1392-1481)

sowie mündliche Kommentare des 16. Gyalwa Karmapa Rangjung Rigpe Dorje

Dabei halfen und unterstützten uns der

16. Gyalwa Karmapa

13. Künzig Shamarpa

8. Trangu Tulku, Khenpo Karma Lodrö Ringluk Naseng

Damchö Yongdu, Generalsekretär des Gyalwa Karmapa

Jamkar Gönpo Namgyal, dem persönlichen Sekretär von Gyalwa Karmapa

Tenzin Namgyal, Sekretär in der tibetischen Abteilung des Klosters Rumtek

Dr. Urgyen Jigme Chöwang (Chungde Tsering), Leibarzt und Generalsekretär
(Englische Abteilung) des Gyalwa Karmapa

Lama Chödrak Tenphel, Generalassistent

Nik Douglas und Meryl White
am neuen Kloster Rumtek in Sikkim in den Jahren 1972/73.

Möge es Glück verheißend sein!

Der erste Karmapa (1110–1193)
Düsum Khyenpa

Düsum Khyenpa wurde 1110 in Ratag (Ost-tibet) geboren, inmitten der schneebedeck-ten Berge von Treshod (Provinz Do Kham). Gompa Dorje Guen, sein Vater, war ein Ver-wirklicher, der sich in der Meditation auf Yamantaka (skt.; tib. Dorje Jigje) übte, und seine Mutter Gangcham Mingdren war eine natürliche Verwirklicherin. Düsum Khyen-pa war ein bemerkenswertes, begabtes Kind, das den Namen Gephel erhielt.

Sein Vater lehrte ihn das *Mantra* von Ekajata (skt.; tib. Ralchigma), die ein ein-ziges Auge, einen Zahn, eine Brust und ein Haar hat. In seinem elften Lebensjahr hatte Düsum Khyenpa diese geheime Me-ditationsform, mit der sich besonders die *Nyingmapas* verbunden fühlen, bereits voll verwirklicht. Von *Lama* Jagar Bhairo lernte er die Meditation auf den großen Schützer *Schwarzer Mantel* (tib. Bernagchen; Ma-hakala) und vervollkommnete sie schnell. Er erlangte besondere Fähigkeiten – so ge-nannte Siddhis – und hinterließ auf einem Felsen einen klaren Abdruck von seiner Hand und seinem Fuß.

Mit 16 Jahren erhielt der ungewöhn-liche Junge den Namen Tschökyi Trakpa und wurde von Khenpo Tschökyi Lama und Chepa Tschökyi Senge ordiniert. In der Nähe des Klosters Gaden sind noch heute Hand- und Fußabdrücke Karmapas im Fel-sen zu sehen. Nach Atishas Methode lern-te Karmapa die Praxis auf *Höchste Freude* (tib. Khorlo Demchok; skt. Chakrasamvara) und hatte bald große Erfahrung darin. Als er 19 war, reiste er nach Tod Lung und traf dort Gya Marwa, einen berühmten Geshe – ein Titel, der etwa einem Doktor der Phi-losophie entspricht. Düsum Khyenpa wurde sein Schüler und studierte die Lehren des zukünftigen Buddhas Maitreya sowie die Lehren der befreienden höchsten Weisheit (skt. Prajnamula-Lehren).

Anschließend zog Düsum Khyenpa ein Jahr lang von Lehrer zu Lehrer. Geshe Zharawa führte ihn in die Lehren der Ka-dampas ein, deren Ursprung auf Atisha zurückgeht. Lama Patsap Nyima Trak-pa, ein großer Übersetzer, lehrte ihn die „Sechs Lehren Nagarjunas"[20], die er eben-falls schnell verwirklichte. Er hatte auch eine Vision von dem zukünftigen Buddha Maitreya, der ihn in fünf wichtige, geheime Übungen einweihte. Als er 20 Jahre alt war, erhielt Karmapa in Anwesenheit von Khen-po Mal Duldzin und Lhelop[21] Yeshe Lodrö

20) tib. Rig Tshog Drug, *Madhyamaka*-Text

die vollständigen Mönchsversprechen und setzte sich zum Ziel, die Lehren über das richtige Verhalten (skt. *Vinaya*) gründlich zu studieren.

Düsum Khyenpa reiste nach Penyul Gal, einem Kadampa-Kloster im Penyul-Tal, das Dorje Wangtschug im Jahre 1012 gegründet hatte. Dort traf Karmapa verschiedene große Lehrer, wie beispielsweise Pal Galopa, die ihm die Lehren des großen *Rad der Zeit* Zyklus (tib. Dükyi Khorlo; skt. Kalachakra) und des Mahakalakakamukha, einer krähenköpfigen Form von *Schwarzem Mantel* (tib. Bernagchen, skt. Mahakala), übertrugen. Mit 30 Jahren beschloss er, Gampopa zu treffen, und begab sich auf die Reise. In Dagpo Tragkha traf er die Meister Gomtsul und Shapa Lingpa, die an diesem Ort lebten. Von Gomtsul lernte er das Mahayogini-*Tantra*[22)] und hatte währenddessen eine besondere Vision der *Weißen Befreierin* (tib. Dölkar; skt. Sita Tara). Anschließend reiste er weiter zum Kloster Daglha Gampo, wo er Gampopa, seinen ausersehenen Lama, traf.

Düsum Khyenpa schenkte Gampopa den bei solchen Anlässen üblichen Seidenschal und erhielt Belehrungen von ihm, unter anderem das Lamrim der Kadampas.

Gampopa sagte: „Ich habe darauf meditiert, und das solltest auch du tun!" Einige Zeit später bat Karmapa um weitere

Der erste Gyalwa Karmapa Düsum Khyenpa
Die Statue enthält Reliquien von Düsum Khyenpa und soll ihm sehr ähnlich sehen. Sie ist einer der wertvollsten Schätze des Klosters Rumtek in Sikkim.

---

21) Lhelop ist ein Titel, ähnlich eines Abtes.

22) tib. Naljorma Gyü

Belehrungen und erhielt die Einweihung auf *Oh Diamant* (tib. Kye Dorje; skt. Hevajra). Während der Einweihung zeigte sich Gampopa in der Form dieses Buddhas. Innerhalb von neun Tagen erhielt Düsum Khyenpa die vollständige Übertragung der geheimen Lehren. Seine *Innere Hitze* hatte sich entwickelt, und er empfand starkes Wohlgefühl. Nur mit einem einzigen Baumwollgewand bekleidet, ging er neun Monate lang in Zurückziehung. Unter der Anleitung seines Lehrers fastete und meditierte er und entwickelte eine starke und sehr bewusste Vertiefung. Unter den hunderten Schülern Gampopas galt Düsum Khyenpa als derjenige mit den größten Meditationsfähigkeiten. Gampopa machte eine Vorhersage über ihn.

Seine Meditationspraxis weiterführend, reiste Düsum Khyenpa zur Til-Höhle bei Zangi und meditierte dort vier weitere Monate. Anschließend reiste er zum Kloster Phagmo, wo er einen Monat und fünf Tage blieb. Düsum Khyenpa erlangte die Fähigkeit, seinen Geist überall dort zu halten, wo er wünschte. Er kehrte zu seinem Lehrer zurück und blieb drei weitere Jahre bei ihm. Von Rechungpa, einem Schüler Milarepas, erhielt er die Lehren Naropas und Maitripas, die *Sechs Lehren Naropas* und andere Belehrungen. Einer Anweisung Gampopas folgend, blieb Düsum Khyenpa in einer Höhle bei Ri Wo Che. Dort erschien ihm eine Frau, die ihm sagte: „Bleib nicht

hier, denn meine Mutter kommt zurück!" Er nahm dies als gutes Zeichen und verbrachte an dieser Stelle 14 Monate mit der Meditation des Mitgefühls. Er erlangte volle Kontrolle über die *Innere Hitze* und kehrte wieder zu Gampopa zurück.

Düsum Khyenpa beschrieb Gampopa seine Verwirklichung und erhielt von ihm den Rat, noch ein paar Monate weiter zu meditieren. Sechs Monate vergingen, und so, wie die Sonne die Wolken durchbricht, erlangte er volle Erleuchtung. Gampopa erkannte die große Verwirklichung seines Schülers. Er legte eine Hand auf Düsum Khyenpas Kopf und sagte: „Mein Sohn, du hast deine Verbindung mit der Welt der Erscheinungen durchtrennt." Von jetzt an sei es seine Aufgabe, seine Erfahrungen an andere weiterzugeben.

Einer alten Schrift[23] zufolge, sagte Buddha voraus, dass etwa 1600 Jahre nach seinem eigenen Tod ein Mann mit großer Verwirklichung und grenzenlosem Mitgefühl geboren werden würde. Dieser Mann werde die Lehre Buddhas über viele aufeinander folgende Lebenszeiten verbreiten und als Karmapa, „Herr der Tat", bekannt werden. Gampopa und zwei weitere große Meister dieser Zeit, Lama Sakya Shri[24] aus Kaschmir und Lama Shang (1123-1193) er-

---

[23] Der Name dieses Sutras ist Doting Chin Gyalpo.
[24] Er war der letzte Abt des großen Instituts Vikramashila. Er verbrachte zehn Jahre in Tibet (1127-1225).

kannten, dass Düsum Khyenpa der vorausgesagte Karmapa war.

Den Anweisungen Gampopas folgend, ging Düsum Khyenpa zum Wohnsitz des Königs Gathung nach Mon, der sogleich sein Gönner wurde. Anschließend pilgerte Karmapa durch ganz Tibet und gab Belehrungen. Er verbrachte drei Sommer und Winter in der Nähe von Yabzang auf einem Felsen und erlangte die Fähigkeit, feste Felsen und Berge zu durchqueren. Er blieb vier Monate auf dem „Flachen Weißen Felsen" bei Phabong Karleb – früher ein Sitz Guru Rinpoches (skt. Padmasambhava)–, wo ihn die *Dakinis* ernährten. Wieder kehrte Karmapa zu seinem Lehrer zurück. Der sagte ihm, er solle Kampo Nesnang (Provinz Kham) besuchen, was von großem Nutzen für die Lebewesen sein würde.

Nach einiger Zeit hörte Karmapa vom Tod seines Lehrers und kehrte sofort zum Kloster Daglha Gampo zurück. Dort traf er zwei weinende Schüler. Karmapa sah in einer Vision Gampopa am Himmel, und er führte viele Meditationen für die weitere Ausbreitung der Kagyü-Linie aus. Gleichzeitig versprach er seinen Schülern, bis zu seinem 84. Lebensjahr am Leben zu bleiben.

Karmapa wurde nun auch von dem dortigen Schützer Dorje Pal Tseg gebeten, Nesnang zu besuchen. Karmapa entsprach diesem Wunsch und gründete 1165 das große Kloster Kampo Nesnang. Diese Stelle ist eng mit den Karmapas verbunden: Jedes Mal, wenn sich ein neuer Karmapa inkarniert, erscheint auf der Spitze des großen Felsens ein tibetischer Buchstabe KA. Bei der Geburt des 16. Karmapa war dieser Buchstabe sogar besonders groß.

Eines Tages, als er gerade das *Klare Licht* (tib. Ö Sel), eine der Übungen von Naropa, praktizierte, erschienen 15 Dakinis vor ihm und zeigten den Kraftkreis (skt. Mandala) von *Befreierin*[25]. Ein andermal reiste Karmapa auf magische Weise nach Singara auf Ceylon. Dort traf er den verwirklichten Meister Vajraghanta Heruka. Dieser stammte aus der Linie Sarahas und gab ihm die große Einweihung auf *Höchste Freude* anschließend reiste Düsum Khyenpa in das *Reine Land* Gaden, traf nochmals den zukünftigen Buddha Maitreya und erhielt von ihm viele wichtige Belehrungen. Genau zu dieser Zeit wurde der Bau des Klosters Nesnang abgeschlossen.

Im Alter von 74 Jahren reiste Karmapa aus Kampo Nesnang ab und brach Richtung Tri-o, am Ufer des Flusses Dri (Kham) auf. Unterwegs, in Dampa Chöschug, gab er mehreren tausend Schülern Belehrungen. In der Provinz Treshod legte er Feindseligkeiten zwischen rivalisierenden Dörfern bei. In Leh gründete er ein Kloster und nannte es Khams Mar. Karmapa reiste nach Kar-

---

[25] Man nennt einen solchen Kraftkreis im Tibetischen Dölma Yeshe Khorlo.

ma Guen weiter und gründete ein weiteres Kloster, das später eines der größten und bedeutendsten Kagyü-Zentren wurde. Oft gab er der Bevölkerung Segen, Belehrungen und Einweihungen und heilte Kranke und Blinde auf magische Weise.

Ein Schüler Gampopas, Jigten Sumgun, sandte Karmapa eine Nachricht und bat ihn darin, das Kloster Daglha Gampo zu besuchen. Dort sollte er als sein engster Schüler einige Zeit leben und damit einen der letzten Wünsche Gampopas erfüllen. Karmapa machte sich auf die lange Reise und begann gleich nach seiner Ankunft, das Kloster seines Lehrers instandzusetzen. Karmapa gab den vielen Mönchen und Lamas Segen und Einweihungen. Als der Umbau des Klosters weitgehend abgeschlossen war, reiste Karmapa nach Tsurphu, etwa 80 Kilometer westlich von Lhasa. Dort traf er etwa im Jahr 1185 Vorbereitungen für den Bau eines großen neuen Klosters, das später zum Hauptsitz der Karmapas wurde.
Karmapa schickte sieben große Türkise und 70 Yaks, schwer mit Tee beladen, zum Daglha-Gampo-Kloster und veranlasste, dass vier Abschriften der befreienden höchsten Weisheitslehren (skt. *Prajnaparamita*) in Gold angefertigt wurden. Er schickte diese – zusammen mit 108 Büchern, zehn weiteren großen Türkisen und fünfzig guten Pferden – als Geschenk zum Kloster seines Lehrers.

Alle Einzelheiten und den Ort, wo seine nächste Wiedergeburt zu finden sein würde, sagte er voraus und vertraute diese Auskünfte Drogön Rechen an, einem seiner nahen Schüler. Düsum Khyenpa sagte, in Zukunft werde es viele Karmapas geben, und es gebe[26] bereits jetzt schon weitere *Ausstrahlungen* von ihm eine in der Region Purang nahe Ladakh, eine im nepalesisch-tibetischen Grenzgebiet, eine weitere in Ostindien als Ausstrahlung von *Liebevolle Augen*, sowie eine weitere im Osten als ein König namens Trakpa Taye.

Während der letzten Jahre seines Lebens erschien der Buchstabe KA auf dem großen Felsen bei Kampo Nesnang. Karmapa befahl seinem ältesten Begleiter, die Reichtümer, die sich im Lauf der Zeit angesammelt hatten, in seinen Klöstern zu verteilen. Dann starb er 1193 im Alter von 84 Jahren und wurde von zahlreichen Dakinis empfangen. Bei seinem Tod zeigten sich Wunder, und aus der Asche seines Bestattungsfeuers barg man viele kostbare Reliquien.

Die wichtigsten Schüler des ersten Karmapa

Dechung Sangyepa, der für seine genauen Vorhersagen bekannt war.

[26] Es können mehrere *Ausstrahlungen* gleichzeitig existieren, z.B. jeweils eine von Körper, Rede, Geist und Weisheit.

Batsa Trag Delwa, bekannt für seine magischen Kräfte.

Drogön Rechen, ein guter geistiger Führer, Lehrer und Halter der Übertragungslinie.

Chöpa Jigten Sumgun, Gründer der Drigung-Nebenlinie.

Tangpa Chenpo, Gründer der Taklung-Nebenlinie.

Gyalwa Lingrepa, Gründer der Drukpa-Linie.

Drogön Tsangpa Gyare, der Gründer der Tsangpa-Nebenlinie, wurde 1161 in Nang-

tod geboren. Im Alter von zwölf Jahren kam er ins Kloster Kulu, und mit 23 Jahren traf er in Ralung auf Gyalwa Lingrepa und wurde dessen Schüler. Er erhielt alle Belehrungen, und nach nur sieben Tagen hatte er die Übung der *Inneren Hitze* verwirklicht. Er wurde von Lama Shang ordiniert und gründete später Klöster in Longdol und Namdruk. Sein bester Schüler war Go Tsangpa Gönpo, der innerhalb von 18 Tagen Verwirklichung erlangte. Lama Go Tsangpa war seinerseits der Lehrer von Verwirklicher Urgyenpa, der den „oberen Teil" der Drukpa-Linie gründete (1161-1211). Weitere Schüler waren Sangye Yönten aus Ring Gong sowie **Kadampa Desheg**.

Das Kloster Tsurphu, der ehemalige Sitz der Karmapas in Tibet.

Das Kloster Karma Guen

In Chögyam Trungpas Buch „Born in Tibet" findet sich eine faszinierende Beschreibung[27] des 1185 gegründeten Klosters Karma Guen:

„Um die Außenmauern aus ganz kleinen Steinen zu bauen, waren Mauren mit besonderen Fertigkeiten aus Zentraltibet geholt worden. Durch die Eingangshalle, wo an jeder Seite eine Treppe zur Galerie emporführte, betraten wir die große Halle. Sie ist angeblich die zweitgrößte in ganz Tibet und wurde für alle wichtigen Ereignisse genutzt, für Meditationsgesänge ebenso wie für große Ansprachen. Die hohe Decke über dem Mittelteil der Halle ruhte auf hundert Pfeilern aus festen Baumstämmen, die einen Umfang von fünf bis sechs Metern hatten. Sie waren zinnoberrot lackiert und besaßen gelbe, blaue und goldfarbene Verzierungen. Die ausladenden Kapitelle entsprachen der typisch tibetischen Architektur. In die Halle fiel ein schwaches Licht von den Fenstern oberhalb der Galerie. Diese ruhte auf 400 kürzeren Pfeilern, von denen einige aus Sandelholz waren, das in Indien beschafft worden war. Hinter der Galerie befanden sich mehrere Räume, so auch die Wohnung des Abtes. Außerhalb der Halle in der Mitte befanden sich zwölf Meditationsräume. In

einem von diesen konnte man lebensgroße Standbilder aller Wiedergeburten Gyalwa Karmapas, des höchsten Lamas der Linie, bewundern. Bis zum achten Gyalwa Karmapa waren diese Statuen in einem sehr guten Zustand, die verbleibenden sieben zeigten jedoch Verfallserscheinungen.

Ein Meditationsraum enthielt die große Bibliothek, die drittgrößte Tibets. Sie umfasste eine große Sammlung von Manuskripten und Sanskrittexten, deren Ursprung nach Schätzungen auf das achte Jahrhundert zurückgeht.

Die Wände im Inneren der großen Halle waren sehr schön bemalt und zeigten Szenen aus dem Leben Buddhas und der Geschichte der Kagyü-Linie. Der Löwenthron inmitten der Halle bestand aus Sandelholz, das von einer kraftvollen Stelle in Indien stammte. Das dunkle Sandelholz auf der Rückseite des Throns war mit goldenen Verzierungen bemalt; in der Mitte befand sich ein Stück Goldbrokat, um das ein weißes Tuch hing. In das Holz des Thrones waren Löwenmuster geschnitzt, und der Brokat auf den Kissen war ein Geschenk des Herrschers Tohan Timur, das er dem dritten Karmapa bei dessen Besuch in China gegeben hatte. Am Ende der Halle, hinter dem Thron, führten drei Eingänge in einen unglaublich hohen Raum, der aus drei Abtei-

[27] Siehe Literaturverzeichneis

len bestand. Diese enthielten jeweils Standbilder der vergangenen, gegenwärtigen und künftigen Buddhas und waren so groß, dass der Abstand zwischen den Augen eineinhalb Meter betrug. Die mittlere Statue zeigte Buddha Shakyamuni, den Buddha unseres Zeitalters, aus gegossenem Kupfer und dick vergoldet. Alle Glieder und die verschiedenen Körperteile waren einzeln gegossen und zusammengefügt worden. Lediglich der Kopf war als ein Stück gefertigt und mitten auf der Stirn mit einem großen Diamanten besetzt, der – so jedenfalls die Geschichten der Einheimischen – aus dem Schnabel von Garuda[28] stammte. Die Statue war vom achten Gyalwa Karmapa (1507-1554) gestaltet worden, der auch den Sandelholzthron eigenhändig geschnitzt hatte. Die Skulpturen der vergangenen und künftigen Buddhas waren mit einer Mischung aus Ton und gesegneten Kräutern hergestellt und mit Edelsteinen verziert. Beide Statuen hatten einen Rubin auf der Stirn, und vor den beiden stand jeweils ein Tisch für Geschenke und Gaben.

Mit dem schnellen Fluss unterhalb des Klosters und der Bergkette im Hintergrund war das Kloster eine echte Sehenswürdigkeit. Es bestand aus drei Stockwerken. Die oberste Decke über dem hohen Raum mit den drei Standbildern der Buddhas war vergoldet. Gekrönt wurde sie von einer goldenen Verzierung, einem in tibetischen Klöstern häufig verwendeten Zeichen für Ehre.

Die überdachten Gänge enthielten acht Buddhaabbildungen und vier *Stupas* von drei Metern Höhe. Sie waren aus Edelmetallen hergestellt und standen unter goldenen Baldachinen. Alles war in früheren Zeiten aus Indien herbeigeschafft worden, und drei der Stupas stammten aus Nalanda.

Das Kloster Karma Guen war ein wunderbares Beispiel für die Kunstfertigkeit des 16. Gyalwa Karmapa, ebenso wie auch seiner siebten, achten, neunten und zehnten Wiedergeburt. Diese Lamas waren Experten für Schnitzerei, Bildhauerei, Malerei und Stickerei sowie für das Schmelzen und Gießen von Edelmetallen. Karma Guen war ein einzigartiges Beispiel für die Schönheit der althergebrachten tibetischen Kunst."

---

[28] Ein besonderer Vogel aus dem Kraftfeld von *Schwarzer Mantel.*

Der zweite Karmapa (1204-1283)
Karma Pakshi

Karma Pakshi wurde 1204 in Drilung Wontod geboren und erhielt den Namen Chödzin. Er entstammte aus der vornehmen Familie des großen Königs Tri Song Detsen (ca. 740-798, Erbauer des großen Klosters Samye). Bei Karmapas Geburt gab es viele besondere Zeichen, und man bemerkte bald, dass er ein außergewöhnliches Kind war. Obwohl er keinen Lehrer hatte, war Karma Pakshi bereits im Alter von sechs Jahren des Schreibens mächtig. Mit zehn Jahren hatte er bereits alle Schriften studiert, die ihm zugänglich waren. Er musste nur einen Blick auf einen Text werfen oder ihn einmal hören, um ihn auswendig zu kennen. Diese Fähigkeit des natürlichen Wissens überzeugte seine Eltern, dass er eine hohe Wiedergeburt sein musste.

Sein erster Lehrer war Lama Gyaltse Pomdragpa, ein Schüler Drogön Rechens, dem der erste Karmapa die näheren Umstände seiner Wiedergeburt anvertraut hatte. Er sagte zu Karmapa: „Heute sind die Helden und Dakinis so zahlreich erschienen wie Wolken am Himmel. Du wirst von den *Dakinis* gesegnet werden!" In der gleichen Nacht gaben die *Schützer* dem Lama die Nachricht, dass der Junge der neue Karmapa sei und viele Anzeichen dies bestätigten.

Daraufhin sagte er zu dem Jungen: „Du hast besonderes Glück! Alle Kagyü-Lehrer, einschließlich Düsum Khyenpa, haben sich gezeigt. Jetzt solltest Du die Lehren praktizieren!"

Im Alter von elf Jahren erhielt Karma Pakshi die ersten Novizenversprechen von Khatog Champa Bum und wurde nun Tschökyi Lama genannt. Er lernte die Gesänge der *Verwirklichung*[29] von Saraha und Gampopas Lehren des *Großen Siegels*. Sein Lehrer unterwies ihn in der Kunst der Meditation und stellte fest, dass Karmapa sie bereits vollständig verwirklicht hatte. Ihm wurde in die höheren Lehren Tilopas übertragen und hatte währenddessen eine Erscheinung von *Liebevolle Augen*, der sich mit elf Köpfen und zahlreichen Armen zeigte. Karma Pakshi meditierte zehn Jahre lang, vervollkommnete die Übung der *Inneren Hitze* und hatte häufig Erscheinungen von *Befreierin*, wenn er ihr *Mantra* sprach.

In dieser Gegend brachen Unruhen aus, und der junge Karmapa reiste zum Kloster Tsorong Guen nach Tashi Pom Trag (Osttibet). Dort blieb er eine Zeit lang und verweilte in tiefer Meditation. Einmal er-

[29] tib. Doha Korsum

schien ihm der Schützer Dorje Pal Tseg von Nesnang, der ihn bat, seine Gegend zu besuchen. Karmapa entsprach dieser Bitte und setzte sich bei seiner Ankunft auf einen großen Felsen in der Nähe des kleinen Nesnang-Sees. Er meditierte und hatte dabei eine ganz besondere Erscheinung des Buddhas *Höchste Freude*. Mit seiner Macht unterwarf Karma Pakshi viele Dämonen und Halbgötter, die in einem nah gelegenen Berg lebten, was für das menschliche Auge so aussah, als löse sich der Berg in Erdrutschen auf. Daraufhin versprach Dorje Pal Tseg, alle zukünftigen Schüler der Karmapas zu beschützen.

Als Karmapa einmal eine Pilgerstelle namens Sharchog Pung Ri besuchte, sah er viele tanzende Dakinis sowie den Schützer *Schwarzer Mantel* (Seite 59) (tib. Bernagchen; skt. Mahakala), der offenbar ein Haus baute. Karma Pakshi spürte, dass dies eine ganz besondere Stelle war, und entschloss sich, hier ein Kloster zu gründen. Die Dakinis verrieten ihm, dass das Singen von Schutzlauten, sogenannten *Mantras*, während des Bauens hilfreich sei, und so gelang es, das Kloster in bemerkenswert kurzer Zeit fertig zu stellen. Karmapa blieb elf Jahre lang an dieser Stelle und übte das Subtile Atmen (tib. Tsa Lung), eine besondere Yoga-Technik. Oft konnte man Regenbögen um ihn herum sehen und farbiges Licht, das aus seinem Körper strahlte. Karmapas Ruhm verbreitete sich weithin, und viele Pilger kamen, um seinen Segen zu erhalten.

Im Süden gab es eine Stelle namens Rong Tsen Kawa Karpo, die als der Wohnort des Buddhas *Höchste Freude* bekannt war. Keinem Menschen war es jedoch bis dahin gelungen, einen Weg zu diesem kraftvollen Ort zu finden. Karmapa aber sah den Weg als inneres Bild, und bald wurde er für alle Schüler erschlossen. Karma Pakshi brachte die Kagyü-Lehren bis an die Grenze zu China, reiste weiter nach Tuk im mittleren Tibet, baute dort die Klöster Düsum Khyenpas wieder auf und belebte die Lehren Buddhas in den Provinzen Dri und Den. Anschließend besuchte er 18 Gegenden in Südtibet und blieb einige Zeit im großen Kloster Karma Guen. Als er von den ausschweifenden Jagden des Königs von Jyang hörte, ließ er dies verbieten.

Karma Pakshi reiste zum Kloster Tsurphu, das in Gefechten mit dem Räuberhauptmann Bheri schwer beschädigt worden war. Dort blieb er sechs Jahre lang. Währenddessen wurde das Kloster vollständig wiederaufgebaut, und Karmapa gab den Lamas, Mönchen und Laien viele Belehrungen. Er reiste weiter nach Tsang in Westtibet. Beim Lam-See zeigte sich die Seegöttin Lam Tso Lhamo und überreichte ihm eine goldene Einweihungsvase (tib. Bumpa).

Damals stand ein Teil Chinas unter mongolischer Herrschaft. Mongkor Gen war Kaiser der Mongolei, und sein Bruder Kublai beherrschte die chinesisch-tibetischen

Grenzgebiete. Kublai schickte einen Boten mit einer Einladung zu Karmapa. Im Jahre 1251 – Karmapa war 47 Jahre alt – machte er sich auf die drei Jahre dauernde Reise. Dabei nutzte er jede Gelegenheit zum Lehren und erreichte 1255 schließlich den großen Wuk-Tok-Palast.

Hier hatte sich Kunga Gyaltsen, der Sakya Pandita, einige Jahre aufgehalten; als der Kagyü-Tross ankam, lebte er aber nicht mehr. Durch seinen Einfluss waren die Lehren Buddhas in die Mongolei gekommen und die *Sakya*-Linie in China begründet worden. Kunga Gyaltsen war ein Schüler Sakya Shribhadras aus Kaschmir und lebte von 1182-1251. Der Grund für seinen Aufenthalt in China war folgender Brief, den er 1244 von Godan Khan erhalten hatte:

„Ich, der mächtigste und wohlhabendste Prinz Godan, möchte dem Sakya Pandita Kunga Gyaltsen folgendes mitteilen: Wir brauchen einen Lama, der mein unwissendes Volk unterweist, wie es seine inneren und geistigen Werte entwickeln kann. Ich benötige jemanden, der gute Wünsche für meine verstorbenen Eltern macht. Es wäre natürlich einfach für mich, Euch von Soldaten herbringen zu lassen, aber auf diese Weise könnte Schaden und Unglück über Unschuldige hereinbrechen. So kommt schnell!"

Um das Jahr 1247 herum war der Sakya Pandita von Godan Khan, dem Enkel Dschingis Khans und Gouverneur des nordöstlichen Grenzgebiets zu Tibet, zum mongolischen Vize-Regenten in Tibet ernannt worden. Nach vielen Streitigkeiten, wer der oberste Khan werden solle, ging die Macht von Godans Familie an einen anderen Zweig der Dschingis-Linie über, und Groß-Khan wurde der Enkel Mongkor Gen. Sakya Pandita starb kurz vor diesem Wechsel, und sein Neffe Phagpa, der im Jahre 1280 starb und die mongolische Schrift einführte, wechselte seine Loyalität diplomatisch zu Kublai, Mongkor Gens jüngerem Bruder. Phagpa krönte Kublai im Jahre 1260 und verbrachte den Rest seines Lebens größtenteils am Hofe des Herrschers. Sehr wahrscheinlich war er auch während Karmapas Aufenthalt im Palast.

Bei seiner Ankunft wurde Karmapa mit allen Ehren begrüßt. Als Höhepunkt der Feierlichkeiten segnete Karmapa Kublai und den gesamten Hof. Der Sakya Pandita hatte die Sakya-Linie damals fest in China verankert. Dennoch gab es politische Gruppen, die mit der Anwesenheit Karmapas nicht einverstanden waren und mit Abspaltung drohten. So entschloss sich Karmapa trotz wiederholter Bitten Kublais, nicht zu bleiben und nach Tibet zurückzukehren. Er verließ den Palast und reiste in die Provinz

Mi Nya, wo er einen großen und mehrere kleinere Tempel erbauen ließ. Tausende fanden durch Karmapa Zugang zur Kagyü-Linie des Buddhismus.

Im April 1256 erreichte Karmapa das Gebiet Amdo Tsong Kha in Nordosttibet. In der Zwischenzeit hatte es Streit zwischen den mongolischen Kaisern gegeben: Kublai war von Mongkor Gen abgesetzt worden, der mittlerweile über die Mongolei und große Teile Chinas herrschte. Als er von Karmapas Wundern hörte, lud er ihn wieder nach China ein. Karmapa sagte zu, wurde im Palast des neuen Herrschers königlich empfangen und gab viele Belehrungen und Einweihungen.

Im Oktober desselben Jahres besuchte Karmapa Sen Shing, Tao Si und Er Kaow. An diesen Stellen schlug er im üblichen Redewettstreit viele nicht-buddhistische Gelehrte, die sich daraufhin dem Kagyü-Buddhismus zuwandten. Als der Winter angebrochen war, zeigte Karma Pakshi ein Wunder: Plötzlich hörte es auf zu schneien, sogar der Wind beruhigte sich. Karmapa veranlasste auch die Freilassung aller Gefangenen der Gegend. Ein andermal hielt er mit *Mantras* Insektenschwärme fern, die die Ernte bedrohten. Er vertrieb auch andere Schädlinge, indem er etwas Erde in ihre Richtung warf. Karmapa kehrte nach Tibet zurück und gründete unterwegs bei Tao Hu Chu Makha ein neues Kloster, wo er mehrere Monate blieb.

Vier Jahre später kam Karmapa ins chinesisch-tibetische Grenzgebiet Ila. Dort hörte er, dass der Kaiser Mongkor gestorben war und sein Sohn Ariq Boga die Nachfolge angetreten hatte. Dieser hatte allerdings gleich einen Krieg gegen Kublai verloren, der sich im Jahre 1260 selbst zum höchsten Khan und Kaiser der Mongolei und China ernannte. Karmapa war über den Krieg und das Blutvergießen sehr betroffen. Er verbrachte sieben Tage in Meditation und machte Wünsche für Frieden in China. Am letzten Tag seiner Zurückziehung erschien ihm *Buddha* selbst. Er stand vor ihm und bat Karmapa, für dauerhaften Frieden und zum Wohl der vielen Tausend, die im Krieg gestorben waren, eine zehn Meter hohe Buddhastatue zu bauen.

Als Kublai Khan hörte, dass Karmapa in Ila war, erinnerte er sich, dass Karmapa vor sieben Jahren seine Bitte, länger in China zu bleiben, nicht erfüllt hatte. Er schickte 30.000 Soldaten, die Karmapa gefangen nehmen sollten. Als sie ihm jedoch gegenüber standen, versetzte sie Karmapas Zwei-Finger-Geste (skt. *Mudra*) sofort in einen Zustand der Starre. Karmapa hatte aber Mitgefühl mit ihnen, stellte ihre Bewegungsfreiheit wieder her und ließ seine Gefangennahme zu. Die Soldaten wickelten ihn in Stoff und wollten ihn aufhängen. Doch Karmapas Körper war plötzlich wie ein Regenbogen, ohne feste Masse, und der Versuch war erfolglos. Dann zwangen sie

ihn, Gift zu trinken; es zeigte aber nicht die erwartete Wirkung, stattdessen gingen von seinem Körper gleißende Lichtstrahlen aus, die den Soldaten Angst einjagten. Sie führten Karma Paksi auf einen hohen Berg und stießen ihn hinunter. Karmapa schwebte jedoch hinab, landete auf einem See und überquerte ihn schwimmend wie eine Ente. Schließlich wollten sie Karmapa verbrennen und warfen ihn mit seinen beiden Schülern Rinchen Pal und Yeshe Wangtschug ins Feuer. Aus ihren Körpern schoss jedoch Wasser in Strömen und löschte die Flammen.

Als der Kaiser Kublai Khan von diesen Vorgängen hörte, befahl er, Karmapa ohne Verpflegung einzusperren. Allerdings konnte man sieben Tage lang dabei zusehen, wie Dakinis ihn mit Speis und Trank versorgten. Der Kaiser gab schließlich nach und wurde Karmapas Schüler. Er veröffentlichte folgenden Erlass: „In Tibet und anderen Ländern könnt ihr ab jetzt eure Religion frei ausüben und Wünsche für mich machen." Karma Pakshi blieb noch einige Zeit in dem großen Palast und wurde hoch geehrt.

In „The Travels of Marco Polo" (Ronald Latham, Tolio Society, London, 1968) findet sich folgende interessante Beschreibung der Vorgänge an Kublai Khans Hof:

„Hier eine andere bemerkenswerte Tatsache über diese Zauberer (*Lamas*) oder Bakshis, wie sie auch genannt werden. Ich versichere euch: Der große Khan saß in der riesigen Halle an seinem Tisch, mehr als acht Ellen über dem Boden. Diese Bakshis brachten es durch ihre Zauberei und ihre Kunst zustande, dass die Tassen voller Wein, Milch und anderen Getränken, die auf einem zehn Schritte von Kublai entfernten Tisch standen, selbsttätig abhoben und zum großen Khan schwebten, ohne dass sie jemand berührte. Und das machten sie vor den Augen von 10.000 Menschen. Was ich hier sage, ist die nackte Wahrheit, ohne jede Lüge."

Die erwähnten Bakshis scheinen das Gefolge von Karma Pakshi gewesen zu sein, da er der wichtigste „Zauberer" dieser Zeit war. In seinen Memoiren erwähnt der Sakya-Lama Phagpa, dass Kublai Khan mit einem Fremden aus einem fernen Land befreundet war. Dies bezieht sich zweifellos auf Marco Polo, der viele Jahre am Hofe Kublai Khans verbrachte.

Hier ein interessantes Zitat Marco Polos über den kaiserlichen Palast:

„Der Palast ist der größte, den es jemals gab. Er hat ein sehr hohes Dach. Innen sind alle Wände der Hallen und Räume mit Gold und Silber besetzt und mit Bildern von Drachen, Vögeln, Reitern, verschiedenen Tieren und Schlachtszenen geschmückt. Ähnlich ist die Decke ausgestattet. Die Halle ist so groß, dass man 6000 Leute darin bewirten könnte. Das gesamte Gebäude ist so riesig und gut gebaut, dass man es nicht besser machen könnte. Das Dach lodert in roten, grünen, blauen und gelben Farben."

Mit seiner Vision und der Anweisung, eine große Buddhastatue zu bauen, machte sich Karmapa an die Arbeit. Ein Schmied aus Tsang, der in Tsurphu lebte und eine Ausstrahlung Karmapas war, sollte die Arbeiten leiten. Den Gom, ein Schüler Karmapas, wurde aus China nach Tsurphu geschickt, um die einzelnen Bauabschnitte zu beaufsichtigen. Aus China kam ein ständiger Nachschub an Material und Geld, und so verlief die Arbeit erfolgreich. Nach drei Jahren war die Statue fertig, neigte sich aber seltsamerweise etwas nach links.

Karmapa verbrachte sechs Jahre in China und gab in dieser Zeit Belehrungen, Segen und Einweihungen und ließ außerdem viele Klöster und Tempel bauen. Zum Abschied ehrten ihn seine dankbaren Schüler mit vielen Geschenken. Bevor er das Land verließ, warf er diese Geschenke in eine Quelle bei Shang Tu. Bei seiner Rückkehr nach Tsurphu, zwei Jahre später, kamen diese plötzlich in einem nahe gelegenen Tümpel wieder zum Vorschein.

Entlang der mongolischen Grenze reisten Karmapa und seine Begleiter zurück. Unterwegs fanden sie ein goldenes Dach, das beim Angriff der mongolischen Armee auf Indien erbeutet worden war. Auf ihrem Rückweg hatten es die Mongolen jedoch liegen lassen müssen, denn viele Soldaten waren krank geworden und konnten es nicht mehr tragen. Karmapa ließ das Dach bis nach Kha Chu an der chinesisch-tibetischen Grenze mitnehmen. Einem unguten Omen zufolge war es jedoch besser, die Hälfte des Daches zurückzulassen. Die andere Hälfte wurde mit nach Tsurphu genommen, wo man es in der Mitte bog und auf dem Dach des Klosters zusammen mit zwei goldenen Pfauen und einer goldenen Spitze anbrachte. Karmapa setzte sich in Meditationshaltung vor die große neue Buddhastatue und neigte seinen Körper in die gleiche Richtung wie die Statue. Dann richtete er sich langsam in eine gerade Haltung auf, und die Statue tat es ihm nach.

Der Verwirklicher Urgyenpa, ein Schüler von Rigdzin Go Tsangpa, besuchte Karmapa und übertrug ihm weitere Lehren Tilopas. Karmapa sagte ihm, er würde der Lehrer seiner nächsten Wiedergeburt sein.

Urgyenpa wurde 1230 in Yermo Tang, Osttibet, geboren. Er nahm die Mönchsversprechen bei Bodong Ringtsepa und studierte mit Go Tsangpa Gönpo Dorje, dem nahen Schüler von Drogön Tsangpa Gyare (er gründete die Nebenlinie Tsangpa-Kagyü). Urgyenpa besuchte viele Kraftorte und reiste während einer Pilgerfahrt nach Urgyen, dem Land wo Guru Rinpoche (skt. Padmasambhava) aufwuchs. Urgyenpa sah die große Dakini *Rote Weisheit* (tib. Dorje Phagmo, skt. Vajravahari) und wurde ein Verwirklicher. Er pilgerte durch ganz Indi-

en, besuchte Ceylon und richtete gemeinsam mit dem dortigen König den großen Tempel von *Bodhgaya* wieder her. Urgyenpa besuchte das Kloster Tsurphu und ging dann nach China und wurde dort Lehrer des Kaisers. Nach seiner Rückkehr nach Tibet starb er im Alter von 70 Jahren. Der herausragendste seiner zahlreichen Schüler war Gyalwa Yang Gonpa.

Chöphel und Changden, ein Paar aus Tingri Langkor (Südtibet), kamen auf einer Pilgerreise nach Tsurphu und erhielten eine Audienz bei Karmapa. Er erzählte ihnen, dass seine nächste Wiedergeburt als ihr Sohn geboren würde und er bereits einen Teil von sich in den Mutterleib übertragen habe.

Fünf Monate später, im April 1283, starb Karmapa, nachdem er die Meditation der *Bewusstseins-Übertragung* (tib. Phowa), eine der *Sechs Lehren von Naropa*, durchgeführt hatte. Es traten viele ungewöhnliche Zeichen auf, und am neunten Tag fand die Verbrennung statt. Zahllose Reliquien erschienen in der Asche – Karmapas Herz, Zunge und Augen ebenso wie schillernde, rechtsdrehende, spiralförmige Gebilde, die wie Muscheln aussahen (tib. Rinsel). Man fand auch miteinander verbundene Buchstaben, sinnbildliche Zeichen und Formen. Karmapa wurde 80 Jahre alt[30].

Die wichtigsten Schüler des zweiten Karmapa

Druptop Urgyenpa war ein Verwirklicher aus Urgyen.

Nyenres Gedun Bum wurde ein großer Lama und Lehrer der darauffolgenden Wiedergeburt Karmapas.

Machawa Tschangtschub Tsontru war ein großer Gelehrter und *Madhyamaka*-Lehrer.

---

[30] Die „Blauen Annalen" von Zhonu Pal (Übersetzung von G. N. Roerich, Kalkutta 1953) geben 1204 als Karma Pakshis Geburtsjahr und 1283 als Todesjahr an. Sie erwähnen auch, dass er seinen Körper im Alter von 80 Jahren verließ. Andere tibetische Quellen bestätigen das Todesjahr, setzen aber sein Geburtsjahr zwei Jahre später an. Es scheint, dass die Aufzeichnungen von Zhonu Pal am verlässlichsten sind.

Schwarzer Mantel (tib. Bernagchen; skt. Mahakala) ist der *Schützer* der Karma-Kagyü-Schule. Schwarzer Mantel drückt kraftvoll-schützend das tiefe Mitgefühl aller Buddhas aus. Er wird dunkelblau wie der Weltraum vergegenwärtigt.

Der dritte Karmapa (1284–1339)
Rangjung Dorje

Karmapa Rangjung Dorje wurde im Februar 1284 in Tingri Langkor (Südtibet) geboren – auf dem Dach eines Hauses, gerade als der Mond aufging. Gleich danach setzte er sich mit gekreuzten Beinen hin und sagte: „Der Mond ist aufgegangen!" Karmapas Mutter hielt dies für ein schlechtes Vorzeichen und warf ihm Asche in den Mund. Der Vater aber erinnerte sich an die Worte Karma Pakshis und hinderte seine Frau an weiteren solchen Handlungen. Daraufhin sprach der Junge nicht mehr, bis er drei Jahre alt war.

Beim Spielen fragte er einmal andere Kinder, ob sie ihm einen Thron aus Torfblöcken bauen könnten. Er kletterte darauf, bastelte sich einen schwarzen Hut, setzte ihn auf und erklärte, er sei Karmapa. Seinen Freunden sagte er, dass sie von *Samsara*, dem Kreislauf der bedingten Existenzen gefangen seien und er dies bereits überwunden hätte. Die Kinder gingen und erzählten ihren Eltern von den bemerkenswerten Worten Karmapas.

Seine Eltern nahmen ihn auf eine Pilgerreise nach Tingri mit, wo es eine Buddhastatue gab. Als Karmapa die Statue erkannte, schmolz ein Regenbogen in ihn hinein. Von seinem Vater erhielt Karmapa einige buddhistische Grundlehren und beherrschte das Alphabet, ohne dass man es ihn gelehrt hatte. In seinen Träumen zeigten sich viele reine Erscheinungen.

Mit fünf Jahren teilte er seinem Vater mit, dass er gerne Urgyenpa sehen würde, und sie reisten zu dessen Aufenthaltsort. Einen Tag vor ihrer Ankunft dort hatte Urgyenpa einen Traum: Karma Pakshi erschien ihm und sagte, dass er am nächsten Tag ankäme und ihn besuchen würde. Am frühen Morgen erzählte Urgyenpa dies seinen Schülern. Sie errichteten einen Thron und bereiteten eine große Feier vor.

Das Kind, das in Begleitung seines Vaters ankam, ging geradewegs auf den hohen Thron zu und setzte sich darauf. Der Meister fragte ihn: „Wer bist du, dass du dich auf den Thron meines Lehrers setzt?" „Ich bin der berühmte *Lama* Karmapa!", erwiderte der Junge. Urgyenpa bat ihn zu beschreiben, wie sie sich zuvor begegnet waren. „Einst kam ein großer *Verwirklicher* zu mir und erzählte von all seinen Pilgerfahrten und Reisen durch das hervorragende Land Indien. Dieser Meister warst du." Karmapa kletterte wieder von seinem Thron herab, verbeugte sich vor Urgyenpa

und sagte, dass er im vorigen Leben sein Lehrer gewesen war, dieses Mal jedoch Urgyenpas Schüler sei. Um dies zu überprüfen, zog man die ausführlichen Vorhersagen Karma Pakshis heran und stellte fest, dass der Junge zweifelsfrei Karmapa war.

Von Urgyenpa erhielt Karmapa Einweihungen auf *Höchste Freude*, *Oh Diamant*, *Rad der Zeit* und *Diamantdolch* (tib. Dorje Phurba; skt. Vajrakilaya) sowie besondere Belehrungen zu *Diamant in der Hand* (tib. Channa Dorje; skt. Vajrapani). Als Karmapa sieben Jahre alt war, gab ihm Kunden Sherab im Kloster Tor Phuwa die ersten Novizen Versprechen. Unter seiner Anleitung studierte Karmapa die Versprechen zur individuellen Befreiung (skt. *Pratimoksha*–Lehren). Während einer größeren Einweihung von Urgyenpa nahm Karmapa seinen Lehrer in der Form von *Höchste Freude* wahr. Auch die Schützer *Schwarzer Mantel* und Ekajata (skt.; tib. Ralchigma) erschienen. Sie sagten ihm, er solle so schnell wie möglich nach Tsurphu reisen.

In Tsurphu hatte der Lama Nyenres Gedun Bum, ein Schüler des zweiten Karmapas, eine Vision von *Liebevolle Augen*. Dieser sagte ihm, dass die neue Wiedergeburt von Gyalwa Karmapa da sei. Kurz darauf kam Rangjung Dorje in Tsurphu an und wurde im großen Kloster, das sein Vorgänger gegründet hatte, mit allen Ehren empfangen. Lama Nyenres übertrug ihm die *Sechs Lehren von Naropa*, die ausführli-

chen Belehrungen des *Großen Siegels* sowie die vollständige Einweihung in das Tantra von *Oh Diamant* (tib. Kye Dorje, skt. Hevajra). Karmapa hatte eine Vision von seinem Lehrer, umgeben von den Lamas der Kagyü-Linie. Ekajata erschien ein weiteres Mal und gab ihm einen trockenen Zweig, den Karmapa einpflanzte und später zu einem großen Baum gedieh. Karmapa lernte die „alten" und „neuen" Tantras, wie auch die Übung des Tschöd.

Als er 18 Jahre alt war, nahm Karmapa von Sakya Zhonu Tschangtschub die abschließende Versprechen. Er lernte die Regeln für positives Verhalten und Ratschläge für das Zusammenleben in der Gemeinschaft der Praktizierenden und die Anrufung der *Befreierin*. Dann reiste er zum Kloster Karma Guen, das er während seiner vorherigen Wiedergeburt gegründet hatte, und erreichte den kleinen Tempel und die Zurückziehungsstelle von Lha Ten, eine halbe Tagesreise entfernt. Plötzlich fing der Tempel Feuer, und der junge Karmapa löschte die Flammen, indem er *Mantras* murmelte und eine Handvoll Getreide hineinwarf.

Er reiste nach Rong Tsen Kawo Karpo, das dem Buddha *Höchste Freude* gewidmet war und das er in seinem vorherigen Leben Pilgern zugänglich gemacht hatte. Anschließend besuchte Karmapa die Klöster von Nesnang, wo es Unruhen und gebietsweise Auseinandersetzungen gab. Karmapa schlichtete den Streit und beendete alle Feindseligkeiten.

Als wieder Frieden herrschte, kehrte Karmapa nach Zentraltibet zurück und verfasste dort einen Kommentar zu den *Oh Diamant*[31]-Lehren. Er studierte die *Große Vervollkommnung* (tib. Dzog Chen; skt. Maha-Ati), das *Rad der Zeit* (tib. Dükyi Khorlo, skt. Kalachakra) und andere hohe Kagyü-Lehren und vervollständigte sein philosophisches Wissen. Von Lama Ba Re lernte er die grundlegenden Texte der Heilkunde (tib. Soba Rigpa), von Tsultrim Rinchen die Lehren des Guhyasamaja (skt.) und von Rigzin Kumararaja die „Herztropfen-Belehrungen" der Großen *Vervollkommnung* von Vimalamitra sowie die geheimen Lehren Nigumas. Niguma war Naropas Frau, eine große Verwirklicherin. Sie wird allgemein auch als seine Schwester bezeichnet.

Karmapa kehrte nach Tsurphu zurück und meditierte in der nahe gelegenen Zurückziehungsstelle Pema Chung Tsong. Urgyenpa erschien ihm in der Meditation, erklärte alle besonderen Lehren Karma Pakshis und übertrug Karmapa die inneren Lehren Tilopas. Karmapa hatte auch eine Vision von Guru Rinpoche und erhielt seinen Segen. Karmapa hatte auch eine Meditationserfahrung, bei der sich Planeten und Sterne am Himmel drehten. Diese Erfahrung begeisterte ihn so sehr, dass er eine Ab-

handlung über Sterndeutung verfasste, die später als neues System eingeführt wurde. Seitdem gibt es in Tibet zwei astrologische Systeme: das zentraltibetische und das von Karmapa Rangjung Dorje entwickelte Tsurphu-System.

Auf einer Bergkette hinter Tsurphu gründete Rangjung Dorje ein großes neues Kloster, das von vielen Meditationshöhlen umgeben war. Er nannte es Dechen Yangri und verfasste dort eine weitere Abhandlung über Sterndeutung („Die verborgene innere Bedeutung", tib. Zabmo Nangdön). Karmapa reiste nach Südtibet und gründete eine Zurückziehungsstelle in der Nähe von Nakphu. In den Provinzen Kong, Lung und Ral gab er Belehrungen und gründete bei Trak Ru, in der Nähe von Bhutan, ein großes Kloster. 1326 besuchte er Lhasa und gab dort Belehrungen, Einweihungen und Segen.

Vom mongolischen Kaiser Tokh Temur, der China von 1329 bis 1332 regierte, erhielt Karmapa die Einladung zu einem Besuch. Er sagte zu und reiste über Tsurphu nach China. In Dam Shung (Provinz Kham) begann es plötzlich zu donnern und zu schneien – was der Jahreszeit überhaupt nicht entsprach. Er meditierte über diese seltsamen Vorkommnisse und stellte fest, dass dies Anzeichen für den baldigen Tod des Kaisers waren. Darum kehrte Karmapa nach Tsurphu zurück, um dort den Winter zu verbringen. Die chinesische Gesandt-

---

[31] skt. Mula-Hevajra-Tantra

schaft, die mitgekommen war, um seine Reise zu planen, schickte er auf Pilgerfahrt in verschiedene Teile Tibets.

Im März des Jahres 1332, zu Frühlingsanfang, machte sich Karmapa wieder auf den Weg nach China. In Kham beschloss er, schneller zu reisen, denn er hoffte, Tokh Temur noch vor seinem Tod zu sehen. Als er schon in China (in Chin Chow On) war, zeigten ihm plötzliche Blitze, dass es bereits zu spät war. Karmapa ließ ein Lager aufschlagen und meditierte, um dem Toten zu helfen. Er setzte die Reise fort, und die Gruppe erreichte im Dezember schließlich den Palast Tai-ya Tu in Peking. Dort erfuhr Karmapa, dass der Kaiser tatsächlich am Tag der Blitze gestorben war. Rinchen Pal, der Verantwortliche des Palastes, hieß Karmapa willkommen. Auch die kaiserliche Familie, Minister, Mönche und Laien erwiesen Karmapa ihre Ehre, und er segnete alle. Er sagte einen Unfall voraus, der Rinchen Pal ereilen würde. Tatsächlich starb dieser ganz plötzlich kurze Zeit später.

Nach einem Monat führte Karmapa Rangjung Dorje eine große Feier für den verstorbenen Kaiser durch. Nachfolger sollte sein Bruder Toghon Temur (Regierungszeit 1333-1368) werden; die Sterndeuter rieten jedoch, sechs Monate zu warten, und in dieser Übergangszeit regierte E-le Temur. Im März 1333 erhob Karmapa schließlich den neuen Kaiser auf den Thron und gab ihm und seiner Familie Segen und Einwei-

hungen. Aus Dankbarkeit verlieh ihm der Kaiser die Ehrenbezeichnung „*Allwissender* Buddha Karmapa". Hunderttausende wohnten diesem feierlichen Anlass bei.

Im Juli 1334 brach Karmapa Richtung Tibet auf und gründete unterwegs viele Klöster. In Riwo Tse Nga, dem Bergpilgerort von *Weisheitsbuddha* (tib. Jampal Jang; skt. Manjushri) in Westchina, führte Karmapa viele Zeremonien durch und hatte dort auch eine außergewöhnliche Erscheinung dieses *Bodhisattvas*. Um der Lehre Buddhas neue Kraft zu geben, besuchte Karmapa auf seiner Rückreise nach Tsurphu im November 1335 Mi Nya und alle Kagyü-Klöster. Während einer Einweihung auf *Liebevolle Augen* zeigte sich am Himmel ein Regenbogen, und Blumen regneten herab. Viele schamanistische Bönpos und andere Nicht-Buddhisten fassten dadurch Vertrauen zu Buddhas Lehre.

Während dieser Zeit brach zwischen den Provinzen Wang Jo und Mi Nya Krieg aus. Eine große Gruppe von Kaufleuten, die sich dort aufhielt und eine Herde von 3000 Yaks mit sich führte, wurde gefangen genommen und mit dem Tode bedroht. Karmapa rettete die Kaufleute und vermittelte in den Streitigkeiten. Er half, ein Friedensabkommen zwischen den Kriegsparteien zu schaffen und erklärte allen die lebensnahe Bedeutung mitfühlenden Handelns. Anschließend kehrte er nach Karma Guen zurück.

Alle Schützer Nordosttibets, vor allem aus dem Landesteil Mi Nya, baten Karmapa zu bleiben und noch länger zu lehren. Im Oktober 1335 gab er Belehrungen in der Provinz Dam (Kham). Im November kehrte er nach Tsurphu zurück und erhielt dort eine weitere Einladung nach China. Statt dahin reiste er jedoch nach Lhasa. Dort angekommen, traf er im Dezember erneut auf einen Gesandten des Kaisers, der eine Einladung für ihn hatte. Rangjung Dorje besuchte das große Kloster Samye[32] in der Nähe von Lhasa und den berühmten Palast Chim Phu (ebenfalls im 8. Jahrhundert gegründet), wo er fünf Monate in tiefer Meditation zubrachte. Währenddessen hatte er eine besondere Vision von Guru Rinpoche und dem Kreis der *Dakinis*. Er bereitete alles vor, um Nachdrucke von Buddhas Worten (tib. *Kanjur*) und ihren indischen Kommentaren (tib. *Tenjur*) herzustellen.

Im Oktober 1336 brach Karmapa wieder in Richtung China auf und besuchte unterwegs Tsurphu. Auf dem langen Weg führte er viele Zeremonien durch und erreichte schließlich den Palast Tai-ya Tu. Der chinesische Kaiser erwartete Karmapa bereits an den Toren und empfing ihn herzlich und feierlich.

Jeweils elf Tage verbrachte Karmapa in den Palästen Tai-ya Tu, Tai-ya Tsi und Tai-ya Sri mit Belehrungen und Einweihungen. Speziell für die Karmapa-Linie gründete er in Tai-ya Tu ein Kloster. Hier ließ er ein *Kraftfeld* der roten, vierarmigen Form von *Liebevolle Augen*[33] herstellen und bemalen. Das neue Kloster erhielt auch mehrere schöne Statuen der großen Kagyü-Lehrer. Dem Kaiser schenkte Karmapa das Palast-*Mandala* des Buddhas *Höchste Freude*.

Einige einflussreiche Minister beunruhigte, dass Karmapa ständig anwesend war. Denn sie fürchteten, dass der neue Einfluss des Buddhismus ihren politischen Absichten in die Quere kommen könnte. Sie ließen einige Tempel in der Mongolei und China zerstören und forderten, dass eine sofortige Untersuchung stattfinden sollte. Sowohl der Kaiser, als auch Karmapa wurden um Stellungnahme gebeten. Auf den Vorwurf, eigene politische Interessen zu verfolgen, antwortete Karmapa, dass er auf Bitte des Kaisers nach China gekommen sei und das Land verlassen werde, wenn es Unstimmigkeiten über seine Anwesenheit gäbe. Er sei sehr betrübt über diesen Verlauf der Ereignisse, denn sein einziger Grund, nach China zu kommen, sei die Hoffnung, dass die Lehren Buddhas den Menschen nutzen würden. Politische Absichten habe er keine. Der chinesische Kaiser war sehr aufgebracht und bat Karmapa zu bleiben.

---

[32] Samye wurde im 8. Jh. von Shantarakshita und Guru Rinpoche (skt. Padmasambhava) gegründet.

[33] *Allmächtiger Ozean* (tib. Gyalwa Gyamtso), die vereintigte Form von *Liebevolle Augen*

Karmapa führte Zeremonien durch, mit denen er eine Dürre in weiten Teilen Chinas beendete. Anschließend gab er bekannt, dass er bald sterben werde. Der Kaiser bat ihn inständig, noch länger am Leben zu bleiben und seine Arbeit in China fortzusetzen. Karmapa erwiderte jedoch, dass der Moment nun gekommen sei, seinen Körper zu verlassen. Er würde in der Gegend von Kongpo wiedergeboren werden, nach China zurückkehren und den Kaiser abermals treffen.

Seinem persönlichen Diener, Künchok Rinchen, gab Karmapa genaue Anweisungen, wo und wie seine nächste Wiedergeburt zu finden sein würde. Er sagte auch, dass er sich zur richtigen Zeit selbst zeigen werde. Im August 1339 starb er unmittelbar vor dem *Kraftfeld* des Buddhas *Höchste Freude*, kurz nachdem er die Meditation beendet und alle gesegneten Pillen[34] an die Anwesenden verteilt hatte.

Alle waren sehr traurig. Früh am Morgen des nächsten Tages schauten die Palastwachen in den Himmel und konnten dort im Vollmond deutlich Karmapa erkennen. Sofort wurden die Glocken geläutet, um Kaiser und Kaiserin zu wecken. Aus ihrem Palastfenster blickend, sahen sie ihren geliebten Lehrer als klare Erscheinung im Mond. Am

nächsten Tag wurde ein guter Bildhauer herbeigerufen und angewiesen, ein Ebenbild Gyalwa Karmapas anzufertigen, wie er sich im Mond gezeigt hatte. Dieses Bildnis aus Edelstein gelang sehr gut und gehörte seitdem mit zum kostbarsten Besitz des Kaisers. Karmapa Rangjung Dorje starb im Alter von 55 Jahren.

Die wichtigsten Schüler des dritten Karmapa

Yagde Panchen, ein sehr guter Lama, war auch Schüler des Sakya-Oberhauptes Yungtön Dorje (1284-1376), der sehr von Karmapa Rangjung Dorje beeinflusst wurde.

Künchen Dolpopa Sherab Gyaltsen stammte aus Dolpo in Nordwest-Nepal und gründete die Jonang-Linie (1292-1361).

Shamar Trakpa Senge wurde der erste Shamar Tulku. Er erhielt und verwirklichte alle höheren Belehrungen (1283-1349).

Gyalwa Yungtönpa, auch Yungtön Dorje Pal genannt, erhielt die Übertragung der geheimen Lehren und war einer der vier wichtigsten Schüler von Buton. **Taklung Kunpang Rinpoche** stammte aus dem Kloster Taklung.

---

34) tib. Deutse, gesegnete kostbare Pillen, oft mit medizinischer Wirkung, aus den fünf Elixieren (skt. Panchamrita) bestehend.

Der dritte Karmapa Rangjung Dorje zeigte sich nach seinem Tod im Vollmond. (Holzdruck)

Der vierte Karmapa (1340–1383)
Rölpe Dorje

Karmapa Rölpe Dorje wurde im April 1340 bei Sonnenaufgang in A-la Rong (Kongpo) geboren. Sein Vater hieß Sönam Döndrub, und seine Mutter Zobsa Tsondru, war eine natürliche *Weisheits-Dakini*[35]. Noch vor der Geburt hörte man ihn im Mutterleib das *Mani-Mantra* sagen. Auch nahm sein Körper öfter seltsame Stellungen ein, die bei seiner Mutter ein Schütteln hervorriefen. Gleich nach der Geburt setzte er sich mit gekreuzten Beinen hin und sagte: „OM MANI PEME HUNG HRI! Ich bin Karmapa!" Dann sagte er die Buchstaben des tibetischen Alphabets auf. Sein Vater traute der Sache nicht, doch die Mutter beruhigte ihn. Er solle nicht zweifeln, denn sie hätte viele besondere Träume gehabt.

Auf einer Reise nach Nyangpo sagte der mittlerweile Dreijährige zu seiner Mutter: „Ich bin die Wiedergeburt Karma Pakshis. Ich werde in dieser Welt viele Schüler haben. Warte nur ab, dann wirst du es sehen!" Er nahm die Meditationshaltung vom Buddha *Grenzenloses Licht* (tib. Öpame; skt. Amithaba) ein und bat seine Mutter, diese

Worte als Geheimnis für sich zu bewahren. Er werde später nach Tsurphu und Karma Guen reisen, und auch im chinesischen Kaiserpalast habe er bereits viele gute Schüler.

Ein Suchtrupp, der vom persönlichen Sekretär des letzten Karmapa geleitet wurde, suchte in der Gegend von Kongpo nach Karmapas neuer Wiedergeburt. Sie hörten von dem bemerkenswerten Kind und waren schnell sicher, die neue Wiedergeburt gefunden zu haben. Sie brachten das Kind zum Kloster Dhagla von Gampopa, und als sie dort ankamen, deutete es auf die Statuen der vorigen Karmapas und sagte bei jeder: „Das bin ich!".

Einmal befragte ihn der Asket Gon Gyal über das Land *Tushita*. Ein Schüler des letzten Karmapa habe eine Vision gehabt, in der er Karmapas dort gesehen habe. Rölpe Dorje antwortete: „Ja, ich war dort in der Form eines Einhorns[36] manchmal auch als Geier. Eigentlich ist Tushita nicht weit entfernt." Weiter gefragt, erklärte Karmapa: „In Tushita ist alles Wasser Nektar und alle Steine Juwelen. Die Dinge der Menschen sind dort wertlos."

[35] skt. Jnana-Dakini, es heißt , es gebe zu jeder Zeit 108 von ihnen

[36] tib. Cangshe Kyita

Mit sechs Jahren erhielt Rölpe Dorje von Togden Ye Gyalwa, einem Schüler seiner letztenWiedergeburt, die erste Mönchsversprechen. Mit neun Jahren begann er ein gründliches Studium des Tantras von Höchste Freude, des Mahayoginitantraraja[37] der „Fünf Schätze von Maitreya sowie der „Herztropfen-Belehrungen" der *Großen Vervollkommnung* von Vimalamitra. Man gab ihm die vollständige Ermächtigung zu Buddhas Worten (tib. *Kanjur*), zusammen mit den *Sechs Lehren Naropas*. Dann reiste Karmapa nach Tsari, wo er Visionen vieler Kagyü-Lehrer hatte. Außerdem erhielt er die geheimen Belehrungen zur Meditation auf Kurukulla (skt.; tib. Rigdjema) – eine Dakini mit Pfeil und Bogen aus Blumen. Zu dieser Zeit sang Karmapa viele Lieder. Er reiste zuerst nach Tsurphu und von da aus weiter zum Kloster Phagmo. Hier hatte er eine Vision von Rote Weisheit (tib. Dorje Phamo; skt. Vajravarahi), und er erklärte seine Einsicht der Nicht-Dualität. Mit 13 Jahren besuchte Karmapa Lhasa und wurde dort vom Herrscher Tai Situ Tschangtschub Gyaltsen (1302-1364) hoch geehrt. Karmapa brachte an allen großen Schreinen der Stadt Geschenke dar und hatte wundervolle Visionen von buddhistischen *Schützern*. Anschließend kehrte er nach Tsurphu zurück und setzte seine Studien fort.

Buddhastatue

Dies ist eine von zwei Statuen, welche Karmapa Rölpe Dorje auf dem Weg nach China von fünf besonderen indischen Männern geschenkt bekam. Sie besteht aus einem metallähnlichen Material aus dem magischen See der Schlangenkönige (tib. *Nagas*) und wurde von Nagarjuna hergestellt. Sie wird im Kloster Rumtek in Sikkim aufbewahrt.

[37] tib. Khagro Gyamtso

Kenchen Döndrub Pal gab ihm die nächsten Versprechen (tib. Getsül) und den Namen Dharmakirti. Karmapa erhielt die *Vinaya-* und *Pratimoksha*-Belehrungen über das richtige äußere Verhalten, Kommentare zu den *Sutras*, sowie die Einweihung auf den roten Weisheitsbuddha (skt. Manjughosa) und hatte Visionen von *Diamant in Hand* (tib. Channa Dorje; skt. Vajrapani) und anderer *Buddhaformen.* Im Alter von 18 Jahren nahm Rölpe Dorje die endgültigen Mönchsversprechen (tib. Nyenzog).

Karmapa studierte Philosophie und die Kunst der Debatte bei den gelehrtesten Lamas von Tsurphu. Anschließend lud er Gyalwa Yungtönpa aus Ri Wo Che (Kham) ein, und bat ihn, ihm die geheimen Lehren Tilopas zu übertragen. Yungtönpa, der ein Schüler seiner letzten Wiedergeburt gewesen war, fragte Karmapa einmal nach einem Anhaltspunkt aus seinem vorigen Leben. Daraufhin erzählte er ihm Geschichten von seinen Reisen und wie er die Mongolen für die Lehre Buddhas begeisterte.

Karmapa Rölpe Dorje achtete sehr darauf, alle Ratschläge für sinnbringendes Verhalten einzuhalten. Er verbot jedem, auch nur das kleinste Stück Fleisch in seine Nähe zu bringen. Er hatte immer viele Bücher um sich, und man sagte, dass er die Fähigkeit hatte, sie im Traum zu lesen. Er kannte mehr als 60 Texte auswendig und verblüffte seine Lehrer immer wieder mit seinem Wissen. Beispielsweise beschrieb er in De-

chen einmal den chinesischen Kaiserpalast Tai-Ya Tu. Dabei nannte er die genaue Anzahl der Bewohner sowie die Namen einiger Amtsträger und sagte: „Merkt euch das, und wenn wir später dort ankommen, werdet ihr sehen, dass es stimmt!" Kurz darauf erhielt er eine Einladung nach China.

Karmapa war 19 Jahre alt, als er im Juli 1358 seine Reise nach China antrat. Unterwegs schlugen plötzlich Blitze ein, die aber niemanden verletzten, und Karmapa sah dies als günstiges Zeichen an. Während der Reise gab er Segnungen und Belehrungen. In der Nähe der chinesischen Grenze traf die Reisegruppe auf fünf Sadhus, als Eremiten und bettelnde Asketen lebende Hindus. Sie schenkten Karmapa drei wertvolle Statuen. Eine zeigte Buddha Shakyamuni in Meditation, die beiden anderen Standbilder waren von Nagarjuna hergestellt und beschrieben Wunder aus dem Leben Buddhas. Heute werden diese Statuen im Kloster Rumtek aufbewahrt (Seite 69).

Im Januar 1360 kam Karmapa in Tai-Ya Tu an und wurde von Kaiser Toghon Temur herzlich empfangen. Dieser freute sich sehr, denn er war schon ein hingebungsvoller Schüler des vorigen Karmapa gewesen. Rölpe Dorje gab die Einweihungen auf *Rote Weisheit* und *Höchste Freude* sowie viele Belehrungen. Dem Kaiser gab er die besonderen Lehren des *Großen Siegels* und verfasste für ihn einige besondere Abhandlungen.

Karmapa blieb mehrere Jahre in China und gründete währenddessen viele Klöster. Im Nordosten besuchte er Amdo Tsong Kha und verfasste eine Abhandlung (tib. Tawa Nyentsel), die der dortigen Gemeinschaft eine große Hilfe war. Als Karmapa einmal das Kloster Kam Chu Ling (Kansu) besuchte, zeigte sich in der Nähe des Throns eine Blume, die man in dieser Gegend noch nie gesehen hatte. Ihre 100 Stiele kamen alle aus einer Wurzel. Jeder Stiel hatte 100 Blüten und jede Blüte 1000 goldene Blütenblätter mit einem roten Boden und einem gelben Staubgefäß. Alle waren völlig beeindruckt. Es grassierte in dieser Gegend auch eine Seuche, die Karmapa schnell und wirksam beendete.

In einer anderen Gegend Chinas gab Karmapa Belehrungen vor sehr vielen Menschen, alle mit ganz unterschiedlichen Sprachen. Auf der rechten Seite seines Throns standen mongolische und uigurische Übersetzer, links davon waren Übersetzer aus der Provinz Mi Nya und China. Mithilfe dieser Übersetzungen konnte jeder Karmapas Worte verstehen. Karmapa verhalf unzähligen Amtsträgern und Persönlichkeiten aus China, der Mongolei, Uigurien[38] und Mi Nya auf den Weg zur höchsten Erleuchtung. Er befriedete Revolten, beendete Hungersnöte und milderte Dürrezeiten.

Karmapa sah voraus, dass es in China erhebliche Umwälzungen geben würde, und sagte: „Schaden wird über den Kaiserthron kommen, und ich muss bald nach Tibet abreisen." Die Minister waren in heller Aufregung und wollten ihn nicht gehen lassen. Dann sagte Karmapa: „Großartig ist das Schauspiel, das vor einem großen Publikum endet. Ein Mönch muss dorthin gehen, wo er einen friedvollen Platz findet und die Lehren mit Mitgefühl an alle Wesen weitergeben kann." Diese Worte wurden von den Amtsträgern niedergeschrieben und als gesegnete Reliquie aufbewahrt. Man gestattete Karmapa die Ausreise.

Rölpe Dorje reiste nach Norden weiter. In Mi Nya traf er mit Prinz Ratna und Prinzessin Punyadhari zusammen und gab ihnen Belehrungen. Bei Zor Gön Moche gründete er ein großes Kloster. Da sehr viele Menschen für seinen Segen kamen, führte Karmapa hier eine neue Regelung ein: Wer an einem Tag bereits Segen bekommen hatte, sollte am nächsten Tag nicht schon wieder kommen. Gewöhnlich gab er von Sonnenaufgang bis Sonnenuntergang pausenlos Segen, einmal sogar an 19 Tagen hintereinander.

In der Provinz Kam Chu verbreitete sich eine Epidemie, und man bat Karmapa um Hilfe. „Gut, weckt mich nicht auf", sagte er und schien einzuschlafen. Nach einer Weile hörte man ein lautes Poltern auf dem Dach. Karmapa wachte auf, und als er auf

38) Turkvolk aus dem Nordwesten Chinas (Anm. d. Übers.)

das Geräusch angesprochen wurde, sagte er: „Gerade hatte ich die Form eines Garuda[39], angenommen und alle Dämonen, die die Epidemie verbreiteten, verschlungen. Ihr habt dann das Poltern gehört, als ich auf dem Dach landete." Die Epidemie verschwand gänzlich.

Eines Tages kam eine Familie zu Karmapa. Sie brachte ihm einen drei Jahre alten Jungen, dem er die erste Mönchsweihe geben sollte. Stattdessen gab ihm Karmapa aber die vollen Mönchsversprechen und sagte voraus, dass das Kind ein großer geistiger Führer werden würde. Es handelte sich um Lobsang Trakpa, der später bekannt wurde als der große Lama Je Tsongkhapa[40], der Gründer der *Gelugpa*-Linie. Karmapa wurde gebeten, länger in der Gegend zu bleiben, doch er beschloss, weiterzureisen.

Einmal erzählte die Prinzessin Punyadhari Karmapa einen Traum. Darin wurde ihr gesagt, es sei von großem Nutzen, wenn jemand ein Abbild Buddhas in der Größe des Yang-Pen-Felsens anfertigen würde. Karmapa sagte: „Mach das, ich werde dir dabei helfen!" Die *Tangkha*-Maler wussten nicht, wie sie es anfangen sollten, und so legte

Karmapa selbst die Umrisse mit weißen Kieselsteinen aus. Anschließend arbeiteten 700 Künstler 13 Monate lang ununterbrochen daran, das große *Rollbild* zu besticken. Karmapa gab einen beträchtlichen Teil seines Vermögens dafür aus und überwachte die Ausführung. Als das Bild fertig war, maß der Abstand zwischen den beiden Ohren Buddhas elf Armspannen. Links und rechts von ihm befanden sich *Weisheitsbuddha* und Buddha Maitreya. Unter dem Lotusthron waren schöne Vögel und andere Tiere eingestickt. Karmapa segnete das Rollbild, und an besonderen Tagen wurde es über den Felsen gehängt.

Die Prinzessin Punyadhari schenkte das riesengroße Rollbild der Karma-Kagyü-Linie, und es wurde in Nyangpo aufbewahrt. Punyadhari lud Karmapa auch nach Lin-pin Shan ein. Als er dort eintraf, hörte er das Gerücht, dass ein Einmarsch fremder Truppen bevorstünde. Karmapa sagte: „Wenn es stimmt, dass ich nie ein Lebewesen geschädigt habe, dann sollen die Truppen nicht kommen!" Die Truppen kamen nicht. Nach diesem Besuch kehrte Karmapa nach Karma Guen in Tibet zurück.

Im Jahre 1368 fiel die Yuan-Dynastie des mongolischen Herrschers. Tai Tsung, der erste chinesische Kaiser der Ming-Dynastie, sandte den angesehensten tibetischen Lamas eine Einladung nach China. Auch Karmapa wurde eingeladen, da er jedoch selbst verhindert war, schickte er eine

---

[39] Ein Vogel aus dem Kraftfeld von Schwazer Mantel (Anm. d. Übers.)

[40] Tsongkhapa gilt als Ausstrahlung von *Weisheitsbuddha auf dem Löwen und* wurde von den Kagyüpas, den Kadampas und den Sakyapas geschult, bevor er die „reformierte" Gelugpa-Linie gründete.

Gesandtschaft ausgebildeter Mönche und Lamas, die ihn vertreten sollten.

Als Karmapa, der sich auf dem Weg nach Karma Guen befand, den Fluss Shamnam Dzung überquerte, traf er Shamar Trakpa Senge, die neue Wiedergeburt von Shamar Tulku. Karmapa erkannte ihn an und gab ihm den Namen Khachö Wangpo. Shamar Tulku war zu dieser Zeit sieben Jahre alt und erhielt von Karmapa die *Sechs Lehren Naropas* und die vollständige Übertragung des *Großen Siegels*. Nach einer Weile intensiven Lehrens traf Karmapa in Karma Guen ein. Dort sagte er voraus, dass er seinen Körper bald verlassen würde. „Ich werde nicht gleich sterben, habt keine Angst! Sollte ich aber irgendwann an einer reinen Stelle krank werden, wo zahlreiche Hirsche umherstreifen, dann verstreut meine Bücher bitte nicht!" Bevor er nach Norden in die Region Chang weiterreiste, sagte er, dass man dort duftendes Holz für das Bestattungsfeuer brauchen würde: „Im Norden gibt es wohl nicht genügend Feuerholz. Schneidet deswegen viel Wacholderholz und nehmt es mit."

Rölpe Dorje reiste zu einem abgelegenen Berg im fernen Norden und gab unterwegs sehr viele Belehrungen. Er ließ auf der kahlen Bergseite das Lager errichten und sagte: „Sollten die Überreste eines guten Mönches auf dem Gipfel dieses Berges begraben werden, dann werden die chinesischen Truppen nicht in Tibet einfallen!"

Dort, im Alter von 44 Jahren, im August 1383, zeigte er Zeichen von Unpässlichkeit. In einer Nacht Anfang September vollzog er eine Zeremonie, packte all seine persönlichen Bücher und Ritualgegenstände zusammen und erklärte, dass man sie für seine nächste Wiedergeburt, die in Nyang Dam geboren würde, gut verwahren sollte. Er umrundete dann die segensreichen Gegenstände 55 Mal und starb.

Man verbrannte seine Überreste auf dem Berg unter ganz besonderen Zeichen wie Regenbögen, schimmernden Lichtern, Erdbeben und Blumenregen. Einige Schüler sahen Karmapa am Himmel in einem Regenbogenkreis sitzend, andere auf einem Löwen reitend oder auf der Sonne, dem Mond oder den Sternen sitzend. In der Asche des Verbrennungsfeuers fand man viele besondere Reliqiuen.

Die wichtigsten Schüler des vierten Karmapa

Shamar Khachö Wangpo, der zweite Shamar Tulku (1350-1405); wichtige Schüler waren auch **Drigung Tschökyi Gyalpo** und **Drigung Lotsawa**. Je Tsongkhapa schließlich gründete die Linie der Gelugpas. Dieser hatte zwei nahe Schüler, die die großen Gelugpa-Klöster Drepung (1416) und Sera (1419) aufbauten.

Der fünfte Karmapa (1384-1415)
Deshin Shegpa

Deshin Shegpa wurde zu Sonnenaufgang im August 1384 im Gebiet Nyand Dam (Südtibet) geboren. Sein Vater, Guru Rinchen, war ein *Tantriker*, seine Mutter eine *Verwirklicherin* mit dem Namen Lhamo Kyi. Schon vor seiner Geburt – noch im Mutterleib – hörte man ihn das *Mani-Mantra* und das tibetische Alphabet rezitieren. Unmittelbar vor seiner Geburt träumten seine Mutter und viele andere vom Erscheinen Karmapas, von Regenbögen, Blumenregen und süßen Düften. Als er schließlich geboren war, erschienen überall Regenbögen. Das Kind wischte sich übers Gesicht und sagte: „Ich nehme *Zuflucht* zum Buddha, zur Lehre und zur Gemeinschaft der Praktizierenden. Ich bin Karmapa! OM MANI PEME HUNG HRI!"

Die Lamas in Tsurphu hörten von der Geburt des bemerkenswerten Kindes, und man brachte Karmapa zum Kloster. Shamar Khachö Wangpo (der zweite Shamar Tulku), der Schüler des vorherigen Karmapa war, erkannte die Wiedergeburt sofort. Er inthronisierte den Jungen und übertrug ihm die höheren Belehrungen. Mit sieben Jahren erhielt Karmapa seine ersten Mönchsversprechen von Khenpo Nyaphu Sönam Zangpo und studierte die Belehrungen für richtiges sinnvolles Handeln (skt. *Vinaya* und *Pratimoksha*) und die Kommentare der Sutras (skt. Karika). Er erhielt den Namen Chöpal Zangpo und widmete sich einige Jahre lang sehr gründlichen Studien. Bei einem Besuch von Kongpo beendete er die Kämpfe, die in dieser Gegend ausgebrochen waren. Anschließend reiste er nach Karma Guen und Ri Wo Che weiter und lehrte dort.

1402, im Alter von 19 Jahren, nahm er im Kloster Namdruk Riwo (Kongpo) zusammen mit 80 anderen Mönchen die letzte Mönchsweihe bei Khenpo Sönam Zangpo und Yon Lowa. Unter Anleitung der Gelehrten studierte er die befreienden höchsten Weisheitslehren (skt. *Prajnaparamita*). Der große Pandita Kazhipa Rinchen Pal brachte ihm das Wesen der buddhistischen Philosophie bei. Karmapa lehrte ständig, und viele einflussreiche Leute kamen aus ganz Tibet und nahmen bei ihm Zuflucht. Zu dieser Zeit galt er als einer der größten geistigen Lehrer.

1405, im Alter von 22 Jahren, erhielt Karmapa Deshin Shegpa eine Einladung nach China. In seinem Brief, den der Kaiser Tai Ming Chen (Regierungszeit 1403-1425) mit Gold geschrieben hatte, bat er Karmapa, die Reise zu unternehmen, da sie von großem Nutzen für das chinesische Volk sein würde. Karmapa nahm die Einladung an und machte sich auf den Weg. Er reiste in Begleitung von Situ Tschökyi Gyaltsen, vielen Mönchen und Lamas. Sie kammen bei den Klöstern Karma Guen und La Ten Gön vorbei.

Im März 1407 erreichten sie die Randgebiete von Nanking, wo sie herzlich willkommen geheißen wurden. Karmapa ritt auf einem Elefanten bis zu den Stadttoren und wurde vom Kaiser persönlich empfangen.

Der Geschichtsschreiber Tsuklak Trengwa berichtete über das Ereignis folgendes: „Die chinesischen Mönche und Regierungsbeamten verbrannten Räucherwerk, bliesen auf Trompetenmuscheln und warfen Blumen auf die Straße. 3000 der höchsten Würdenträger säumten in prächtiger Kleidung und in respektvoller Stille die Straße vom Stadttor zum Palast. Der Kaiser stand im Haupteingang und geleitete Karmapa in den Palast. Beide saßen auf zwei Thrönen in der Mitte der Halle...".

Karmapa schenkte dem Kaiser ein goldenes „Rad der Lehre" und erhielt selbst eine Glück verheißende weiße Trompetenmuschel. Mehrere tausend Mönche waren zusammengekommen, um ihm die Ehre zu erweisen, und erhielten seinen Segen. Karmapa gab Erklärungen und Einweihungen auf die Buddhaform *Allmächtiger*

Ozean (tib. Gyalwa Gyamtso; skt. Jinasagara) und *Oh Diamant* (tib. Kye Dorje; skt. Hevajra).

In Anwesenheit des Kaisers erschien der 16. Arhat, der *Schützer* der Lehre in China, vor Karmapa.

100 Tage lang vollbrachte Karmapa täglich Wunder, die den Kaiser so beeindruckten, dass er ihn als Buddha ehrte. Am ersten Tag erschien eine fünffarbig schillernde Wolke, die sich mehrmals ausdehnte und zusammenzog und wie das wunscherfüllende Juwel strahlte. Eine *Stupa*, die heilige Reliquien enthielt, strahlte so hell wie den Vollmond, und über der Stelle, an der sich Karmapa aufhielt, erhoben sich zwei goldene Lichtbänder. Am sechsten Tag sah man Wolken, die in der Form von Bettelschalen schillerten und den ganzen Himmel ausfüllten. Im Südwesten erschienen *Arhats* mit großem Gefolge am Himmel. Ein andermal fielen Blumen vom Himmel, manche voll erblüht, andere als Knospen. Ihre Stängel und Blüten waren wie aus Kristall und schwebten umher. Über dem Tempel, wo Karmapa das Einweihungs-Kraftfeld vorbereitet hatte, zeigte sich ein fünffarbiger Regenbogen. Es erschienen weitere Wesen mit Bettelschalen und Pilgerstäben; einige trugen Hüte, andere hielten Schwanzwedel von Yaks und wanderten zwischen den Wolken umher. In der 18. Nacht sah man zwei Lichter von starker roter Farbe und andere Lichter, die den ganzen Himmel

erhellten. In der Ferne erschienen Götter, die mit kostbaren Juwelen geschmückt auf blauen Löwen und weißen Elefanten ritten[41]. Der Kaiser ließ diese Ereignisse von seinen besten Künstlern auf eine Seidenrolle malen und schickte diese dann nach Tsurphu[42].

Der Kaiser beschenkte Karmapa mit 700 Maßeinheiten an Silbergegenständen und verlieh ihm den Ehrentitel „Kostbarer buddhistischer König, großer Liebevoller aus dem Westen, mächtiger Buddha des Friedens". Zu Karmapa sagte der Kaiser, dass zu viele buddhistische Linien da seien und es nur noch die Karma-Kagyü-Linie geben sollte. Schließlich bot er an, dies mit Gewalt herbeizuführen. Karmapa erklärte, dass er dies weder wünsche noch von großem Nutzen sei. Vielmehr bräuchten die Menschen unterschiedliche Arten von Belehrungen, außerdem seien alle Linien eine große buddhistische Familie. Obwohl er von seinen Ministern unter Druck gesetzt wurde, seine Armee äußerst schlagkräftig war und Tibet leicht überrannt hätte, verstand Kaiser

Ming Chen den Rat Karmapas und zog alle Truppen von der tibetischen Grenze ab. Der Kaiser nahm Belehrungen und Einweihungen von Karmapa und wurde schließlich selbst ein großer *Bodhisattva*.

Eines Tages sah der Kaiser während einer Zeremonie die geheime *Vajra*-Krone über dem Kopf seines Lehrers schweben, die aus dem Haar von 100.000 *Dakinis* gewoben ist. Er erkannte, dass nur er die Krone aufgrund seiner geistigen Entwicklung wahrnehmen konnte. Daher beschloss er, eine Krone anfertigen zu lassen, die ein jeder sehen könnte. Er ließ die Krone fertig stellen und schenkte sie Karmapa. Genau diese Krone tragen seitdem alle Karmapas bei einer besonderen Zeremonie . Es heißt, dass diese Krone die Kraft habe, „*Befreiung durch Sehen*" zu übertragen.

Karmapa reiste jahrelang kreuz und quer durch China, die Mongolei, Yunnan und Mi Nya, gab dabei Belehrungen und Einweihungen, und Tausende wurden Kagyü-Buddhisten. Auf dem langen Rückweg schließlich, auf dem er ebenso die ganze Zeit über Belehrungen und Segen gab, erreichte er 1409 das Kloster Karma Guen und reiste weiter nach Tsurphu. Unterwegs wurde Karmapa von vielen Oberhäuptern der verschiedenen Linien herzlich begrüßt, unter anderem von Sakya Dripon, Drigung Rinpoche sowie dem Rinpoche des Klosters Densa Thil. In einem Dorf namens Nakchu Kha (Nordosttibet) traf er auch auf einen

---

[41] Diese Beschreibung wurde aus der Übersetzung der Rolle in Tsurphu entnommen (H. Richardson „The Karmapa Sect" J.R.A.S.1959).

[42] H.E. Richardson sah 1949 im Kloster Tsurphu eine Rolle in der Größe von 50 x 21/2 Fuß, die die Wunder dokumentiert, die Karmapa während 22 Tagen am Kaiserhof von Cheng Tsu zeigte. Sie ist in fünf Sprachen abgefasst, chinesisch, tibetisch, arabisch, mongolisch und in Uigur.

Boten von Je Tsongkhapa, dem Oberhaupt der Gelugpas. Der Bote überreichte Karmapa eine besondere Buddhastatue und einen Brief, in dem stand, dass Tsongkhapa nicht persönlich kommen könne, jedoch hoffe, in Zukunft mehr mit Karmapa zu tun zu haben.

Von Tsurphu reiste er nach Lhasa und schenkte der Buddhastatue im großen Jokhang-Tempel eine wertvolle gelbe, mit Perlen besetzte Robe. Der örtliche Herrscher, Wang Trakpa Gyaltsen, lud Karmapa in den Palast Nyi´u Tsong am Ufer eines Flusses ein, und ehrte ihn sehr. Die Herrscherfamilie und alle Minister erhielten Einweihungen und unterstützten Karmapa fortan. Er kehrte dann nach Tsurphu zurück, wo er viele Schreine und Stupas sowie alle Unterkünfte wiederherrichtete.

Weil ihn Li-u Pa, der Herrscher Zentraltibets, eingeladen hatte, reiste Karmapa im Jahre 1412 nochmals nach Lhasa. Er blieb mehrere Jahre im großen Potala-Palast und gab dort Belehrungen und Einweihungen. Er traf Chöpal Yeshe, den jungen Shamar Tulku, ordinierte ihn und gab ihm viele Einweihungen.

Karmapa wurde von einer ernsthaften Krankheit befallen, und es sah so aus, als sei er bereit, die Welt zu verlassen. Um sein Leben zu verlängern, führten seine Schüler besondere Zeremonien aus, doch Karmapa sagte: „Einem Zeichen folgend, habe ich beschlossen, mich in der Nähe von Karma

Gyalwa Karmapa zeigt die *Schwarze Krone* im Verlauf einer besonderen Meditation. Die Schwarze Krone wurde dem fünften Karmapa von dem chinesischen Kaiser Tai Ming Chen geschenkt. Die Geschichte der Schwarzen Krone reicht weit zurück in vergangene Zeiten. Sie wurde *Liebevolle Augen* von vielen Erleuchteten gemeinsam geschenkt. Gyalwa Karmapa ist eine *Ausstrahlung* von Liebevolle Augen und der Halter dieser Schwarzen Krone, von der es heißt, dass ihr Anblick allein *Befreiung* innerhalb eines Lebens garantiert.

Guen wiedergebären zu lassen. Ihr solltet eure Wünsche in diese Richtung lenken, und ich werde euch beschützen." Zu seinem Diener sagte er: „Verteilt die Bücher und Statuen nicht, denn bald wird ein Eigentümer kommen." Dann übergab er all seine Ritualgegenstände, kostbaren Reliquien und Bücher mit der Voraussage, dass er bei She Kyong wiedergeboren würde. Seinen Schülern sagte er, dass er sie in künftigen Lebenszeiten wieder treffen werde.

Im September 1415 starb er im Alter von 32 Jahren im Potala-Palast. Während seiner Verbrennung sah man Regenbögen, Lichterscheinungen und einen Blumenregen. In seiner Asche wurden Abbilder von *Liebevolle Augen*, *Höchste Freude* und *Oh Diamant* entdeckt.

Die wichtigsten Schüler des fünften Karmapa

Shamar Chöpal Yeshe, der dritte Shamar Tulku (1406-1452);

Situ Tschökyi Gyaltsen, der erste Situ Tulku (1377-1448).

Trung Mase Tokden, der erste Trungpa-Tulku, wurde als Sohn des Herrschers von Mi Nya (Osttibet) geboren. Er traf Karmapa im Kloster Tsurphu und erhielt von ihm Erklärungen. Als Karmapa das Land später noch einmal besuchte, brachte ihm Trung Mase viele Geschenke dar und bekam weitere Belehrungen. In Lhasa erhielt er von Karmapa mündliche Belehrungen, einschließlich derer, die noch niemals weitergegeben worden waren („Mündlichen Grundsätze" von Surmangpa). Er meditierte zehn Jahre lang in Zurückziehung und erlangte schließlich die Verwirklichung eines *Siddha*. Er begründete das Kloster Surmang sowie die Kagyü-Tänze. Man kannte ihn auch unter dem Namen Kunga Gyaltsen.

Tsurphu Jamyang Chenpo oder Trakpa Gyaltsen war eine *Ausstrahlung* von *Weisheitsbuddha* (tib. Jampal Jang; skt. Manjushri) (1374-ca. 1431).

Wichtige Schüler waren auch **Rinchen Zangpo, Ngompa Cha Gyalwa** und **Khachopa**, auch als Namkha bekannt. Dieser war ein Meister tiefer Meditation und wurde später bekannt als „der in den Himmel Gegangene", da er keine körperlichen Überreste außer Nägeln und Haaren hinterließ.

Der sechste Karmapa (1416-1453)
Tongwa Dönden

Genau wie vorausgesagt, wurde Tongwa Dönden im März 1416 in Ngamtod She Kyong in der Nähe von Karma Guen geboren. Vor der Geburt hatten seine Eltern besondere Träume, und gleich danach setzte sich das neugeborene Kind aufrecht, schaute seine Mutter an und lachte. Als die Nabelschnur durchtrennt wurde, verbreitete sich ein Duft von wunderbarstem Räucherwerk.

Einen Monat später nahmen ihn seine Eltern auf einen Bettelrundgang mit und begegneten Ngompa Cha Gyalwa, einen Schüler des vorherigen Karmapa. Das Baby war sehr aufgeregt, als es ihn sah, und begann, das Alphabet aufzusagen. Daraufhin nahm Ngompa den Kleinen zur Seite und fragte, wer er denn sei. Das Baby schnappte seinen Finger und sagte: „Ich bin ungeboren, frei von allen Namen, ungebunden und der Ruhm aller Wesen! Ich werde viele zur *Befreiung* führen!" Später erzählte er dem Lama, dass er der neue Karmapa sei, bat ihn aber, dies noch nicht zu enthüllen.

Als er sieben Monate alt war, baute er einen Thron und stellte sich darauf. Er rezitierte die Namen Buddhas und das *Mani-Mantra* und gab den Anwesenden Segen. Als Einjähriger kam er mit nach Lha Chim. Gefragt, weswegen er hergekommen sei,

deutete er auf das Kloster und sagte: „Deswegen!" Beim Hauptgebäude deutete er auf die *Stupa* von Karmapa Düsum Khyenpa, ergriff einen schwarzen Hut und sagte: „Das ist meiner!" Drei Tage lang fiel ein kräftiger Blumenregen, und anschließend wurde das Kind zum neuen Karmapa erklärt.

Der dritte Shamar Tulku, ein Schüler seiner letzten Wiedergeburt, kam herbei und erkannte ihn offiziell an. Er vollzog die Inthronisierungszeremonie und nahm Karmapa später in sein eigenes Kloster mit. Karmapa erkannte alle Gegenstände, die sein Vorgänger besessen hatten, und machte eine Reihe Vorhersagen.

Tongwa Dönden erhielt die Einweihungen auf *Rote Weisheit*, *Oh Diamant* und das *Große Siegel* von dem großen Pandita Sowon Kazhipa und studierte das *Vinaya-puspamalla* (tib. Dülwa'i Ten), das Tantra von *Höchste Freude* und weitere *Tantras* und *Sutras*. Von Shamar Chöpal Yeshe erhielt er die geheimen Lehren Tilopas sowie die vollständigen Belehrungen der Kagyü-Linie. Eines Tages, während der Segnung eines Bildes, blieben sieben Gerstenkörner, die er geworfen hatte, in der Luft stehen. Ein andermal begann es plötzlich zu reg-

nen, als er während einer Trockenperiode einmal mit Wasser spielte.

1424, im Alter von neun Jahren, nahm Karmapa die erste Mönchsweihe von Nakphu Sönam Zangpo im Kloster Olka Tashi Tang (Zentraltibet). Karmapa nahm die *Bodhisattva*-Versprechen und erhielt eine Einweihung auf *Rad der Zeit*. Er verfasste eine Abhandlung über den Tanz von *Schwarzer Mantel* und hatte eine Vision von *Sarasvati* (skt.; tib. Yang Chenma). Später reiste er nach Kongpo, wo er in inneren Erscheinungen Tilopa und Vimalamitra begegnete.

Karmapa verbrachte mehrere Jahre in tiefer Meditation und hatte zahlreiche Visionen von Liebevolle Augen, Befreierin, verschiedenen anderen Bodhisattvas und den 16 Arhats. Er ließ die Klöster von Nakphu und Saphu erneuern und reiste nach ihrer Fertigstellung nach Lhasa, wo er seinem Schüler Kunchen Rangton und 10.000 Mönchen Belehrungen und Einweihungen gab. Er kehrte dann zum Kloster Saphu zurück, wo er zerfallene Standbilder wieder herrichtete. Dabei änderte er die zeremoniellen Roben der Statuen und versiegelte alle wertvollen Reliquienbehälter wieder. Er reiste nach Kham und Kongpo und gab dort Tausenden Belehrungen und seinen Segen.

1452, während seines Aufenthaltes in Tse Lha Gang, bemerkte man Anzeichen für seinen bevorstehenden Tod. Lama Sangye Senge begann mit guten Wünschen, um Karmapas Leben zu verlängern. Karmapa sagte: „Dieses Jahr wird mir nichts geschehen. Ich werde weitere neun Monate die Verantwortung für mein Leben übernehmen." Anschließend reiste er zum Kloster Saphu und ging in Zurückziehung. Im Alter von 37 Jahren übertrug er Gyaltsap Goshi Paljor alle *Diamanthalter*-Belehrungen und übergab ihm auch einen versiegelten Brief, der die Einzelheiten seiner nächsten Wiedergeburt enthielt. Man beobachtete viele ungewöhnliche Zeichen, wie Erdbeben, plötzliche Dunkelheit und Blumenregen. Alle wussten, dass er bald die Welt verlassen würde. Eines Tages sagte er: „Ich gehöre auch zur Linie der Kagyüpas!"

Karmapa Tongwa Dönden sammelte seine Bücher, Standbilder und Ritualgegenstände ein und übergab sie zusammen mit der *Schwarzen Krone* der Obhut seines Dieners. Er machte einige geheime Vorhersagen und starb dann 1453. Sein Körper wurde verbrannt, und in der Asche fand man viele kostbare Reliquien aus Herzgegend, Zunge und Augen. Sie hatten die Form von kleinen Trompetenmuscheln und glitzerten wie Kristalle. Karmapas Schüler bewahrten sie sorgfältig auf.

Die wichtigsten Schüler des sechsten Karmapa

Gyaltsap Goshi Paljor Döndrub, der erste Gyaltsap Tulku (1427-1489).

Situ Tashi Namgyal, der zweite Situ Tulku (1450-1497).

Kunchen Rongton Khenpo aus der Provinz Rong, ein großer Gelehrter, sowie **Penkar Jampal Zangpo** und **Taklung Shabdrung**.

Sarasvati (skt.; tib. Yang Chenma)

Der siebte Karmapa (1454–1506)
Tschödrag Gyamtso

Tschödrag Gyamtso wurde im Februar 1454 in Kyi Lha (Nordtibet) geboren. Unmittelbar nach seiner Geburt wischte er über sein Gesicht und sagte: „Mutter!" Im Alter von fünf Monaten sage er: „AH HUNG! Es gibt nichts in der Welt außer Leerheit. Die Leute denken, dass es da etwas gibt, aber sie haben wirklich völlig Unrecht. Für mich gibt es weder Geburt noch Tod!"

Mit neun Monaten traf er den ersten Gyaltsap Tulku, der ihn sofort erkannte und seine Inthronisierung vorbereitete. Man fand heraus, dass alle Einzelheiten in Karmapas Prophezeiungsbrief genau mit den Umständen seiner Wiedergeburt übereinstimmten. Viele Leute kamen, um ihm die Ehre zu erweisen, und alle staunten, als das kleine Kind das Alphabet richtig aufsagte.

Im April 1458, Karmapa war fünf Jahre alt, erhielt er die Einweihung auf den *Buddha Grenzenloses Leben* und später die Einweihungen auf *Höchste Freude* und Mahamaya (skt.) Als er hörte, dass zwischen den Provinzen Lo und Mon im Süden Tibets kriegerische Auseinandersetzungen ausgebrochen waren, reise er dorthin und schuf dauerhaften Frieden. So erhielt er viele neue Schüler, und er bat sie, zehn Mil-

lionen Wiederholungen des *Mani-Mantras* aufzusagen; dies würde alles Feindliche ohne jeden Zweifel beseitigen. Später erschienen ihm in einer Vision Jetsün Milarepa und *Oh Diamant*, und in Übereinstimmung mit Einzelheiten, die ihm offenbart wurden, gab Karmapa Tschödrag Gyamtso seinen Schülern die Aufgabe, eine Eisenbrücke über den Fluss Tsog Chu zu bauen.

Der junge Lama besuchte das Kloster von Tsen Den und reiste weiter nach Karma Guen. Im Oktober 1462, als er neun Jahre alt war, erhielt er die erste Weihe von Gyaltsap Goshi Paljor und versprach, seine Pflichten mit größtem Mitgefühl gegenüber der Menschheit zu erfüllen. Als er das *Bodhisattva*-Versprechen nahm, regnete es Blumen vom Himmel.

Mit zwölf Jahren gab er die nächsten Mönchsversprechen Penkar Jampal Zangpo, einem Schüler des sechsten Karmapas. Gyaltsap Tulku gab Karmapa alle Belehrungen der *Vinaya-Sutras*, und mit dreizehn Jahren erhielt er die Übertragung der geheimen Lehren. Einer seiner engsten Ratgeber in dieser Zeit war der zweite Situ Tulku, Tashi Namgyal, der ihm auch die mündlichen Übertragungen gab.

Karmapa wurde eingeladen, die Grenzgebiete Chang Mo, Tri-O, Dar Tse Do und Mi Nya zu besuchen. Ende Dezember 1465 reiste er von Karma Guen aus dorthin und gab mehreren tausend Menschen Belehrungen und Einweihungen. Bevor er ankam, hatte es dort Kämpfe und viele Verhaftungen gegeben. Nachdem Karmapa veranlasst hatte, dass viele freigelassen wurden, ließen die Spannungen nach, und es herrschte wieder Frieden. Im Kloster Mi Nya von Rva Wa Gang debattierte er mit den fünf ältesten Lamas – unter anderem Dzalinda, Kazhipa und Masewa – und konnte so alle Fehler berichtigen, die sich in ihre Auffassung der Lehre eingeschlichen hatten.

Karmapa reiste nach Li Thang und konnte auch dort örtliche Unruhen befrieden. Im Mai 1471 besuchte er die Zurückziehungsstelle Karma Pakshis und den Tempel Khaka Riphug. Er führte eine besondere Zeremonie durch, bei der die gesegneten Reiskörner, die er warf, dauerhaft im Fels stecken blieben. Er hinterließ auch einen Fußabdruck in einem festen Stein. Er reiste weiter nach Ron Tsen Kawa Karpo, der Pilgerstelle von *Höchste Freude*, gründete dort ein kleines Meditationszentrum und verbrachte einige Jahre in Meditation.

Schließlich kehrte er nach Karma Guen zurück und gab auf dem Weg dahin Einweihungen und Belehrungen. Gleich nach seiner Ankunft ließ er mehrere große Buddhastatuen für das Kloster anfertigen. Schon nach kurzer Zeit brach er nach Südtibet auf, wo er viele Kagyü-Klöster wieder aufbaute. In Tsurphu angekommen, sah er, dass die riesige, von Karma Pakshi erbaute Buddhastatue, durch ein Erdbeben beschädigt worden war, und richtete sie wieder her. Er gründete eine große Studieneinrichtung, die in ganz Tibet bekannt wurde. Anschließend reiste Tschödrag Gyamtso nach Nyi-o Dong Tser, wo er den vierten Shamar Tulku, Tschökyi Trakpa, traf. Karmapa lehrte den jungen Shamarpa die *Sechs Lehren Naropas*, übertrug ihm die Linienbelehrungen und führte für ihn die Zeremonie der *Schwarzen Krone* durch.

Karmapa reiste in das große klösterliche Institut Chökhor Lunpo und ernannte Karma Tinlay, der für seinen Kommentar zu den Gesängen der *Verwirklichung* von Sarahas berühmt war, zum Abt. Karmapa gründete auch ein neues philosophisches Institut, was die Anzahl seiner Schüler beträchtlich vermehrte. Er reiste weiter nach Lhasa und hatte dort eine Vision des zukünftigen Buddhas Maitreya. Dieser riet ihm, um die große Jowo Rinpoche Statue herum ein Kloster zu bauen. Nuipa, der örtliche Herrscher, verweigerte dem Vorhaben aber seine Genehmigung. So wurde ein kleines Kloster etwas außerhalb von Lhasa errichtet. Sobald die Arbeiten jedoch beendet waren, zerstörten 500 Soldaten das gesamte Bauwerk[43].

Der oberste Herrscher Tibets war zu dieser Zeit der vierte Shamar Tulku, Tschökyi

Trakpa, der 1498 in seinem 46. Lebensjahr von den Ministern gewählt wurde. Als er von der großen Beleidigung Gyalwa Karmapas und der Kagyü-Linie hörte, hatte er die Absicht, den verantwortlichen Herrscher zu bestrafen. Karmapa wollte davon aber nichts hören und sagte, das Problem sei längst Vergangenheit. Er verließ Lhasa, besuchte die Region Ting in Kongpo und errichtete eine Zurückziehungsstelle.

Tschödrag Gyamtso sandte einen Boten nach *Bodhgaya* (Indien), dem Ort von Buddhas Erleuchtung. Karmapa gab ihm Gold mit, das auf die dortige Buddhastatue aufgetragen werden sollte, sowie viele auf Sanskrit geschriebene Wunschgebete, die unter den Leuten verteilt werden sollten. Der König von Rajgir in Indien und der große Gelehrte Yigkyi Shingta gaben dem Boten Blätter des Bodhibaums und Erde von vielen Pilgerstellen mit nach Tibet zurück.

Shamar Tulku gründete das Kloster Gaden Mamo, das 1490 fertig gestellt wurde. Karmapa weihte es ein und reiste nach Lhasa weiter und hielt dort ein großes bud-dhistisches Treffen ab. In Rinpung (Tsang) gab er dem Pandita Sakya Tschökyi Langpo sowie tausend Mönchen die vollständigen Fünf Schätze von Maitreya[44] sowie die gesamte Erklärung zu einem umfangreichen Text, den er selbst verfasst hatte[45]. So verbreitete Karmapa die Lehre Buddhas weithin.

Karmapa kehrte nach Lhasa zurück, ließ einen Tempel erbauen und lehrte dort. Er traf den zweiten Gyaltsap Tulku, Tashi Namgyal, und schenkte ihm in Anerkennung seiner hohen Verwirklichung einen orangefarbenen Hut. In der gesamten Gegend zog er durch die Kraft seiner Lehren viele neue Schüler an. Seine letzten Belehrungen gab er in Tse Lha Gang, und seinen nahen Schülern sagte er, dass er bald sterben würde. Er hinterließ genaue Vorhersagen über seine nächste Wiedergeburt und gab sie in die Obhut des dritten Situ, Tashi Paljor.

Im März 1506 starb Karmapa Tschödrag Gyamtso in seinem 53. Lebensjahr, nachdem er einen Brief nach Bodhgaya geschickt hatte.

---

43) W.D. Shakabpa schreibt in „Tibet: A Political History" (Seite 87): „Donyo Dorje, der Sohn von Rinpung Norzang, wollte für die Karmapa-Linie in Lhasa ein Kloster errichten. Der Verwaltungsbeamte von Lhasa, der die Gelugpa-Linie unterstützte, verwehrte ihm jedoch die Genehmigung. Das Kloster wurde dann außerhalb von Lhasa errichtet. Mönche der benachbarten Gelugpa-Klöster überfielen es eines Nachts und rissen es nieder. Ein Karmapa-Lama, Tschödrag Gyamtso, wurde beinahe getötet und floh nach Lhasa."

44) tib. Do De Gyen; Chö Nyid Nam, Gyü Lama; etc.

45) tib. Tsema Rig Zung Gyamtso

Die wichtigsten Schüler des siebten Karmapa

Shamar Tschökyi Trakpa, der vierte Shamar Tulku (1453-1524).

Situ Tashi Paljor, der dritte Situ Tulku (1498-1541).

Gyaltsap Tashi Namgyal, der zweite Gyaltsap Tulku (1490-1518).

Sangye Nyenpa Druptop, der erste Sangye Nyenpa Tulku, war ein verwirklichter Meister.

Karma Tinlaypa, der erste Karma Tinlay Tulku, erhielt alle Belehrungen von Situ Tulku.

Pandit Sakya Tschökyi Langpo aus Tsang (1439-1505). Weitere wichtige Schüler waren **Drigung Kunga Rinchen, Tormo Tashi Ösel, Tanag Chö Jepa**, ein Gelehrter der Sakya-Linie, sowie **Yugla Panchen**.

Der achte Karmapa (1507–1554)
Mikyö Dorje

Mikyö Dorje wurde an einem frühen Morgen im Dezember 1507 in der Provinz Dam Chu (Osttibet) geboren. Über seinem Geburtshaus bildete sich eine Säule aus Regenbogenlicht, Blumen regneten vom Himmel, und ein Geruch von Räucherwerk überzog die ganze Gegend. Das Baby wischte sich über den Mund und erklärte: „Ich bin Karmapa! Ich bin Karmapa!"

Situ Tulku kam zu Ohren, dass ein äußerst ungewöhnliches Kind in der Provinz, die in Karmapas Brief benannt wurde, geboren worden war. Er entsandte einen Boten, der herausfinden sollte, ob es der neue Karmapa sein könnte. Bald darauf wurde er selbst zu der Stelle gerufen, und stellte die folgenden Fragen: „Wie lauten die Namen von Vater und Mutter? Gibt es Palmen in der Nähe des Hauses? In welche Richtung zeigt der Hauseingang? Gibt es einen Wasserlauf in der Nähe und wenn ja, in welche Richtung fließt er?" Man sagte ihm, dass der Name des Vaters An Jam sei und der der Mutter Ama Drum. Ja, es gab Palmen, der Eingang des Hauses zeigte nach Osten und ein nahe gelegener Wasserlauf floss ebenso nach Osten. Alle Antworten stimmten mit den Einzelheiten im Brief des letzten Kar-

mapa überein. So war klar, dass das Kind der neue Karmapa war.

Als dieser gerade anderthalb Monate alt war, erklärte er: „EMAHO![46] Zweifelt nicht an mir, denn ich bin der neue Karmapa!" Mit drei Monaten nahm ihn Situ Tulku in das Kloster Karma Guen und wurde dort königlich empfangen.

Einen Monat später traf Mikyö Dorje den Einsiedler-Lama Ser Phuwa, der ein Schüler des siebten Karmapas gewesen war. Ser Phuwa überreichte Karmapa eine Glocke und eine Doppeltrommel als Geschenk. Sofort wurde der kleine Junge sehr glücklich und spielte auf beiden mit großem Vergnügen. Der Gomchen fragte Karmapa, welche Belehrungen er ihm im letzten Leben übertragen hatte, und der Junge antwortete: „Ich gab dir das *Große Siegel* und die *Sechs Lehren von Naropa*."

Als er fünf Jahre alt war, wurde Karmapa ins Haus von Lhorongpa, einem Edelmann aus Ri Wo Che (Ost-Kham) eingeladen. Dort fragte ihn eines Tages der Lama Sönam Rinchen, wer er wirklich sei. Der kleine Junge lachte und sagte: „Manchmal bin ich

[46] Die Keimsilben von Küntu Sangpo (skt. Samantabhadra)

Padmasambhava, manchmal Saraha, und zu anderen Zeiten bin ich Karmapa!

Ungefähr zur gleichen Zeit erklärte die Mutter eines anderen Kindes aus der Gegend von Amdo, dass ihr Sohn der neue Karmapa sei. Diese Nachricht verbreitete sich sehr schnell. Gyaltsap Tulku Tashi Namgyal und Lama Yang Ripa reisten nach Ri Wo Che, um das Problem beizulegen. Sie versprachen, keine Parteilichkeit zu zeigen, bis Klarheit bestehe, welcher der beiden kleinen Jungen die echte Wiedergeburt sei. Ohne es zu wollen, machten sie vor Mikyö Dorje volle Verbeugungen und erkannten dadurch, dass er zweifelsfrei der richtige Karmapa war. Kurz darauf, im Frühjahr 1513, wurde er in Ri Wo Che vom zweiten Gyaltsap Tulku, Tashi Namgyal, inthronisiert, einem engen Schüler des vorigen Karmapa.

Als Karmapa Mikyö Dorje acht Jahre alt war, ging er ins Kloster Surmang. Dort hatte er mehrere Visionen, die ihm die Einzelheiten seiner früheren Leben zeigten. Sangye Nyenpa Druptop, ein verwirklichter Schüler des vorherigen Karmapa, lud ihn nach Denkhok ein und wurde bei seiner Ankunft von tausenden Mönchen geehrt. Im Kloster Tschangtschub Ling hatte er eine Vision von Buddha, und am nächsten Tag erschienen ihm Dharmakirti, der große Gelehrte und Übersetzer, und Dhinaga, ein Logiker aus Südindien. Sie übertrugen ihm die philosophischen Lehren der *Madh-*

Ausschnitt aus einem *Rollbild* im Kloster Rumtek in Sikkim. Der achte Karmapa Mikyö Dorje, der für seine Belehrungen und Kommentare über das *Große Siegel* bekannt ist, wird in zentraler Position dargestellt. Über seinem Kopf befindet sich der zweite Karmapa Karma Pakshi, er wird üblicherweise mit Bart abgebildet.

yamaka-Schule. Als Karmapa elf Jahre alt war, besuchte er Kongpo Kam Ra und Gyalten, wo er die Gesetzmäßigkeit von Ursache und Wirkung erklärte und wie man den Kreislauf der Wiedergeburten unterbrechen kann. Viele nahmen sich diese Worte zu Herzen und wurden seine Schüler.

Folgende Geschichte über Karmapa erzählt man sich in Ladakh noch heute: In der Versammlungshalle des Palastes von Leh (Ladakh) hatte sich eine riesige Python verkrochen und konnte nicht mehr hinausgejagt werden. Mehrfach wurde beratschlagt, wie man die Schlange entfernen könnte, aber man fand keine Lösung. Schließlich schlug einer der Lamas vor, Karmapa um Rat zu fragen. Mit getrockneten Pflaumen, Aprikosen und Getreide als Geschenk, schickte man eine Abordnung zu Karmapa nach Kongpo. Karmapa sandte einen Brief mit folgendem Inhalt zurück: „Oh Python, es ist meine persönliche Anordnung, dass du zu deiner eigenen Stelle im See zurückkehrst, ohne weiteren Ärger zu verursachen." Dazu schickte Karmapa die Anweisung, dass man den Brief von einem Fenster der Halle aus laut vorlesen solle. Karmapas Rat wurde befolgt, und während die große Schlange den Inhalt des Briefes hörte, begann sie sich so heftig zu schütteln, dass die Wände des Palastes einzustürzen drohten. Langsam entwand sie sich, kroch aus der Versammlungshalle zu einem nahe gelegenen See und verschwand im Wasser.

Der König von Jyang (Region Yunnan) hörte von den Belehrungen des jungen Karmapa und schickte ihm eine Einladung, sein Land zu besuchen. Vier Generäle und zehntausend Soldaten sollten Karmapa auf der langen Reise begleiten. Im Mai 1516 kam er zur tibetischen Grenze und wurde dort bereits vom König erwartet. Dieser wurde in einer Sänfte getragen und kam in Begleitung seines Bruders und seines Onkels, die beide auf Elefanten ritten, sowie eines prachtvollen Geleitzuges mit vielen farbigen Pferden. Als sich der König vor dem jungen Lama verbeugte, rissen sich die Elefanten von ihren Stricken los und verbeugten sich ebenfalls dreimal und erhoben ihre Rüssel. Im gleichen Augenblick donnerte es laut am Himmel.

Unter großem Jubel wurde Karmapa in den Palast geführt. Eine riesige Trommel, die von 16 Männern getragen werden musste, erklang zu seinen Ehren. Er betrat den Palast und warf gesegnete Reiskörner, die bei den Leuten äußerst begehrt waren. Während Karmapa auf einem hohen Thron neben dem König und der königlichen Familie saß, wurde ihm – dem Landesbrauch gemäß – die größte Ehrerbietung erwiesen. Der König, der früher dem Buddhismus gegenüber eine ablehnende Einstellung gehabt hatte, nahm nun die buddhistische *Zuflucht* und bekam Belehrungen und Einweihungen. Er versprach, jährlich fünfhundert Jungen nach Tibet zu schicken und sie auf seine Kosten zu Mönchen ausbilden zu lassen. Außerdem versprach er, die nächsten 13 Jahre Frieden mit den angrenzenden Gebieten zu halten. Es wurden auch Vorbereitungen für die Errichtung von 100 Klöstern und Tempeln im Land getroffen.

Mikyö Dorje verbrachte sieben Tage im Palast des Königs, ermöglichte vielen den Zugang zu den Lehren Buddhas und versprach bei seiner Abreise, innerhalb von sieben Jahren wiederzukommen. Auf der Durchreise durch Li Thang, wo früher viele Wunder stattgefunden hatten, trafen sie auf eine Gruppe Reisender. Karmapa zeigte auf all diejenigen, die aus vergangenen Leben eine Verbindung zu ihm hatten. In der Region Nyeu erfuhr er vom Tod des zweiten Gyaltsap Tulku und schickte eine Nachricht, dass die Reliquien gesammelt und in einer *Stupa* aufbewahrt werden sollten.

Karmapa reiste nach Tsalin Dari, wo er die besondere Vater-und-zwei-Söhne-Zeremonie[47] für Je Tsongkhapa abhielt, und ging weiter nach Rinchen Ling (Tog Go). Er hatte den Wunsch, für sich selbst weitere Einweihungen zu erhalten, und so schickte Karmapa einen Brief an den dritten Situ Tulku mit der Bitte, Sangye Nyenpa Druptop möge ihm weitere Übertragungen geben.

Im Januar 1517 erhielt Mikyö Dorje

die erste Mönchsweihe von Sangye Nyenpa Druptop, einem Schüler des siebten Karmapa. Karmapa bekam die vollständigen Erklärungen der *Sutra* Kommentare, der Ratschläge für richtiges sinnbringendes Verhalten und des Bodhisattva-Versprechens ebenso wie die vollständige Übertragung der höheren Lehren Tilopas und Naropas. Er eignete sich auch alle Teile des *Rad der Zeit Tantras* an, bis ins kleinste Detail. Anschließend besuchte er Biyu Phug, Phugnes, Kokh Mote, Cham Sar und Gaden Ling. Obwohl er eine Einladung nach Sakpo in der Mongolei erhielt, hatte er nicht genügend Zeit für die lange Reise. Er kehrte zum Kloster Tschangtschub Ling zurück, besuchte alle Pilgerorte auf dem Weg und reiste weiter nach Karma Guen.

Der chinesische Kaiser Wu Tsung (1506-1522) schickte fünfhundert Armeeoffiziere mit Gold, Silber, Perlen, geweihten Standbildern und Mönchsroben als Geschenk zu Karmapa und ließ ihn bitten, China zu besuchen. Währenddessen hatte Karmapa eine Vision von zwei Sonnen am Himmel, von denen eine plötzlich auf die Erde fiel. Er nahm dies als Zeichen für den plötzlichen Tod des Kaisers und schickte die Gesandtschaft zurück. Als sie wieder in China waren, mussten sie feststellen, dass Karmapas Vorhersage eingetroffen war.

Während der nächsten drei Jahre erhielt Karmapa alle noch verbliebenen Belehrungen von Sanye Nyenpa Druptop. Dieser

---

47) tib. Je Yab Se Sum. Die beiden Söhne waren seine wichtigsten Schüler Gyaltsap Dharma Rinchen und Khedrup Je.

starb im Kloster Karma Guen, nachdem er seine Aufgabe, den jungen Karmapa auszubilden, abgeschlossen hatte. Im März 1519, während der Gedenkzeremonie für ihn, zeigte er sich noch einmal in einer magischen Erscheinung und gab besondere Belehrungen für diesen Anlass. Einige Jahre später (ca. 1524) starb auch Shamar Tulku im Alter von 72 Jahren.

Mit 22 Jahren erhielt Karmapa Mikyö Dorje die vollen Mönchsversprechen von Kenchen Chötrup Senge und nahm weitere Belehrungen bei dem Abt Karma Tinlay. Er eignete sich die Fünf Schätze Maitreyas, Dharmakirtis Philosophie in sieben Bänden (tib. Tsema) und das *Abhidharma*, die Erklärungen wie die Dinge sind, in zwei Bänden an. Insgesamt studierte er 25 verschiedene Lehren und verinnerlichte sie völlig. Danach ging er ans Institut Dagpo Shedrup Ling und unterrichtete dort die besten Schüler in fortgeschrittenen Teilen der Lehre.

Während er an die Pilgerstelle in Tsari reiste, wo es eine natürliche Abbildung des Buddhas *Höchste Freude* gibt, traf Karmapa eine Gruppe von Pilgern, die sich sogleich vor ihm verbeugten. Unter ihnen war ein kleiner Junge, den er als die neue Wiedergeburt Shamar Tulkus erkannte. Karmapa nahm ihn mit sich, damit er das wundervolle Abbild von *Höchste Freude* sehen konnte. Zusammen kehrten sie nach Zentraltibet zurück und 1529, als der Junge fünf Jahre alt

war, inthronisierte ihn Karmapa als fünften Shamar Tulku, Könchok Yenlak.

Während eines Aufenthaltes im Kloster Tsurphu hatte Karmapa einmal eine Vision von Sakya Pandita (Kunga Gyaltsen, der Gründer der *Sakya*-Linie), der in Begleitung vieler Bodhisattvas erschien und ihm wichtige Belehrungen übertrug. Zu dieser Zeit machte Karmapa von sich selbst ein kleines Marmorstandbild und hinterließ auf einem übrigen Marmorstück einen Abdruck seiner Handfläche, indem er es zusammendrückte. Während er die Statue segnete, fragte Karmapa das Bildnis in der Gegenwart vieler Lamas, ob es ihm ähnlich sehe. Zum großen Erstaunen aller Anwesenden antwortete die Statue: „Aber natürlich!" Sie wird heute im neuen Kloster Rumtek aufbewahrt.

Karmapa erkannte die vierte Wiedergeburt von Situ Tulku, Tschökyi Gocha, inthronisierte ihn und nahm ihn als Schüler an. Später erkannte er ebenso den vierten Gyaltsap Tulku, Trakpa Döndrub. Karmapa verfasste Kommentare zum Vinaya-Sutra[48], zur Prajnaparamita[49], zum Abhidharma[50], Madhyamaka[51] sowie viele Werke zum Großen Siegel[52] und anderen Lehren.

Karmapa Mikyö Dorje übertrug alle höheren Belehrungen an Shamar Tulku und

---

[48] Das Nyima'i Kyilkor umfasst 1500 Seiten (in Rumtek).

[49] Das Jetsün Ngaso umfasst 1800 Seiten.

[50] Das Drubde Chedjo umfasst 3000 Seiten.

[51] Das Dag Gyü Drubpa umfasst 1000 Seiten (in Rumtek).

setzte ihn als seinen Nachfolger ein. Er vertraute ihm all seine persönlichen Bücher, Reliquien und Ritualgegenstände an und gab ihm den Brief mit den Vorhersagen über seine nächste Geburt. Dann bereitete er sich darauf vor, die Welt zu verlassen.

Im Oktober 1554 starb Mikyö Dorje während eines Aufenthalts in Shamar Tulkus Institut Dagpo Shedrup Ling im Alter von 47 Jahren. Zur Zeit seines Todes zeigten sich am Himmel viele Glückverheißende Zeichen, und in der Asche seines Bestattungsfeuers fand man kostbare Rinshel (tib.) – kristallähnliche Reliquien.

Die wichtigsten Schüler des achten Karmapa

Shamar Künchok Yenlak, der fünfte Shamar Tulku (1525-1583).
Situ Tschökyi Gocha, der vierte Situ Tulku (1542-1585).
Gyaltsap Trakpa Döndrub, der vierte Gyaltsap Tulku (1550-1617).
Pawo Tsuklak Trengwa, der zweite Pawo Tulku (1504-1566), war Lehrer, Historiker und Seher. Er schrieb ein Buch über die Kagyü-Linie und ihre Geschichte.

52) Das Tschagchen Korla umfasst 2000 Seiten (in Rumtek). Das Tschagchen Drithung umfasst 800 Seiten.

Der achte Karmapa Mikyö Dorje hat dieses Selbstbildnis um 1532 n. Chr. aus Marmor angefertigt. Als es fertig war, hinterließ er auf einem kleinen Stück Marmor mit der bloßen Hand einen klaren Abdruck. Der Marmorabdruck ist in rote Seide gehüllt und oben rechts zu sehen. Oben links befindet sich eine kleine Statue von Rote Weisheit, die Mikyö Dorje stets bei sich trug. Man sagt, wer immer dieses Abbild sieht, wird in kurzer Zeit Befreiung erlangen. Es heißt auch, dass diese Statue zu besonderen Anlässen spricht. Sie wird im Kloster Rumtek aufbewahrt.

Der neunte Karmapa (1556–1603)
Wangtschug Dorje

Wangtschug Dorje wurde im August 1556 in der Region Treshod (Osttibet) geboren. Vor seiner Geburt träumte seine Mutter, dass sie in eine weiße Trompetenmuschel blase und viele Menschen zu ihr liefen. Noch im Mutterleib, hörte man das Kind *Mantras* aufsagen. Nach seiner Geburt setzte es sich mit gekreuzten Beinen hin, wischte sich übers Gesicht und sagte: „Ich bin Karmapa!". Wangtschug Dorje blieb drei Tage in dieser Haltung sitzen, und sein Vater war so beeindruckt, dass er sich vor ihm verbeugte. Da stand das Kind auf, sagte „OM AH HUNG!" und begann zu lachen. Seine Mutter öffnete ihre Schürze und wollte den Jungen Kind darin einwickeln, er warf sie aber weg und sagte: „Oh, nein, nein!". Dann wurde er in ein Schaffell eingewickelt, was er sich gefallen ließ.

Nachbarn erzählten dem Vater, dass das Kind sicherlich Karmapa sei, jener glaubte ihnen aber nicht. Bei seiner Rückkehr zum Haus fand er das Baby im Lotussitz wie ein Buddha sitzend vor. Karmapa blickte in den Himmel, und helles Licht bewegte sich um seinen Kopf. Als er gerade 18 Tage alt war, konnte er schon mühelos aufrecht gehen und war völlig selbstständig. Der Ruhm des

Kindes verbreitete sich und drang schließlich auch zu Shamar Tulku, Künchok Yenlak. Er sandte Lama Gyaltsen, um die Angelegenheit zu untersuchen.

Es stellte sich heraus, dass der Brief mit der Vorhersage genau den Ort von Karmapas Geburt beschrieb. Im Brief stand: „Meine nächste Wiedergeburtwird an einem Ort namens Treshod Horkok geboren, ganz in der Nähe eines Felsens mit einem natürlich geformten Abbild von *Liebevolle Augen* und bei einem Fluss, der in den Bergen des Himalaya entspringt.

Als Lama Gyaltsen den Ort erreichte, wurde das Baby sehr froh und begann, „Shamarpa, Shamarpa" zu rufen. Karmapa erzählte den Umstehenden, dass Shamar Tulku ihn bald treffen würde. Mit sechs Monaten wurde er zum Kloster Tsurphu gebracht. Unterwegs sagte er immer wieder „Situpa! Situpa!". Alle waren verblüfft, als am anderen Morgen ein Bote von Situ Tulku eintraf. Ein paar Tage später kam der vierte Situ Tulku selbst, bestätigte das Kind als Karmapas Wiedergeburt und gab ihm die Einweihung auf den Buddha *Grenzenloses Leben* (tib. Tsepame; skt. Amitayus). Während der Zeremonie sah der junge Karmapa seinen Lehrer in dieser Form.

Ein paar Tage, bevor sie das Kloster Tsurphu erreichten, scherzte Karmapa Wangtschug Dorje mit seinen Begleitern: Es sei an der Zeit, dass Shamar Tulku käme, um ihn persönlich zu sehen. Als die Gruppe in Lung Tse ankam, trafen sie den fünften Shamar Tulku, der den kleinen Jungen sofort in sein Herz schloss. Sie reisten zusammen weiter nach Tsurphu, das sie an einem besonders Glück verheißenden Tag Ende März 1561 erreichten. Es gab große Feierlichkeiten, und der König von Jyang, der ein hingebungsvoller Schüler des letzten Karmapa gewesen war, machte ihm viele Geschenke.

Im Mai erhielt der Junge die ersten Mönchsversprechen und die Zeremonie des Haareschneidens vor der großen Buddhastatue im Kloster Tsurphu. Anschließend wurde er von Shamar Tulku feierlich als der neunte Gyalwa Karmapa inthronisiert. Sie reisten gemeinsam nach Yang Chen und von dort ins mittlere Kham. Wo immer sie anhielten, machten sie gute Wünsche und gaben Belehrungen. Während ihrer Reise zwischen Tsurphu und der chinesischen Grenze ordinierten sie insgesamt 30.000 Mönche, setzten Klöster instand und belebten überall die buddhistische Lehre. Nach drei Jahren erreichten sie Tri O Dar Tse Do an der Nordostgrenze Tibets.

Im Dezember 1564 kehrten Karmapa und Shamar Tulku wieder um in Richtung Zentraltibet und besuchten das Kloster Karma Guen. Sie durchquerten die Gegend, in der Karmapa geboren wurde, gaben Belehrungen und reisten weiter zum Kloster Tschangtschub Ling von Lama Sangye Nyenpa Druptop. Sie setzten ihre Reise nach Chamdo fort und führten dort Tausende in die Lehren Buddhas ein.

Einmal brachte ein Mann ein Rollbild zum Segnen, auf dem Karmapa und Shamar Tulku abgebildet waren. Als Karmapa die gesegneten Getreidekörner auf das Bild warf, blieben sie wie Juwelen auf den Kronen von Karmapa und Shamarpa haften. Bei einem Besuch in Chang, wo sie sehr herzlich empfangen wurden, gaben sie Tausenden die Mönchsversprechen, Belehrungen und Einweihungen und kehrten anschließend wieder nach Tsurphu zurück.

Mit 24 Jahren erhielt Karmapa Wangtschug Dorje seine abschließen den Mönchsversprechen von Shamar Tulku und studierte unter seiner Anleitung die Vinaya Sutras und alle zugehörigen Kommentare. Shamar Tulku kehrte zum Kloster Densa Thil zurück, während Karmapa weiterreiste und Tsang (Südtibet), Tashi Lhunpo (Hauptsitz der Panchen Lamas, gegründet 1445 in der Nähe von Shigatse), Sungrab Ling, Chöde Tak Mar und Sangsen Dop Chen besuchte. In Tashi Lhunpo führte er vor dem dortigen Bildnis namens „Je Tsongkhapa, Vater-und-zwei-Söhne" eine besondere Meditation durch. Karmapa begab sich zum großen Sakya-Kloster Thubten Namgyal Ling, wo er vor der großen Statue des Sakya Pan-chen, dem Oberhaupt der Sakyapas, eine Zeremonie vollzog. Er gab Belehrungen und Einweihungen für die ansässigen Lamas, Mönche und Laien und kehrte dann nach Tsurphu zurück. Karmapa ordnete an, ein großes genähtes Seidenbanner von Buddha Shakyamuni herzustellen. Als es fertig war, hängte man das Banner über einen riesigen Felsen, und man sah, wie aus der Stirn Buddhas ein gleißendes Licht herausstrahlte und die ganze Umgebung erhellte. Niemand konnte geradewegs in dieses Licht blicken, da es so hell strahlte. Kurz nach diesem Ereignis besuchte Shamar Tulku das Kloster und übertrug Karmapa die verbliebenen mündlichen Belehrungen (tib. Dam Ngag).

Der Herrscher von Chang, Depa Rinpungpa, lud Karmapa zu einem Besuch ein, und da jener die Einladung bereits mehrfach ausgesprochen hatte, beschloss Karmapa, sie dieses Mal anzunehmen. Er gab im ganzen Land Belehrungen, richtete viele Klöster wieder her und erhielt neue Schüler. Er reiste in die Provinz Nakhpu (Kongpo), wo er ebenfalls viele Klöster instand setzte, und weiter nach Tsari im Südosten von Tibet. Dort gab er wichtige Erklärungen, auf welchem Weg man am besten zu einer neuen Pilgerstelle des Buddhas *Höchste Freude* käme, die als Tsari Namgyal bekannt wurde. Karmapa gründete dort ein Kloster und nannte es Tsari Tso Kar.

Auf der Rückreise besuchte Karmapa Tsari Cho Sam, Lho Thong und viele andere Orte und gab überall Belehrungen und Einweihungen. Beim Durchqueren des Tales von Dung Tso Kha La zeigte Karmapa seine Verwirklichung, indem er durch die Luft flog. Jeder der dies sah, verbeugte sich, und viele Nicht-Buddhisten nahmen *Zuflucht*.

Als der bhutanesische König Ga Thong, der selbst Fähigkeiten in Magie und Hexerei besaß, davon hörte, lud er ihn ein, sein Land zu besuchen. Karmapa nahm an und überzeugte viele von der buddhistischen Lehre. 1.000 Goldmünzen wurden ihm als Geschenk überreicht, und nach einem kurzen Aufenthalt in Bhutan reiste er zurück nach Kongpo und Tsari Tso Kar, wo er eine Pause einlegte.

Hier verweilte Karmapa neun Monate lang in tiefer Meditation und hatte während dessen Visionen von *Höchste Freude* und von *Rad der Zeit*. Ebenso erschienen ihm *Buddhaformen* und *Schützer* der großen Kagyü-Linie. Anschließend reiste er zum Kloster Phagmo in Densa Thil und traf dort die neue Wiedergeburt von Shamar Tulku, Garwang Tschökyi Wangtschug. Karmapa erkannte ihn feierlich an und inthronisierte ihn im klösterlichen Institut Dagpo Shedrup Ling.

Karmapa verfasste kurze Kommentare zum *Vinaya-Sutra*, dem *Abhidharma Kosha*, dem *Madhyamaka*, der *Prajnaparamita* sowie drei Hauptwerke über das *Gro-*

Be Siegel (das „Phyagchen Naten Phyagzö", das „Chö Ku Tsub Tsug" sowie das „Marig Münsel"). Dann erhielt er eine Einladung des sikkimesischen Königs in sein Land. Da Karmapa die Reise nicht selbst antreten konnte, sandte er einen anderen sehr fähigen Lama. Dieser gründete in Sikkim die drei Klöster Ralung, Potong und das „alte" Rumtek, das sich unterhalb des neuen Klosters befindet. Auf die Bitte, die neuen Klöster einzuweihen, erwiderte Karmapa, er werde dies von Tibet aus tun, da er nicht selbst dorthin reisen konnte. Er schickte genaue Anweisungen, an welchem Tag und Monat und zu welcher Zeit die Zeremonie stattfinden und auf welche Weise alles vorbereitet werden sollte. Bei der Einweihung des Klosters Ralung kamen dann aus Richtung Tibet drei große Adler. Sie flogen dreimal um das neue Kloster und ließen gelbe gesegnete Reiskörner auf das Dach fallen. Einige Leute in Sikkim besitzen noch heute einige dieser gelben Reiskörner.

Karmapa erkannte die neue Wiedergeburt von Situ Tulku, Tschökyi Gyaltsen, an. Er besuchte das Kagyü-Institut Sungrab Ling, wo er viele Belehrungen gab und diese genau erläuterte. Zu dieser Zeit begann er auf seinen baldigen Tod hinzuweisen, und seine Gesundheit verschlechterte sich. Er sandte ganz genaue Voraussagen über seine künftige Wiedergeburt an Shamar Tulku und starb im März 1603 im Alter von 46 Jahren.

Die wichtigsten Schüler des neunten Karmapa

Shamar Tschökyi Wangtschug, der sechste Shamar Tulku (1584-1630).

Situ Tschökyi Gyaltsen, der fünfte Situ Tulku (1586-1657).

Gyaltsap Trakpa Chö Yang, der fünfte Gyaltsap Tulku (1617 bis ca.1658).

Pawo Tsuklak Gyamtso, der dritte Pawo Tulku (1567-1633).

Der zehnte Karmapa (1604-1674)
Tschöying Dorje

Tschöying Dorje wurde im April 1604 in Golok Khansi Thang, im Nordosten Tibets, geboren. Während der Schwangerschaft träumte seine Mutter, wie Guru Rinpoche in sie hineinschmolz. Als das Baby geboren war, machte es einen Schritt in jede der vier Himmelsrichtungen, setzte sich mit gekreuzten Beinen in die Mitte und sagte: „OM MANI PEME HUNG HRI! Ich bedauere die Leiden der Menschheit, denn ich bin Karmapa!"

Weit und breit verbreitete sich die Nachricht über die Geburt des außergewöhnlichen Kindes. Als Chang Mowa, der örtliche Herrscher, von dem Baby erfuhr, ließ er ihm eine Einladung nach Ma Chu (Osttibet) zukommen. Karmapa wurde in den Palast Tsong Mo Che gebracht und geehrt. Mogyal Pomra[53], einer der beiden *Schützer* Tibets, kam zu dem Jungen, um seinen Segen zu empfangen. Karmapa blieb sechs Jahre dort im Palast. Bereits mit sieben Jahren hatte er die Kunst des Malens erlernt, selbst seine besten Lehrer übertraf er.

Der sechste Shamar Tulku, der sich im Kloster Tsari Tso Kar aufhielt, entsandte seinen Privatsekretär in Begleitung mehrerer Lamas, um die neue Wiedergeburt Karmapas zu holen. Sie staunten, als sich der kleine Junge nach Shamarpas Befinden erkundigte, bevor sie überhaupt sagen konnten, wer sie schickte. Alle Einzelheiten der Geburt stimmten mit den Vorhersagen im Brief des letzten Karmapas überein, und so lud man Karmapa ein, Shamarpa im Institut Zadam Nyinche Ling zu treffen.

Ende Januar 1611 kam der junge Karmapa dort an, und Shamar Tulku erkannte ihn sofort. Zwei Monate später fand die Inthronisierung statt, und Karmapa zeigte die *Schwarze Krone*. Er debattierte mit 500 ausgebildeten jungen Lamas über die Lebensgeschichte Buddhas, die *Bodhisattva*-Belehrungen und über Inhalte der Madhyamaka-Schule. Trotz seiner Jugend brillierte er in der Debatte und konnte den Lamas mehrere wichtige Punkte erläutern. *Glück verheißende Zeichen* erschienen am Himmel über dem Kloster, und alle waren von dem begabten jungen Karmapa beeindruckt.

[53] Auch bekannt als Ma Gyalpo Chenpo Pom (Lit: Pomra, Großer König Pfau). Er lebt in den Schneebergen von Ames Ma Chen, am Fluss Ma Chu (Amdo). In diesem Berg soll Ling Kesars Schwert versteckt sein. Siehe hierzu auch: Religious Observances in Tibet von R. Ekvall, Seite 243. Der andere Schützer Tibets heißt Thong-La Dorje Barwa.

Einige Tage später ging Tschöying Dorje mit seinen Begleitern am Ufer des Flusses Dza Chu spazieren. Er zeigte auf einen großen Felsen in der Mitte des Flusses und sagte seinen Begleitern, sie sollten ihn aus dem Wasser holen und auseinander brechen. Sie waren wenig begeistert und meinten, diese Aufgabe sei zu schwierig. Karmapa beharrte jedoch darauf, es solle im Namen der buddhistischen Lehre und aller fühlenden Wesen geschehen. Unter großen Schwierigkeiten wurde der riesige Felsblock aus dem Fluss gehoben und in zwei Teile gebrochen. Man fand in dem Stein eine Traube insektenartiger Wesen. Karmapa segnete sie mit Mantras. So waren diese Wesen bald von allen Leiden erlöst und wurden in höheren Bereichen wiedergeboren.

Mit acht Jahren reiste Karmapa über den Bezirk Phowo im südlichen Tibet nach Tsurphu. Bei seiner Ankunft entstand genau über dem Kloster ein Baldachin aus Regenbogenlicht. Karmapa nahm die erste Mönchsweihe beim dritten Pawo Tulku, Tsuklak Gyamtso, einem Schüler des vorigen Karmapa. Im Tempel Lha Chen befand sich ein riesiges Buddhastandbild, und Karmapa erhielt hier auch die Ermächtigung durch Lesen auf Buddhas eigene Worte (tib. *Kangjur*) und die Schriften der indischen Kommentare (tib. *Tenjur*). Bis zu seinem zwölften Lebensjahr hielt sich Karmapa in Tsurphu auf und übte sich in der Vollendung der Lehren.

König Phüntsok Namgyal[54] aus Tsang ließ Karmapa eine Einladung überbringen, in der er ihn bat, Lhasa zu besuchen. Gerade zu der Zeit, während der sich Karmapa dort aufhielt, bewegte sich ein König namens Chi Ew aus dem Osten mit einer riesigen Armee auf die Stadt zu und bereitete einen Angriff vor. Phüntsok Namgyal bat Karmapa um Hilfe, und dieser sagte ihm, es gebe keinen Grund zur Sorge. Völlig überraschend drehte die Armee einfach um, als sie Lhasa erreicht hatte, und kehrte in die Richtung zurück, aus der sie gekommen war[55]. Der König war sehr beeindruckt und wurde ein hingebungsvoller Schüler Karmapas.

Tschöying Dorje reiste aus Lhasa ab Richtung Tsal und Liu Dong Tsen, wo er Belehrungen und Segen gab. In Begleitung

[54] W. D. Shakabpa schreibt in Tibet: A Political History, Seite 99: „Karma Tensang Wangpo starb 1611 und sein Sohn, Karma Phüntsok Namgyal, wurde sein Nachfolger. Nach einer Reise zur südlichen Grenze besuchte Karma Phüntsok Namgyal Lhasa und schickte seinen Privatsekretär zum Dalai Lama, um eine Audienz zu erbitten.
Er erhielt eine höfliche Antwort mit der Aussage, dass der 4. Dalai Lama meditiere und nicht gestört werden könnte. Das Oberhaupt von Tsang war gänzlich gekränkt." Phüntsok Namgyal starb 1621. Sein Nachfolger wurde Karma Tenkyong Wangpo.

[55] In Shakabpas Buch Tibet: A Political History, heißt es auf Seite 101: „Die mongolischen Soldaten kehrten 1619 als Pilger verkleidet nach Tibet zurück. Sie lagerten etwas außerhalb von Lhasa."

von Shamar, Situ und Pawo Tulku ging er nach Lhobrag Nga Tsang und erfuhr dort vom Tod des Königs von Tsang. Auf Bitte der Königin, leitete er die Bestattungszeremonie im Palast Samdrub Tse. Im Beisein von Pawo Tulku und zehn Mönchen erhielt er von Shamar Tulku die abschließenden Mönchsversprechen. Gemeinsam besuchten sie die wichtigsten Schreine in Lhasa. Karmapa führte überall Zeremonien aus und brachte vor den drei Buddhastatuen im Haupttempel Geschenke dar. Gemeinsam mit Pawo, Shamar und Situ Tulku fand die Tsechu-Zeremonie der acht Erscheinungsformen Guru Rinpoches mit den entsprechenden Tänzen statt.

Karmapa reiste nach Tsurphu und erhielt dort im Kloster Einweihungen in *Rad der Zeit*, *Schwarzen Mantel* und in die rote vereinigte Form von *Liebevolle Augen*. Aus dem Horn von Nashörnern fertigte er fünf sehr schöne Standbilder an, die die Kagyü-Linie in den Formen von *Diamanthalter*, Tilopa, Naropa, Marpa und Milarepa darstellen und heute in Rumtek aufbewahrt werden. Er erhielt auch die besonderen Linienbelehrungen Tilopas und widmete sich tiefer Meditation.

Karmapa reiste in Begleitung von Shamarpa und des fünften Gyaltsap Tulku zum großen Kloster Samye weiter, wo er die Bodhisattva-Belehrungen von Shamar Tulku erhielt und die entsprechenden Versprechen abgab. Sie pilgerten zu allen Kraftorten dieser Gegend. Unterwegs gab es viel Jubel und Feierlichkeiten; viele Mönche erhielten ihre Versprechen, und die buddhistische Lehre wuchs überall.

Der nächste Besuch galt Shamar Tulkus Institut Nyinche Ling, das damals größte buddhistische Zentrum in Tibet. Karmapa wurde dort aufgenommen und erhielt die vollständigen Lehren des Vinaya, Sutra, Madhyamaka sowie des Diamantweges. Die Reisegruppe besuchte Tsang, und alle wurden beim König Karma Tenkyong Wangpo (regierte von 1623 bis 1642) im neuen Wok-Ming-Ling-Palast eingeladen waren. Sie weihten mehrere Schreine ein und wurden vom König und seinem Volk besonders herzlich empfangen. Die Menschen freuten sich über Karmapas Besuch derart, dass alle Gefangenen freigelassen wurden. Beim nahen Sakya-Kloster traf Karmapas Tross auf Dakchen Rinpoche und Dampa Kunga Rinpoche, einen wiedergeborenen Sakya-Lama. Gemeinsam hielten sie mehrere Zeremonien ab, und alle Anwesenden hatten Visionen von den *84 Mahasiddhas*.

Karmapa und Shamar Tulku reisten nach Tingri Lang Kor, wo sie den Sakya-Siddha, dessen geheimer Hut Pem Liew Thow genannt wurde, mit Glocke und Doppeltrommel spielend über sich am Himmel fliegen sahen. Karmapa hatte auch eine Vision von Milarepa. Dieser lachte im Raum und Karmapa war sehr froh. Bei Chö Chung Ling gründete er ein Kloster, trug selbst

Erde und Steine und half so zusammen mit Shamar Tulku beim Bau mit. Nachdem das Kloster fertig gebaut war, führten sie gemeinsam die Einweihungszeremonie durch und reisten weiter Richtung Tsurphu. Auf der Reise wurde Shamar Tulku krank und starb 1630. Karmapa führte in Tsurphu die Bestattungszeremonie durch und baute eine *Stupa*, um dort die Reliquien seines Lehrers aufzubewahren.

Karmapa sah eine Zeit politischer Unterdrückung voraus. Er ging nach Lhasa und besuchte unterwegs die Klöster von Tsari Kyang Kha, Shol Kha und Kong Me. Er gab viele Belehrungen und führte im großen Jokhang-Tempel Lhasas eine wichtige Zeremonie durch. Er reiste weiter zum Kloster Yang Dop und widmete sich dort Überlegungen zur Zukunft.

Desi Karma Tenkyong Wangpo, der damalige König von Tibet und Schüler Karmapas, war zunehmend gegen die *Gelugpas* eingestellt und begann, sie zu verfolgen. Der fünfte Dalai Lama, Ngawang Lobsang Gyamtso, schickte drei Abgesandte in die Mongolei und bat um militärische Hilfe. Gushri Khan, das Oberhaupt der Qoshot-Mongolen, nahm die Verantwortung an. Er versprach, nach Tibet zu kommen und die Gelugpas zu unterstützen[56].

Diese gewaltsamen Handlungen störten Karmapa sehr. Er schrieb dem Dalai Lama einen Brief, in dem er erklärte, dass es ihm nicht gefiele, wenn militärische Aktionen im Namen des Buddhismus stattfänden. Weder er noch die Kagyü-Linie billige oder unterstütze die Aktivitäten des Königs von Tsang. Der Dalai Lama antwortete, dass er es auch so sähe, und versicherte, dass kein weiteres Unheil geschehen würde. Was er nicht wusste, war, dass sich seine Minister bereits auf eine militärische Lösung des Konflikts verständigt hatten. Karmapa erkannte, dass die Ereignisse einen anderen Verlauf nehmen würden.

Der König von Tsang begann eine große Armee zusammenzustellen, sammelte Leute aus Kongpo und rüstete sie zum Kampf. Karmapa sagte ihm, er solle mit den Kriegsvorbereitungen sofort aufhören, denn sie stünden im Gegensatz zu den Lehren Buddhas. Wenn gekämpft würde, stürben Tausende und es entstünde sehr viel Leid. Auch der König von Tsang würde im Falle eines Angriffs sicher getötet.

In der Zwischenzeit marschierten die Mongolen unter Gushri Khan in Kham ein und verwickelten auch das nicht buddhistische Oberhaupt von Bheri[57] in den Kampf (1639). Innerhalb eines Jahres brachte er

---

[56] 1638 ging Gushri Khan (tib: Tenzin Chogyal) auf Pilgerreise nach Tibet und traf den Dalai Lama, der ihn sehr beeindruckte. Bei einer Zeremonie im Jokhang-Tempel erhielt er einen tibetischen Titel samt Siegel. Er versprach, die Gelugpas zu unterstützen.

Kham vollständig unter seine Kontrolle und bewegte sich mit seiner Armee in Richtung Tsang. Der Dalai Lama, der hinsichtlich der Ereignisse nicht ganz auf dem Laufenden gewesen war, war bestürzt. Er sah es als notwendig an, Gushri Khan zu überreden, in sein Land zurückzukehren. Seinem engsten Berater sagte er: „Wenn du es aufgrund der Vereinbarungen, die du getroffen hast, zu schwierig findest, zu Gushri Khan zu gehen, dann werde ich dies selbst tun und versuchen, meinen Einfluss geltend zu machen. Wenn wir ihn zur Umkehr bewegen könnten, würde uns das politisch nutzen und unsere Ehre wäre wieder hergestellt." Sein Sekretär verweigerte dem Dalai Lama die Erlaubnis, zu Gushri Khan zu gehen. Denn es sei bereits zu spät, das Unvermeidliche zu verhindern. Der Dalai Lama war über die ungute Wende der Ereignisse sehr aufgebracht. Er war jedoch das Opfer politischer Intrigen seiner Minister.

Karmapa Tschöying Dorje begann, all den ganzen Reichtum, der sich im Lauf der Zeit angesammelt hatte, an die Armen zu verschenken. Mit dem Wissen, dass er letztlich selbst in die gefährliche Situation verwickelt würde, setzte er Gyaltsap Tulku vorübergehend als seinen Stellvertreter in

Tsurphu ein. Er reiste nach Yam Dur und schlug sein Lager auf.

Einige Tage später griff Gushri Khan, der Anführer der Mongolen, Shigatse an, die Hauptstadt von Tsang. Er belagerte die Stadt, bis sie im Februar 1642 nach einer heftigen Schlacht fiel. Der König von Tsang geriet in Gefangenschaft und wurde schließlich hingerichtet. Es gab viele Tote und Tausende Verwundete.

In seinem Lager erreichte Karmapa eine Nachricht des Dalai Lama. Der Brief enthielt die Frage, ob sich Karmapa auf einen Feldzug gegen die Gelugpas vorbereite. Der Dalai Lama forderte Karmapas Ehrenwort, keine feindlichen Handlungen unternehmen zu wollen. Karmapa schrieb zurück: „Warum sollten wir in Zukunft Krieg gegen die Gelugpas führen, wo wir ihnen doch noch nie in der Vergangenheit Schaden zugefügt haben?" Er werde den Forderungen des Dalai Lama zustimmen, um seine Ehrlichkeit zu beweisen.

Als Karmapas Antwort bei den Gelugpas ankam, kam es jedoch zu Wortklaubereien um die Auslegung der Worte. Die Gelugpa-Minister beharrten auf ihrer Ansicht, dass Karmapa nicht wortwörtlich versprochen habe, die Anhänger des Dalai Lama niemals zu schädigen. Daraufhin schickten sie Streitkräfte[58] und ließen Karmapas Lager angreifen. Sie töteten viele seiner Anhänger und zerstörten Zelte und Habseligkeiten. Karmapa selbst überlebte[59]. Nachdem

---

57) Donyo Dorje, das Bönpo-Oberhaupt von Bheri, ging eine Allianz mit dem König von Tsang ein, um die Gelugpas auszulöschen. Er wurde von Gushri Khan gefangen genommen und hingerichtet.

die Kämpfe vorüber waren, sagte er den Überlebenden, sie sollten sich im ganzen Land verstreuen. Zusammen mit seinem Diener Küntu Zangpo flog er daraufhin durch den Himmel zur Region Kartod im Norden Bhutans. Alle, die diesem Abschied beiwohnten, nahmen Karmapa in verschiedenen Formen wahr. Einige sahen ihn in Form eines Geiers wegfliegen, andere als ein Reh und einige in seiner menschlichen Form.

Karmapa und Küntu Zangpo landeten weit entfernt von dem ganzen Aufruhr. Zwölf Tage lang waren sie ohne Nahrung, aber Guru Rinpoche erschien und half ihnen mit kostbaren Pillen. Geführt von den Schlangenkönigen (tib. *Naga*), reisten sie in Richtung Jyang (Yunnan). Unterwegs gaben ihnen Bären, Wölfe und andere Tiere Nahrung aus dem Dschungel. Affen kamen, weil sie Karmapas Segen erhalten wollten, und führten ihn und seinen Diener durch die Wälder zum Kloster Targye Gang (Jyang). Nach einer Reise von drei Jahren und vier Monaten waren sie dort schließlich in Sicherheit.

Alle Klosterbewohner versammelten sich, um Karmapa zu begrüßen, und freuten sich, dass es ihm gut ging. Als König Karma Chime Lhawang die Nachricht von seiner Ankunft erfuhr, schickte er seinen ersten Minister mit vielen Geschenken zu Karmapa und lud ihn in seinen Palast ein. Als Karmapa dort ankam, wurde er mit Gaben überhäuft, und ihm zu Ehren fanden Zeremonien, Umzüge, Tänze und Theateraufführungen statt.

Karmapa fing an, im ganzen Land zu lehren. Einmal hatte er Bettler aus allen Himmelsrichtungen um sich. Während er in ihrer Mitte saß, sprach er das *Mani-Mantra* und gab ihnen die Geschenke, die er seit seiner Ankunft erhalten hatte.

Zu dieser Zeit befanden sich die mongolischen Streitkräfte im Grenzgebiet von Yamdo und zogen plündernd durch die Gegend um Jyang. Der dortige König gab seiner Armee die Weisung, die Lage einzuschätzen, und in einer plötzlichen Auseinandersetzung gelang es, die mongolische Armee zu schlagen. Erfreut über diesen Sieg, berief der König ein Treffen

---

58) Der fünfte Dalai Lama, Ngawang Lobsang Gyamtso, war 1617 in einer Nyingmapa-Familie geboren worden. Mit der Hilfe des Gushri Khan setzte er sich selbst als obersten Befehlshaber Tibets ein. Er starb 1682.

59) Laut Snellgrove & Richardson in A Cultural History Of Tibet, Seite 198: „Der zehnte Schwarz-Hut-Lama wurde von politischen Vorfällen eingeholt, die im völligen Gegensatz zu seiner rein religiösen Lebensweise standen. Er war ein bemerkenswerter Charakter, typisch für einen der besten tibetischen Lamas."

„Der Schwarz-Hut-Lama entkam den Kämpfen und lebte viele Jahre lang, manchmal als einfacher Mönch verkleidet und jederzeit alle Arten von Schwierigkeiten akzeptierend."

mit seinen Ministern ein. Sie beschlossen, mit ihren Streitkräften die mongolischen Truppen in Tibet anzugreifen. Sofern ihr Einsatz erfolgreich sein sollte, versprachen sie, Karmapa zum obersten Herrscher zu machen. 300.000 Soldaten wurden auf den Einsatz vorbereitet, doch ganz plötzlich erschien Karmapa selbst vor dem König und verbot jegliche kriegerische Handlung, denn dies widerspräche der buddhistischen Lehre.

Karmapa gab Belehrungen im Königspalast und sah währenddessen ein inneres Bild des Ortes, wo sich der neue Shamar Tulku aufhielt. Wieder einmal verteilte er all seinen erneut angesammelten Besitz an die Bettler, und seine eigenen Bücher, Reliquien und Ritualgegenstände übergab er der Obhut seines Dieners Küntu Zangpo. Dann ritt er in den äußersten Norden, um die neue Wiedergeburt Shamar Tulkus zu suchen. Er führte nur wenig Nahrung mit sich. Als er an Bok Yul vorbeikam, traf er auf zwölf Bettler, denen er den letzten Rest seiner Habseligkeiten gab, und setzte dann als einer der ihren verkleidet die Reise fort.

Bei einer Klause der Sakyapas, an der er vorbeikam und bettelte, wurde Karmapa erkannt. Sie ehrten ihn und halfen ihm weiter. Auch ein Hirtenjunge erkannte ihn und verbreitete die Nachricht unter den Einheimischen. Diese sammelten 100 Pferde, beluden sie mit Vorräten und schenkten sie Karmapa. Er rief alle Steinmetze der Ge-

gend zusammen und erteilte den Auftrag, viele *Mani*-Steine herzustellen. Als die Arbeit getan war, bezahlte er die Handwerker mit den Geschenken, die er gerade erhalten hatte.

Er setzte seine Reise nach Golok fort. Im Gebiet von Li Yal begegnete ihm ein Junge, den er als Shamarpas Wiedergeburt erkannte. Das Kind hatte einen Tag vorher selbst erklärt, dass Karmapa unterwegs sei, um ihn zu treffen. Er erkannte seinen Lehrer sofort, obwohl dieser noch die Bettlerkleidung trug. Gemeinsam traten sie die Rückreise an. In Bok Yul bemerkte Karmapa, dass sein Diener Küntu Zangpo sehr besorgt um ihn war, und so ließ er diesen mit Maultieren abholen.

Bei At Sul Chu Karpo hinterließ Karmapa einen Fußabdruck auf einem Felsen. Auch Küntu Zangpo stieß hier wieder hinzu. Karmapa ordinierte den jungen Shamar Tulku, Yeshe Nyingpo, und übertrug ihm im Laufe von zwei Jahren die gesamten Kagyü-Lehren. Karmapa erhielt eine weitere Einladung ins Königreich Jyang. Er machte sich gleich auf den Weg und wurde bei seiner Ankunft im Palast Lan Dok königlich empfangen. Hier gründete er einen Tempel für die fünf Bodhisattvas, den er Potala nannte. Sogar der König von Jyang arbeitete an diesem Bau mit. Sein jüngster Sohn Mipham Tenpo Nyima erhielt die ersten Mönchsversprechen und wurde von Karmapa selbst unterwiesen.

Karmapa erkannte den dreijährigen Jungen Norbu Zangpo als die Wiedergeburt von Gyaltsap Tulku, und inthronisierte ihn. Als Karmapas aus Golok zurückkam, erfuhr er, dass in der Zwischenzeit auch die Wiedergeburten von Situ Tulku (der sechste, Mipham Chögyal Rabten) und Pawo Tulku (der fünfte, Tsuklak Tinlay Gyamtso) gefunden worden waren. Karmapa reiste nach Kham und holte die beiden Jungen nach Jyang, um sie zu unterweisen. Er gab allen die Übertragung des Kanjur, die 84.000 Belehrungen Buddhas, und übertrug den beiden Tulkus bis Mai 1661 die mündlichen Lehren. Anschließend brachen sie gemeinsam nach Lhasa auf.

Sie besuchten alle Pilgerstellen auf dem Weg und erreichten im April 1673 die tibetische Hauptstadt. Karmapa ging sogleich zum Potala-Palast und traf sich mit dem Dalai Lama. Dieser wollte alles über Karmapas Reisen und Erlebnisse wissen und äußerte den Wunsch, mehr über die Belehrungen des Großen Siegels zu erfahren. Er mochte Karmapa sehr und ordnete an, dass man ihm freie Rückkehr zum Kloster Tsurphu gewähren solle.

Während Karmapa im Jokhang-Tempel wichtige Zeremonien ausführte, erschienen mehrere Bodhisattvas, die von allen Anwesenden gesehen werden konnten. Schließlich kehrte Karmapa nach Tsurphu zurück und wurde dort voller Freude und mit großen Feierlichkeiten empfangen. Bei dieser Gelegenheit deutete er an, dass er seinen Körper bald verlassen würde und gab Shamar und Gyaltsap Tulku die Voraussagen über seine nächste Geburt.

An einem Morgen Ende März 1674 zeigte sich genau über dem Kloster ein weißer Regenbogen. Karmapa starb im April im Alter von 70 Jahren, und den Regenbogen konnte man noch mehrere Tage am Himmel sehen.

Die wichtigsten Schüler des zehnten Karmapa

Shamar Yeshe Nyingpo, der siebte Shamar Tulku (1631 bis 1694).

Situ Mipham Chogyal Rabten der sechste Situ Tulku. (1658-682).

Gyaltsap Norbu Zangpo der sechste Gyaltsap Tulku. (1659-1698).

Pawo Tsuklak Trinlay Gyamtso, der fünfte Pawo Tulku (1649-1699). Seine vierte Wiedergeburt, Tsuklak Künzang (1633-1649) war sehr jung gestorben.

Der elfte Karmapa (1676–1702)
Yeshe Dorje

Yeshe Dorje wurde 1676 im Meshuk (Ost-Kham) geboren. Nach seiner Geburt wischte er sich übers Gesicht, setzte sich mit gekreuzten Beinen hin und sagte: „Ich bin Karmapa!" Wähenddessen bildete sich über dem Haus ein Regenbogen und Blumen fielen vom Himmel. Noch als ganz kleines Kind sah Karmapa den Buddha *Höchste Freude* zusammen mit *Schützern* und anderen Buddhas über sich am Himmel. Er zeigte sie anderen Anwesenden, aber diese konnten nichts sehen und lachten ihn aus. Als Antwort auf ihren Spott flog er durch die Luft, schwebte eine Weile und landete wieder am Boden. Die Nachricht von diesem Wunder verbreitete sich rasch und drang auch Shamar Tulku und dem siebten Gyaltsap Tulku zu Ohren. Die beiden entsandten ihre Statthalter für eine nähere Untersuchung.

Man fand heraus, dass alle Umstände der Geburt genau mit den Angaben im Brief des vorigen Karmapa übereinstimmten. Der Junge wurde zum großen Kloster Yang Chen gebracht und traf er den siebten Shamar Tulku, der ihn sofort erkannte. In Tsurphu wurde Karmapa inthronisiert, und er führte die Zeremonie der *Schwarzen Krone* aus. Von Shamar Tulku erhielt er

die ersten Novizenversprechen, und unter Anleitung des sechsten Gyaltsap Tulku und des dritten Karma Tinlay Tulku studierte er die Schriften. Die volle Übertragung der Geheimlehren, ebenso wie die *Sechs Lehren Naropas* erhielt er von Shamar Tulku, der bald darauf starb.

Von Yonge Migyur Dorje (dessen jüngste Wiedergeburt in Gangtok lebt) und Taksham Nuden Dorje (einem großen *Nyingma*-Lama, der nur mit einem Tigerfell bekleidet war) erhielt Karmapa Yeshe Dorje die von Guru Rinpoche versteckten Belehrungen, Erklärungen und Einweihungen des Ter Chö. Karmapa führte die Bestattungszeremonien für Shamar Tulku aus, ließ eine Stupa bauen und bewahrte dessen Reliquien darin auf. Tsurphu und andere Tempel und Klöster, die die mongolischen Soldaten schwer beschädigt hatten, wurden wiederhergerichtet. Ein Jahr nach Shamar Tulkus Tod hatte Karmapa eine Vision von dessen neuer Wiedergeburt. Er traf die notwendigen Vorbereitungen und ließ den Jungen von seinem Geburtsort in Nepal nach Tsurphu bringen.

Karmapa inthronisierte den achten Shamar Tulku und gab ihm den Namen Palchen Tschökyi Döndrub. Er sagte voraus, dass Situ Tulku, Name Nyima dessen siebte Wiedergeburtn sehr jung gestorben war, im Jahre 1708 in Al Or wiedergeboren würde. Karmapa gab Shamar Tulku die verbliebenen Belehrungen und zog sich für lange Zeit in tiefe Meditation zurück.

Er schickte den Brief mit der Vorhersage seiner nächsten Wiedergeburt an den jungen Shamar Tulku. Bald danach starb er im Jahre 1702 im Alter von nur 27 Jahren. Dabei geschahen bemerkenswerte Dinge.

Die wichtigsten Schüler des elften Karmapa

Shamar Palchen Tschökyi Döndrub, der achte Shamar Tulku (1695-1732).

Kenchen Karma Donyod sowie **Tenzin Chogyal**, der fünfte Trungpa Tulku.

Der zwölfte Karmapa (1703-1732)
Tschangtschub Dorje

Tschangtschub Dorje wurde 1703 in Litsa Tok (Provinz Derge, Osttibet) geboren. Zwei Monate nach seiner Geburt erklärte er plötzlich, dass er Karmapa sei. Shamar Tulku hörte von dem bemerkenswerten Kind. Der Geburtsort war genau die Stelle, die in Karmapas Brief beschrieben war, und so entsandte Shamarpa einen Suchtrupp unter Führung seines Privatsekretärs. Unterwegs trafen sie den *Schatzfinder* Migyur Dorje, der sie an den Ort geleitete.

Bei ihrer Ankunft im Dorf staunten sie, denn ein weißer Regenbogen endete genau beim Geburtshaus des Kindes. Alles stimmte völlig mit Karmapas Vorhersagungsbrief überein. Das kleine Kind wählte alle Gegenstände des vorigen Karmapas richtig aus und warf alle anderen Dinge empört zur Seite. Man benachrichtigte Situ Tulku, der gemeinsam mit Traleg Rinpoche[60], Surmang Garwang Rinpoche und dem vierten Sangye Nyenpa Tulku anreiste, um das Kind zu sehen. Anschließend setzten sie ihren Weg zum Kloster Karma Guen fort, wo sie ankamen, als Karmapa Tchangtschub Dorje sieben Jahre alt war.

[60] Eine Wiedergeburt des Siddhas Shogam, der ein Schüler von Gampopa war.

Eines Nachts träumte Karmapa von Buddha Shakyamuni, der seinen um ihn sitzenden Mönchen Belehrungen gab. Karmapa sah sich selbst als einer der Mönche dabeisitzen und fragte mit gefalteten Händen nach den geeignetsten Methoden, um den *Großen Weg* zu verwirklichen. Er erhielt einen ausführlichen, geheimnisvollen Satz zur Antwort, und als er aufwachte, ließ er die Worte von seinem Diener niederschreiben. Später, in einem zweiten Traum, sah er Palden Atisha und stellte ihm einige Fragen zur Lehre Buddhas. In Versform erhielt er eine hintergründige Antwort; dabei bezogen sich vier Sätze auf den *Großen Weg* und vier auf den *Diamantweg*.

Karmapa kehrte in seine Heimat Derge zurück, reiste von da aus nach Tsurphu und besuchte unterwegs viele Kraftorte. Im Beisein von Situ Tulku wurde er in Tsurphu schließlich von Shamar Tulku inthronisiert. Karmapa erhielt die vollen Mönchsversprechen und die Übertragung der gesamten Kagyü-Lehren, darunter die Sechs Lehren Naropas, die Linienbelehrungen sowie die mündliche Übertragung. Karmapa erkannte den siebten Gyaltsap Tulku, Künchok Öser, und inthronisierte ihn.

Karmapa Tschangtschub Dorje traf den Nyingmapa-Verwirklicher Khatog Rigzin Chenmo, und zusammen mit Situ und Gyaltsap Tulku besprachen sie verschiedene Gesichtspunkte der Belehrungen. Karmapa entschied, dass die Zeit gekommen sei, eine besondere Pilgerfahrt nach Nepal zu unternehmen. In Begleitung von Shamar, Situ und Gyaltsap Tulku traten sie die lange Reise über den Himalaya an. Im Kathmandu-Tal angekommen, gingen sie gleich zur Bodnath-Stupa und brachten viele Geschenke dar. Die vier Lamas wurden von König Jagajayamalla[61], der auf einem riesigen Elefanten unter einem goldenen Baldachin saß, empfangen. Sein großes Gefolge trug Gold- und Silberspeere sowie kostbare Schirme, und unter den Klängen riesiger Trommeln wurden die Gäste zum Palast geleitet. Karmapa führte sie alle in die große Versammlungshalle des Palastes, wo alle vor einem Bildnis Prat Pamals[62] die brauchgemäße Schweigezeit verbrachten. Dann wurde ein großartiges Fest vorbereitet. Karmapa blieb sieben Tage im Palast und gab viele Segnungen und Belehrungen. Kurz vor seiner Ankunft war eine Epidemie ausgebrochen, und weil ihn der König darum gebeten hatte, führte Karmapa eine Befriedungszeremonie durch, wonach sich diese Seuche sofort legte. Das Land litt unter großer Dürre, und als Karmapa gesegnetes Getreide in die Luft warf, begann es stark zu regnen. Karmapa verbreitete die Lehre Buddhas im Kathmandu-Tal und erklärte den Menschen genau das Gesetz von Ursache und Wirkung. Die königliche Familie erhielt viele besondere Belehrungen, und es kamen zahlreiche Panditas, um über verschiedene Punkte der Lehre zu sprechen.

Karmapa nahm die Gruppe mit auf Pilgerreise nach Namo Buddha[63]. An diesem Ort hatte Buddha vor langer Zeit, als Bodhisattva, einer fast verhungerten Tigerin und ihren Jungen seinen eigenen Körper als Nahrung geopfert. Hier erhielt Karmapa eine Einladung des Königs Ranajitamalla (regierte von 722 bis 1769), der ihn bat, seine Stadt Bhatgaon im Kathmandu-Tal zu besuchen. Karmapa und Shamarpa erhielten Elefanten, während Situ und Gyaltsap Tulku auf hervorragenden Pferden ritten. In einem prächtigen Festumzug umrundeten sie die Stadt und gaben allen Umstehenden ihren Segen.

Von Nepal aus reisten Karmapa und die

---

[61] Herrscher von Yambu (Kathmandu) von 1722-1736, in dessen Regierungszeit eine schwere Trockenheit fiel.

[62] Prata Pamalla war ein früherer König von Yambu, der 1639 den Thron bestieg und 1689 starb. Er war ein sehr gelehrter Mann mit vielen Fähigkeiten, der sich besonders darauf konzentrierte, Gelehrtes aus verschiedenen Ländern zusammenzubringen und viele Tempel bauen zu lassen.

[63] Der Ort liegt im Osten von Bhatgaon, in der Nähe des Dorfes Panaavati.

anderen Lamas weiter nach Kushinagara in Indien, an den Ort, wo Buddha gestorben und ins *Parinirvana* gegangen war. Sie verbeugten sich, machten Geschenke und gute Wünsche für das Wohl der Menschen. Karmapa erhielt dort auch eine Einladung nach China. Auf dem gleichen Weg, den sie nach Nepal gegangen waren, kehrten nach Tsurphu zurück.

1725 verließen Karmapa und Shamarpa das Kloster Tsurphu und reisten durch Kham und Nordosttibet nach China. Auf ihrer Reise durch zahlreiche Provinzen (Silling, Len-ju, Tsu-tsui, Chang-shoi, Nganar Ning-ten, Ho Chang-Chen, Tsen Chang-yi, Ching-ni, Chi-ew, Lun-tok Shen, Ching-chi-ew) kamen sie in viele Klöster und Tempel. In Sing Chi-ew besuchten sie die Tempel von *Liebevolle Augen* und *Befreierin*, führten viele Zeremonien durch und gaben ihren Schülern besondere Anweisungen. Sie rieten ihnen, ihr Bestes zu tun und auch in schwierigen Zeiten weiterzulehren. Da es ernsthafte religiöse Verfolgungen gab, erachteten es Karmapa und Shamarpa für nützlicher, ihre Körper jetzt zu verlassen und sich wiedergebären zu lassen.

Karmapa schickte dem achten Situ Tulku, der sich damals im Kloster Palpung aufhielt, einen Brief mit seinen Voraussagen und starb im Dezember 1732. Shamar Tulku folgte ihm zwei Tage später unter vielen Vorzeichen.

Die wichtigsten Schüler des zwölften Karmapa

Situ Tschökyi Jungne, der achte Situ Tulku (1700-1774).

Gyaltsap Künchok Öser, (der siebte Gyaltsap Tulku 1699-1765).

Pawo Tsuklak Gawa, der siebte Pawo Tulku, starb 1781. Sein Vorgänger, Tschökyi Döndrub, war sehr jung gestorben.

Drukchen Kagyü Tinlay Shingta, der sechste Drukchen Rinpoche.

Yongdzin Karma Thubten Ngawang und **Jetsün Jyungon Tulku**.

Der dreizehnten Karmapa (1733-1797)
Düdül Dorje

Düdül Dorje wurde Anfang Oktober 1733 in Chawa Drong (Provinz Nyen Chowa) geboren. Als kleines Kind erzählte er Geschichten von vergangenen Besuchen in Indien, Nepal und China. Eines Tages erschien vor ihm der weiße Mahakala in der Form eines 16-jährigen Jungen, ganz in weiß gekleidet und einen Korb mit Blumen in den Händen. Während er die Blumen auf Karmapas Füße streute, tanzte er um Karmapa herum und sagte: „Ich bin Mahakala, ich komme vom Licht des Wissens, manchmal auch in einer kraftvollen Form! Als Lehrer und *Schützer* gibt es keinen Unterschied zwischen Dir und mir!" Die Erscheinung verstreute dann die letzte Handvoll Blumen und verschwand lachend. Viele waren Zeuge dieses besonderen Ereignisses, und so verbreitete sich der Ruhm des kleinen Jungen rasch überall hin.

Ein Suchtrupp unter Führung des siebten Gyaltsap Tulku kam, um den Jungen näher anzusehen. Man fand heraus, dass alle Umstände mit dem Brief des letzten Karmapa, in dem er Angaben über seine nächste Wiedergeburt gemacht hatte, übereinstimmten. So wurde der junge Tulku anerkannt und nach Tsurphu gebracht. Dort wurde er inthronisiert und zeigte zum ersten Mal die Schwarze Krone. Zu diesem Anlass kam auch ein Abgesandter des siebten Dalai Lama, Kalzang Gyamtso (1708-1757).

Im Juni 1745, Karmapa war zwölf Jahre alt, nahm er die Novizenversprechen beim achten Situ Tulku. Er vervollständigte sein Grundlagenstudium im Alter von 19 Jahren und nahm dann die vollen Mönchsversprechen. Ebenso erhielt er die *Sechs Lehren Naropas*, die Linienbelehrungen sowie die gesamte mündliche Übertragung. Karmapa hatte auch sehr klare Erscheinungen von Guru Rinpoche und Jetsün Milarepa.

Eines Tages begann in Lhasa unter dem großen Buddhastandbild im Jokhang-Tempel Wasser herauszuströmen. Es bestand die Gefahr, dass die Statue versinken und ins Land der Schlangenkönige (tib. *Naga*) verschwinden könnte. In einem Prophezeiungsbuch (tib. Pyilung Odkyi Tawa Chen, ein Nyingma-Schatz) von Guru Rinpoche fand man eine Vorhersage dazu. Sie besagte, dass Lama Karmapa die einzige Person sei, die diese Gefahr abwenden könne. Der achte Dalai Lama Jampal Gyamtso (1758-1805) bat Karmapa Düdül Dorje, nach Lhasa zu kommen und die wertvolle Statue zu retten. Aufgrund äußerer Umstände konnte Karmapa nicht selbst kommen. Er schickte aber einen Brief, der sich an den Nagakönig richtete, und auf des Wasser gelegt werden sollte. Sofort, als der Brief auf dem Wasser lag, begann er zu versickern. Eine Weile danach ritt Karmapa auf einem hornlosen Yak nach Lhasa. Im Jokhang machte er vor der großen Buddhastatue gute Wünsche und schenkte ihr einen weißen traditionellen Seidenschal. Daraufhin bewegten sich die Arme des Standbildes in die Geste des Empfangens und blieben seitdem in dieser ausgestreckten Haltung. Karmapa hatte eine Unterredung mit dem achten Dalai Lama, der sich für sein Kommen bedankte und ihm aus Dankbarkeit viele Geschenke darbrachte.

Um das Jahr 1750 ging Karmapa Düdül Dorje auf Pilgerreise nach Nepal. Er traf König Prakasamalla (regierte von 1736 bis 1768) und kam mit ihm überein, die große Swayambhu-Stupa[64] wiederherzustellen. Karmapa wurde vom König, seinen Ministern und vom Volk herzlich empfangen und überzeugte sich davon, dass die Arbeiten zu seiner Zufriedenheit ausgeführt wurden.

Im Alter von 39 Jahren ging Karmapa zu Situ Tulkus Kloster Palpung. Er besprach die Erfahrungen seiner Meditationspraxis mit dem achten Situ Tulku und erhielt von ihm die verbliebenen Belehrungen sowie die

mündliche Übertragung. Er erkannte auch die zehnte Wiedergeburt Shamar Tulkus - der neunte Shamar Tulku Kunchuk Jungne war jung gestorben, nachdem er von Gelugpa-Ministern aufs Äußerste bedrängt worden war – und reiste dann in den Roben eines gewöhnlichen Lamas nach Tsurphu. Karmapa besuchte alle Siedlungen in Kham (Osttibet) und gab dem Volk Belehrungen in ganz einfacher Form. Anschließend blieb er in der Zurückziehungsstelle, die von Karma Pakshi auf dem Berg hinter Tsurphu errichtet worden war, und verbrachte dort viele Jahre in tiefer Meditation. Er brachte viele kostbare Schätze zum Vorschein und war besonders bekannt für seine Fähigkeit, mit Tieren, insbesondere Vögeln, sprechen zu können.

Der Herrscher von Südtibet lud Karmapa ein, ein kleines Kloster im Palast von Phowo einzuweihen, das eine zweiwöchige Reise von Tsurphu entfernt war. Da Karmapa der Einladung nicht nachkommen konnte, legte er Tag und Zeitpunkt der Zeremonie fest und ließ den Lamas durch einen Boten mitteilen, dass sie schon mal alle Vorbereitungen treffen sollten. Genau zum vereinbarten Zeitpunkt der Einweihung regnete plötzlich gesegnetes Getreide vom Himmel, und alle freuten sich über dieses Glück verheißende Zeichen. Später hatte Karmapa eine Vision von der neuen Wiedergeburt Situ Tulkus, und man entsandte einen Trupp, um ihn zu

64) Eine Inschrift auf einem Stein erinnert an diese Wiederherstellung (ca.1751). Eine Abschrift davon befindet sich in der Bibliothek der Universität Cambridge.

holen. Karmapa inthronisierte ihn und gab ihm sämtliche Belehrungen.

Karmapa Düdül Dorje gab Situ Tulku einen Brief mit den Vorhersagen zu seiner nächsten Geburt und starb im September 1797 mit 65 Jahren. Dabei zeigten sich viele Glück verheißende Zeichen, und aus der Asche des Leichnams barg man viele kostbare Reliquien.

Die wichtigsten Schüler des dreizehnten Karmapa

Situ Pema Nyingche Wangpo, der neunte Situ Tulku (1774-1853).

Shamar Chödrup Mipham Gyamtso, der zehnte Shamar Tulku (1742-1792).

Pawo Tsuklak Tschökyi Gyalpo, der achte Pawo Tulku.

Drukchen Künzig Tschökyi Nangwa, der siebte Drukchen Rinpoche.

Ladakh Hemi Gyalsay, ein Prinz vom Kloster Hemis in Ladakh.

Khamtrul Jigme Senge, die Linie der Khamtrul Tulkus aus Kham. Der achte Khamtrul Rinpoche, Donjud Nyima, der 1930 geboren wurde, errichtete später ein Zentrum für tibetische Kunst und Handwerk.

Der vierzehnten Karmapa (1798–1868)
Thegchog Dorje

Thegchog Dorje wurde Ende Januar 1798 in der Ortschaft Danang bei Zalmo Gang (Region Do Kham, Osttibet) geboren. Es erschienen viele Regenbögen über dem Dorf, und nach seiner Geburt wischte sich das Baby übers Gesicht und sagte: „OM MANI PEME HUNG HRI!" sowie die Selbstlaute des tibetischen Alphabets „Aa Aa Ii Ii Uu Uu...". Der Ruhm des Kindes verbreitete sich schnell und erreichte den Kagyü-Lama Drukchen Künzig Tschökyi Nangwa, ein Schüler des 13. Karmapa und Oberhaupt der Drukpa-Kagyü. Um Karmapa zu finden, schickte er einen Suchtrupp in die betreffende Gegend, auch Situ und der achte Gyaltsap Tulku Chöpal Zangpo (1766–1820) entsandten jeweils ihre Leute. Schließlich trafen sich alle in der Ortschaft Danang. Gemeinsam begleiteten sie den kleinen Jungen zum Kloster Karma Guen. Der neunte Situ Tulku empfing ihn und stellte fest, dass alle Umstände der Geburt mit denen übereinstimmten, die in Karmapas Brief beschrieben worden waren. So bestätigte er den Jungen förmlich als Karmapa und gab ihm die ersten Mönchsversprechen.

Karmapa Thegchog Dorje blieb mehrere Jahre im Kloster Karma Guen. Er erhielt sowohl die alte Nyingma-Übertragung als auch die neuen Sarma-Belehrungen und studierte unterschiedliche Fassungen von Guru Rinpoches Leben. Karmapa reiste nach Tsurphu und erhielt dort im Alter von 19 Jahren so gut wie alle Belehrungen und geheimen Übertragungen. Er nahm die vollen Mönchsversprechen und erneuerte das Kloster, alle Stupas und kleinen Tempel in der Umgebung. Er gründete auch ein Meditationszentrum, das er Drupde Samten Ling nannte.

Wie bereits von Guru Rinpoche vorausgesagt, lud Karmapa den *Schatzfinder* Chogyur Lingpa (1829–1870) aus dem Tsita Kloster ein, von Kham nach Tsurphu zu kommen. Man veranstaltete große Feierlichkeiten, die Ihren Höhepunkt in den Lamatänzen der Acht Ausdrucksformen Guru Rinpoches und von *Diamantdolch* (tib. Dorje Phurba; skt. Vajrakilaya) hatten.

Karmapa unternahm eine Pilgerreise zu Kang Rinpoche, dem Berg Kailash (Westtibet). Während seines Aufenthaltes glaubten einige Leute gesehen zu haben, wie Karmapa in einem Zelt mitten im Manasarovar-See meditierte. Karmapa umrundete den heiligen Berg, besuchte alle Schreine und hatte eine Vision des Buddha *Höchste Freude*. Auf dem Rückweg kam er an einem zerklüfteten Hügel vorbei, wo sich bekanntermaßen ein böser Geist aufhielt. Zum Entsetzen aller rollten plötzlich riesige Felsbrocken auf die Pilgergruppe zu. Karmapa blickte auf, und im selben Augenblick blieben alle Felsen da, wo sie sich gerade befanden, und Schutt und Staub waren verschwunden.

Karmapa reiste nach Tsari und hatte dort Visionen von *Befreierin* und *Höchste Freude*. Er hinterließ auch einen dauerhaften Fußabdruck in einem Stein. Auf dem Rückweg nach Tsurphu reiste er durch die Provinz Kongpo, gab Belehrungen und segnete viele. Er übertrug Drukchen Künzig Gyamtso und dem großen Lehrer Jamgön Kongtrul Rinpoche die vollständigen Lehren. Den Brief mit den Voraussagen seiner nächsten Geburt gab er seinen beiden Brüdern, Döndrub und Chöwang Tulku.

Als Karmapa Thegchog Dorje im März 1868 mit 70 Jahren starb, sah man unzählige Regenbögen um seinen Körper.

Die wichtigsten Schüler des vierzehnten Karmapa

Drukchen Künzig Gyamtso, der achte Drukchen Rinpoche.

Jamgön Kongtrul Rinpoche, der erste Jamgön Kongtrul Tulku, gilt als Verkörperung von *Weisheitsbuddha auf dem Löwen*. Wei-

tere Schüler waren der erste **Dabzang Dedon Tenpa Rabgye** sowie **Gyurme Tenphel**, der achte Trungpa Tulku.

Der fünfzehnten Karmapa (1871–1922)
Khachab Dorje

Khachab Dorje wurde Ende November 1871 in der Ortschaft Shelkar (Provinz Tsong, Westtibet) geboren. Kaum war er auf der Welt, blickte er zum Himmel und erklärte, dass er der neue Karmapa sei. Mitten auf der Stirn hatte er ein weißes Mal. Als er ein Jahr alt war, bewies er bereits ein erstaunlich tiefgründiges Verständnis verschiedener Wissensgebiete und konnte sein Wissen auch schon an andere weitergeben. Bis zum Alter von sechs Jahren war er sein eigener Lehrer.

Drukchen Rinpoche, Schatzfinder Chogyur Dechen Lingpa und Jamgön Kongtrul Rinpoche waren davon überzeugt, dass dieser Junge die neue Wiedergeburt Karmapas sein müsse. Als sie den Voraussagebrief zur Klärung heranzogen, stellten sie fest, dass tatsächlich alle Einzelheiten seiner Geburt genau stimmten. Als letzte Prüfung bat man ihn, Kleidungsstücke des vorherigen Karmapa unter vielen anderen herauszusuchen. Er wählte, ohne zu zögern, die richtigen aus. Daraufhin nahm man ihn mit zum Kloster Tsurphu.

1877 wurde Karmapa feierlich inthronisiert, und er verfasste zu diesem Anlass eine Anrufung an *Schwarzen Mantel*. Er studierte alle Lehren und kannte sich gut auf dem Gebiet der Medizin aus. Mit elf Jahren reiste er nach Lhasa und traf den 13. Dalai Lama, Thubten Gyamtso (1876–1934), der ihm seine Ehrerbietung erwies. In Lhasa gab es ein großes Standbild des Schützers Dorje Dragden, dem Karmapa seinen Speer schenkte. Karmapa blieb eine Weile in Lhasa und gab viele Belehrungen.

Wieder in Tsurphu zurück, erhielt Karmapa von Pawo Tsuklak Nyingche die Übertragung für den *Kanjur* und die Sechs Bücher von Guru Rinpoche (tib. Gyachen Podrug). Mit 14 Jahren erhielt er die Einladung, ein frisch wiederhergerichtetes Kloster in Li Thang einzuweihen. Er zeichnete eine Karte von der Stelle und ließ gesegnetes Getreide darauf rieseln. Im selben Augenblick fiel ein Getreideregen auf das Dach des Klosters.

1886 reiste er nach Kham und besuchte dort Palpung und viele andere Klöster. Von Jamgön Kongtrul Rinpoche erhielt er die Belehrungen und Einweihungen der Kagyü-Linie, die Bodhisattva-Versprechen, das *Rad der Zeit* und die mündlichen Übertragungen. Er reiste zum Kloster Dzong Sar des ersten Khyentse Rinpoche[65], wo er alle Ereignisse seiner vergangenen Leben erzählte. In Bönpo Guen (Li Thang) zeigte er ein Wunder: Er stieß seinen Finger in einen Felsen, und als er ihn wieder herauszog, flossen Ströme von milchigem Wasser aus dem Loch. Karmapa besuchte die ganze Gegend um Li Thang und gab Belehrungen und Einweihungen. Auf Bitten des Dzigar Rinpoche vom Kloster Shang Ling machte er Voraussagen über Drukchen Rinpoches nächste Wiedergeburt.

1888 erhielt Karmapa vom ersten Jamgön Kongtrul Rinpoche die vielen Belehrungen und Einweihungen des „Rinchen Terzö" (75 Bände) und studierte die höheren buddhistischen Tantras sowie Medizin und Sterndeutung. Von Jamyang Khyentse Rinpoche erhielt er viele Übertragungen und Einweihungen (darunter die zehnbändige Mantrasammlung Grubtob Küntu). Ebenso erhielt er die Kagyü-Linienbelehrungen, das *Große Siegel* und die mündliche Übertragung. Durch Buddha *Diamanthalter* erreichte er Vervollkommnung in seiner Meditation.

Karmapa sagte den Aufenthaltsort des elften Situ Tulku, Pema Wangtschug Gyalpo, voraus, erkannte ihn an und inthronisierte ihn. Er reiste dann nach Lhasa, nach Sang Ngag Chö Ling und zum großen Kloster Samye. Dort inthronisierte Karmapa den neuen Drukchen Rinpoche und gab

ihm alle Belehrungen. Anschließend ging er nach Tsari und widmete sich dort seiner Meditationsübung. Währenddessen zeigten sich ihm die Buddhas Guru Rinpoche, *Rote Weisheit*, *Oh Diamant*, *Rad der Zeit* und *Höchste Freude* in verschiedenen Visionen. Der örtliche Schützer von Tsari erschien ebenfalls und beschenkte Karmapa mit einem wertvollen Standbild von Guru Rinpoche, das heute im Kloster Rumtek in einem Reliquienbehälter mit einem *Namchak* (ein „vom Himmel gefallenes Zepter[66]") aufbewahrt wird.

Karmapa kehrte 1894 nach Tsurphu zurück, gründete in der Nähe das Kloster Tsur Kung und ließ die Hauptgebäude instand setzen. Er ließ auch einen Tempel für Tsering Chenga, den Schützer von Lhasa, erbauen. Anschließend reiste Karmapa zum Kloster Palpung und gab dort Belehrungen und viele Einweihungen. Nachdem ihm Jamgön Kongtrul Rinpoche die restlichen Geheimbelehrungen übertragen hatte, kehrte Karmapa nach Tsurphu zurück, wohnte dort den Mahakala-Tänzen bei und leitete viele wichtige Zeremonien.

Vom König Bhutans war Karmapa mehrfach eingeladen worden. Er machte sich auf den langen Weg und erreichte Trongsar Dzong, die alte Hauptstadt, zum tibetischen Neujahr im Februar 1898. Karmapa gab die Erklärungen und Übertragungen

---

65) Er hatte mehrere Wiedergeburten. Die dritte war Kagyüpa, die anderen Nyingmapa und Sakyapa.

66) vermutlich Meteoritengestein (Anm. des Übersetzer)

des Großen Siegels in ihrer vollständigen Form, wofür ihm der König von Bhutan sehr dankbar war.

Nach Tibet zurückgekehrt, fand Karmapa die zweite Wiedergeburt von Jamgön Kongtrul Rinpoche und die zehnte des großen Lehrers Pawo Tulku aus Bhutan. Die beiden Inthronisierungen leitete Karmapa selbst. Dem elften Situ Tulku und Jamgön Kongtrul Rinpoche gab er alle Belehrungen, das Große Siegel, die Lehren der Kagyü-Linie, die Sechs Lehren Naropas und die vollständige mündliche Übertragung. Am Neujahrstag, dem 19. Februar 1912, bestand er darauf, dass die Hörner nicht wie üblich nach Süden, sondern in Richtung Osten geblasen wurden. Später deutete man dies als Zeichen, in welcher Richtung die neue Wiedergeburt zu finden sei. Tatsächlich wurde der 16. Karmapa im Osten geboren.

Karmapa Khachab Dorje verweilte jahrelang in tiefer Meditation. Er segnete viele Menschen und schrieb dann einen Brief mit genauen Angaben über seine nächste Wiedergeburt. Diesen Brief übergab er der Obhut des Dieners Jampal Tsulten, der ihm am nächsten stand. Am 22. Mai 1922 starb Karmapa im Alter von 52 Jahren. Am Himmel zeigten sich Glück verheißende Zeichen, und in seiner Asche fand man viele wertvolle Reliquien.

Die wichtigsten Schüler des fünfzehnten Karmapa

Situ Pema Wangtschug Gyalpo, der elfte Situ Tulku (1886-1952).

Jamgön Khyentse Öser, der zweite Jamgön Kongtrul Tulku (1904-1953).

Pawo Tsuklak Trawe Wangtschug, der zehnte Pawo Tulku (geb.1912).

Shamar Jamyang, der elfte Shamar Tulku (ca.1880-1947).

Gyaltsap Trakpa Gyamtso, der elfte Gyaltsap Tulku (ca.1902-1959).

Khyentse Rinpoche sowie **Tschökyi Nyinje**, der zehnte Trungpa Tulku, der vom 15. Karmapa die Novizenversprechen erhielt.

Guru Rinpoche (tib.; skt. Padmasambhava) in seiner Form als Tsogyal Sangdrup. Er trägt einen roten Spitzhut und hält einen Dorje (skt.; tib. Vajra). Die Statue wurde von Terchen Ratna Lingpas Wiedergeburt entdeckt, der sie dem 15. Karmapa schenkte. Sie wird in einem Reliquienschrein aus Silber und Gold aufbewahrt, der mit *Glück verheißenden Zeichen* verziert ist.

Dritte Teil

LEBENSGESCHICHTE
DES 16. GYALWA KARMAPA

Der 16. Karmapa (1924-1981)
Rangjung Rigpe Dorje

Rangjung Rigpe Dorje, der 16. Gyalwa Karmapa, wurde am 14. August 1924 in Denkhok, am Ufer des Flusses Dri Chu geboren. Die Stelle seiner Geburt befindet sich in der Nähe des Athup-Palastes in Derge (Osttibet). Vor seiner Geburt prophezeiten sowohl der Verwirklicher Gyal Je als auch Dzogchen Thubten Tschökyi Dorje, dass bald ein großer Bodhisattva nach Athup kommen werde. Sie rieten der Familie, etwas außerhalb des Palastes ein Lager zu errichten, damit die Geburt nicht in einer Laiensiedlung stattfände. Der Name seines Vaters war Tsewang Paljor, und seine Mutter hieß Kalzang Chödun.

Noch während das Baby im Mutterleib war, konnte man es das Mani-Mantra sprechen hören. Kurz vor der Geburt stellte seine Mutter plötzlich fest, dass ihr Bauch völlig flach war, so als sei sie überhaupt nicht schwanger. Sie machte sich auf den Weg zum Lager, das auf einem Hügel hinter dem Palast lag. Bei Sonnenaufgang spürte sie eine große Schwere, und ihr Bauch begann sehr schnell anzuschwellen. Kurz darauf wurde das Baby geboren.

Es regnete leicht, und überall erschienen Regenbögen; manche endeten am Lager, andere beim Palast. Gleich nach der Geburt ging der Junge sieben Schritte und sagte: „Mutter, Mutter! Ich gehe weg!" Sie wickelte ihn in eine Decke, und man stellte fest, dass sich all das Wasser in den Gabenschalen in Milch verwandelt hatte. Die Eltern erkannten, wie wichtig das Kind war. Und um es vor negativen Wünschen zu schützen, verbreiteten sie die Nachricht, dass es ein Mädchen sei.

In der Zwischenzeit hatten Situ Tulku und Jamgön Kongtrul Rinpoche den Brief des 15. Karmapa geöffnet. Er enthielt folgende Auskünfte: „Östlich von Tsurphu, in der Nähe eines Flusses, an einer Stelle, die vor langer Zeit einmal dem berühmten Bogenschützen Pawo Denma Yulgyal Tokgod und dem Minister von Ling Kesar gehört hatte – auf dem Hügel Pal, geschmückt mit den Buchstaben „A" und „thup", steht ein Haus aus Erde, das einer königlichen und buddhistischen Familie gehört. Dort wird die Geburt am 15. Tag des sechsten Monats des Ratte-Jahres (1924) stattfinden."

Beide, Situ Tulku und Jamgön Kongtrul Rinpoche, hatten klare Visionen vom Athup-Palast und entsandten einen Trupp, der Näheres über die neue Wiedergeburt herausfinden sollte. Nach ihrer Ankunft

hörten die Gesandten von der Geburt eines Kindes unter genau den gleichen Umständen, die im Brief vorausgesagt waren. Die Suche war vorüber und der 16. Karmapa gefunden. Er blieb noch einige Jahre unter der guten Fürsorge seiner Eltern im Palast.

Karmapa war ein Kind mit einem ganz besonderen, natürlichen Verständnis; wenn Pferde oder Vieh aus einem Gebiet vermisst wurden, konnte er ihren Aufenthaltsort immer genau angeben. Sein Zimmer im Palast befand sich im dritten Stock. Eines Tages brachten ihm Besucher Tee in einer Tonkanne. Karmapa warf sie hinunter in den Hof und schickte einen Diener, um sie zu holen. Wie durch ein Wunder war sie noch heil und nicht ein einziger Tropfen verschüttet. Lachend presste Karmapa den Hals der Kanne zusammen und versiegelte sie auf diese Weise. Die Kanne wurde lange Zeit im Athup-Palast aufbewahrt.

Als Karmapa sieben Jahre alt war, kamen Situ Tulku und Jamgön Kongtrul Rinpoche zu Besuch in den Palast und gaben ihm die ersten Novizenversprechen sowie eine Einweihung auf *Rote Weisheit*, und am 15. März 1931 wurde der junge Karmapa als Novize ordiniert. Khyentse Rinpoche, Zimpon Legshed Gyaltsen und Donyer Gyaltsen Zangkyong übergaben ihm seine zeremoniellen Roben und seine Krone.

Am 20. März 1931 wurde Karmapa zum Kloster Palpung gebracht, wohin ihn Situ Tulku eingeladen hatte. Unterwegs traf er

Tsewang Palchod, den Herrscher der Gegend, der ihn zu seinem Palast Lhendrup Teng mitnahm. Dort gab es viele Feierlichkeiten zu Ehren des jungen Karmapa, und viele tausend Tibeter wollten seinen Segen erhalten.

Eine Woche später erreichte die Gruppe Palpung, und am 31. März fand in der großen Versammlungshalle die Inthronisierung statt. Tausende Pilger versammelten sich, um Gyalwa Karmapa bei diesem Ereignis die Ehre zu erweisen. Am 7. Juni begleitete ihn Situ Tulku nach Tsurphu, und unterwegs besuchten sie viele Klöster und Pilgerstätten. Auf halbem Weg zwischen Kham und Tsurphu machten der Generalsekretär und 100 Lamas des Klosters Gyina Guen Karmapa ihre Aufwartung. Am nächsten Tag, dem 27. Juli, gab Karmapa zum ersten Mal in seinem Leben die *Zeremonie der Schwarzen Krone*. Der Himmel füllte sich mit Regenbögen und Blumenregen fiel. Tausende waren Zeugen dieses erstaunlichen und glücklichen Ereignisses.

Die Reise wurde fortgesetzt. Sie führte durch ein Tal, in dessen Nähe sich auf dem Gipfel eines Berges der Palast des größten Schützers von Tibet, Nyenchen Tand Lha, befand. Karmapa schenkte ihm gesegnetes Getreide und ein weißes Yak. Ohne, dass man es führen musste, lief das Yak geradewegs zur Spitze des Berges. Gyaltsap Tulku, Pawo Tulku, Jamgön Kongtrul Tulku und viele andere Lamas begleiteten die Gruppe weiter nach Tsurphu, dem angestammten Sitz der Karmapas.

Karmapa reiste nach Lhasa und traf dort den 13. Dalai Lama Thubten Gyamtso (1876-1934), der die Haarschneide-Zeremonie durchführen sollte. Bei ihrer ersten Begegnung trug Karmapa seinen kleinen Schwazer Hut. Der Dalai Lama aber sah einen weiteren Hut darüber und machte seinen ersten Minister darauf aufmerksam. Als Karmapa die üblichen Verbeugungen machte, nahm er seinen kleinen Hut ab. Danach fragte ihn der Dalai Lama, warum er nicht auch seinen anderen Hut abgenommen habe; zu einem solchen Anlass sei es schließlich üblich, seine Kopfbedeckung abzusetzen. Andere Anwesende widersprachen jedoch und sagten, dass Karmapa wirklich keinen Hut trage. In diesem Augenblick verstanden sie, dass der Dalai Lama die Bodhisattva-Krone Karmapas, die Schwarze Krone, gesehen haben musste, die nur Verwirklichte wahrnehmen können.

Karmapa reiste nach Tsurphu zurück, wo eine zweite Inthronisierungszeremonie unter der Leitung von Drukchen Mipham Tschökyi Wangpo und dem elften Situ Tulku stattfand. Vier Jahre lang studierte Karmapa bei Kankar Rinpoche und erzählte seinem Lehrer oft aus früheren Lebenszeiten. Am 27. Januar 1936 – Karmapa war 12 Jahre alt – machte er sich auf den Weg nach Kham. Unterwegs, an einer Stelle namens Lorong, sagte er zu Dschang Yeshe Palwar,

S.H. der 16. Gyalwa Karmapa Rangjung Rigpe Dorje

er solle das Fenster seiner Sänfte öffnen, dann könne er viele gut gekleidete Leute sehen, die auf wunderschönen Pferden auf sie zugeritten kämen. Da sie niemand sonst sehen konnte, verstanden seine Begleiter, dass es sich um die örtlichen *Schützer* handeln musste. Diese waren gekommen, um Karmapa die Ehre zu erweisen.

Bei den heißen Quellen von Tardzi Chutsen hielt die Gruppe an, um auszuruhen und ein Bad im dortigen Heilwasser zu nehmen. Obgleich tiefer Winter herrschte, krochen zwischen den Felsen plötzlich Schlangen hervor. Karmapa ging in ihre Mitte und war bald von ihnen bedeckt. Er fing an zu tanzen und sagte: „Ich bin der König der Schlangen!" Alle waren erschrocken und baten ihn aufzuhören. Karmapa jedoch schien überhaupt nicht ängstlich zu sein und lachte. Sogleich entwanden sich die Schlangen wieder und zogen sich in die heißen Quellen zurück.

Am 2. Februar 1936 entdeckte Karmapa bei Chite einen neuen Fluss und nannte ihn die „Fünf Nektare". Als sie am 21. Februar wieder in die Nähe des Schützers Nyenchen Tsang Lha kamen, lief ein weißes Yak auf Karmapa zu, verbeugte sich vor ihm und verschwand wieder. Alle staunten, doch Karmapa sagte: „Das ist ganz normal!"

Die Gruppe kam in Shaksha Kar an, und Drukchen Paljor Rinpoche empfing Karmapa. Sie machten Witze über ihre jeweiligen magischen Kräfte, und ganz plötzlich nahm Karmapa das Schwert eines Wächters und verknotete die Klinge mit bloßen Händen. Paljor Rinpoche war vollkommen verblüfft und ging auf keinen weiteren Wettkampf mehr ein – das Schwert besitzt er jedoch noch heute. Bei Tsokpar musste die Reisegruppe einen zugefrorenen Fluss überqueren. Karmapa hinterließ auf dem Eis einen Fußabdruck, der auch noch zu sehen war, als es später geschmolzen war. Auch im folgenden Jahr war der Fußabdruck wieder auf dem Eis.

Paljor Rinpoche reiste bis zum Kloster Riwa Barma mit. Die Gruppe führte ein Guru Rinpoche Ritual durch, an deren Ende man die Gaben (tib. *Torma*) in die verschiedenen Richtungen warf, um negative Kräfte zu vertreiben. In dem Augenblick, als die Tormas nach Osten geworfen wurden, schlugen Flammen aus ihnen heraus. Ganz plötzlich legten die chinesischen Angriffe an der Ostgrenze eine unvorhergesehene Pause ein.

Karmapa reiste weiter zum Kloster Thungnak Lhachen Guen, wo er eine Einweihung durchführen sollte. Nachdem er das gesegnete Getreide geworfen hatte, verwandelten sich die Körner in strahlend weiße Reliquien. Vor Karmapa verbeugte sich einer der berühmtesten Jäger der Gegend und gestand, dass er unnötigerweise viele unschuldige Tiere getötet hatte. Dann zeigte er ihm seinen Jagdhund. Währenddessen brachte ein anderer Besucher drei Rehkitze

S.H. der 16. Gyalwa Karmapa in jungen Jahren mit seinem Lehrer, dem 11. Situ Tulku, in Tibet.

zu Karmapa. Jagdhund und Rehe verstanden sich bestens und wurden gute Freunde. Am selben Tag kamen auch Katzen, Meerschweinchen, Mäuse und Ratten, und bald schliefen alle Tiere in bestem Einvernehmen nebeneinander. Als Karmapa wenig später im Kloster Tanam Belehrungen gab, hinterließ eines der Rehe einen deutlichen Hufabdruck auf einem Felsen.

Auf der Weiterreise, beim Kloster Dil Yak, lagerte die Gruppe in Zelten, einige von ihnen waren durch Schnüre miteinander verbunden. Plötzlich sah man, wie Karmapa auf einem Reh hoch über dem Boden von einem Zelt zum nächsten ritt. Bei Radza Dzong in den Bergen herrschte Trinkwasserknappheit. Samten Gyamtso, der Lama dieser Stelle, erklärte Karmapa, dass die nächste Quelle drei Meilen entfernt sei, und bat um seinen Segen, damit sich die Lage verbessere. Karmapa ließ sich eine Holzwanne bringen und neben dem Kloster aufstellen. Nachdem Wasser gebracht worden war und Karmapa gebadet hatte, befahl er, das Badewasser auf den Boden zu schütten. Augenblicklich begann es zu regnen, und an der Stelle, wo die Wanne gestanden hatte, brach eine Quelle hervor. Die Wasserknappheit des Klosters war dauerhaft beseitigt.

Die Reisegruppe zog an Chö Gön (Kham) vorbei, wo der örtliche Schützer einen Palast auf dem Gipfel eines sehr hohen Berges bewohnte. Karmapa schenkte ihm ein schönes rotes Pferd, und es lief geradewegs zum Gipfel. Als Karmapa schließlich in Karma Guen die große Versammlungshalle betrat, reckten sich die Spitzen aller Reliquien-*Stupas* wie zu seiner Begrüßung empor. Einige Tage später besuchte er die Dam Gon Phug Höhle, und ein Schlangenkönig trat heraus, um Karmapa seine Ehre zu erweisen.

Situ Tulku kam nach Karma Guen und nahm Karmapa mit nach Palpung, wo er den vollständigen Schatz der Belehrungen (tib. Kagyü Ngagzö) und die mündliche Überlieferung (tib. Dam Ngags) erhielt. Von dort ging es weiter nach Larog, wo er dem Herrscher viele Belehrungen gab, bevor er nach Palpung zurückkehrte und sich in Begleitung von Situ Tulku auf den Weg nach Li Tang machte. Im Kloster Dzong Sar machten sie einen Besuch, und der Abt, Khyentse Rinpoche, bat Karmapa um die *Schwarze-Kronzeremonie*. Während Karmapa seinen Wunsch erfüllte, sah Khyentse Rinpoche Karmapa in der Form von Düsum Khyenpa, des ersten Karmapa, und die Schwarze Krone schwebte einen halben Meter über seinem Kopf.

Im Kloster Pangphug Guen befand sich ein Düsum-Khyenpa-Standbild, welches dafür berühmt war, schon mehrmals gesprochen zu haben. Auf einem Säulensockel im rechten Teil der Haupthalle hinterließ Karmapa einen bleibenden Fußabdruck, und Situ Tulku tat das Gleiche auf

S.H. der 16. Gyalwa Karmapa als junger Mann

der linken Seite. Auf einer Steinplatte vor dem Kloster blieb ein Abdruck der Pfote von Karmapas Hund, und Karmapas Pferd hinterließ im Stall einen Hufabdruck auf einem Stein. An einem nahe gelegenen See, nicht weit vom Kloster am oberen Ende des Tales, blieben auf einem Felsen sogar 20 Fußabdrücke von Karmapa zurück.

Beim Kloster Tukshi vollführte Karmapa den Mahakala-Tanz.

Zwei angrenzende Provinzen standen seit einer Weile im Kampf, und es hatte bereits viele Tote gegeben. Aus diesem Grund reiste Karmapa in diese Gegend und stiftete Frieden zwischen den gegnerischen Gruppen. Der Herrscher Chinas, General Chiang Kai shek, lud Karmapa zu einem Besuch. Er nahm die Einladung jedoch nicht an, sondern kehrte nach Palpung zurück. Von Situ Tulku und Khyentse Rinpoche nahm er Einweihungen und Übertragungen des Druptop Küntu, studierte das *Vinaya-Sutra*, die *Prajnaparamita*, das *Abhidharma-Kosha*, die *Tantras* von *Höchste Freude* und *Rad der Zeit* sowie andere Belehrungen – alle in ihrer vollständigen Fassung.

Am 8. November 1940 reiste Karmapa nach Tsurphu und besuchte unterwegs das Kloster Penchen. Hier befand sich eine Statue des Schützers Shing Kyong, auf einem Pferd sitzend. Zur Verwunderung aller, begann sich das Pferd zu verneigen, als Karmapa näher kam. Er reiste nach Dam

Chung weiter, wo ihm der Hauptschützer dieser Stelle einen großen neunäugigen Zi-Stein, einen sehr wertvollen Achat, schenkte. Karmapa kam mit seinem Gefolge am 30. Oktober 1941 in Tsurphu an. Während das Kloster umgebaut wurde, verbrachte er die nächsten Jahre mit seinen Studien und Meditation.

1944 unternahm er eine Pilgerreise zu den Klöstern Trag und Samye. Er besuchte das Kloster Drowolung in Südtibet, wo sich Marpa, der Übersetzer, eine Zeitlang aufgehalten hatte. Hier hatte Karmapa ganz besondere Visionen von Marpa, Milarepa und Gampopa. Bhutans König, Jigme Wangtschug, lud Karmapa zu einem Besuch in seinem Land ein. Im April 1944 reiste Karmapa in die Region Bumthang im Norden Bhutans und wurde vom König sehr herzlich empfangen. Dieser bat Karmapa um die Zeremonie der *Schwarzen Krone* und konnte Karmapa währenddessen in verschiedenen Buddhaformen wahrnehmen.

In Bumthang besuchte Karmapa auch die Tempel Champa und Kuje, wo man den Abdruck von Guru Rinpoches Körper in einem Felsen sehen kann. Karmapa schenkte der dortigen Guru Rinpoche Statue einen brauchgemäßen Seidenschal. Dieser Katak flog hoch in die Luft und heftete sich an die Stirn des großen Standbildes. Alle staunten und sahen dies als besonderes und Glück verheißendes Ereignis an. Von Bhutan aus kehrte Karmapa wieder nach Tsurphu zurück.

Situ Tulku reiste von Kham nach Tsurphu und traf Karmapa am 17. Oktober 1945. Im Alter von 23 Jahren erhielt Karmapa die vollen Mönchsversprechen sowie die Einweihungen, Übertragungen und mündlichen Erklärungen der höheren Kagyü-Lehren (tib. Gyachen Kadzö, Chik She Kün Dröl). Am 11. Juni 1947 brach er nach Teod (Westtibet) auf, und Situ Tulku kehrte zu seinem Kloster in Kham zurück.

Karmapa besuchte verschiedene Kagyü Klöster in Mendong und Bu Kar. Von Teod aus pilgerte er nach Nepal, wo ihm König Tribhuvan Bir Bikram Shah Dev samt Königsfamilie die Ehre erboten. Karmapa zeigte die Schwaze Kronzeremonie für alle, besuchte anschließend die wichtigsten Pilgerstellen Nepals und gab Tausenden seinen Segen. Für diese Reise stellte der bhutanesische König vier hohe Regierungsbeamte als Führer und Dolmetscher ab. Der Maharadscha von Sikkim, Sir Tashi Namgyal, entsandte Kazi Sherab Gyaltsen als Karmapas persönlichen Begleiter. All diese Hilfe kam sehr gelegen und trug zu einer sehr erfolgreichen Pilgerreise bei.

Von Nepal ging die Reise über *Lumbini*, Buddhas Geburtsort, und *Sarnath*, dem Ort, wo Buddha zum ersten Mal lehrte, weiter nach *Bodhgaya*. Hier machte Karmapa viele Verbeugungen und gute Wünsche, und es fanden zahlreiche Zeremonien statt. Die

Pilgerfahrt setzte sich nach *Ajanta*, *Ellora* und *Kushinagara* fort, dem Ort, an dem Buddha gestorben war. Karmapa erhielt von Tashi Namgyal eine Einladung nach Sikkim und reiste in die dortige Hauptstadt Gangtok, wo er im Kloster in der Nähe des Königspalastes wohnte. Er zeigte die Schwarze Krone und gab vielen Menschen Belehrungen.

Am 22. Februar 1948 kehrte Karmapa nach Indien zurück und reiste nach Rewalsar (tib. Tso Pema) im Nordwesten. Dort verbrachte er einige Tage und führte eine besonderes Guru Rinpoche Ritual durch. Wieder kamen Tausende, um seinen Segen zu erhalten. Wie die Einheimischen feststellten, kamen viele weiße Schlangen aus einer Steinmauer herausgekrochen, auch auf der Oberfläche des Sees gab es sehr ungewöhnliche Bewegungen.

Die Gruppe zog weiter nach Norden, über Kunu und Purang zum heiligen Berg Kailash (tib. Kang Rinpoche). Karmapa umrundete den Berg dreimal, wobei jede Umrundung drei Tage dauerte. Er ging auch um den heiligen Manasarovar-See (tib. Tso Mapham) und besuchte dort alle Pilgerorte. Anschließend reiste er quer durch Tibet, kam am Kagyü Kloster Mendong vorbei und erreichte Tsurphu wieder am 16. Januar 1949.

Um weitere Übertragungen (u.a. das *Rinchen Terzö* und *Phyagchen Ngesdön Gyamtso*) zu erhalten, lud Karmapa den

zweiten Jamgön Kongtrul Tulku nach Tsurphu ein und erhielt von ihm zusätzlich die Sechs Lehren Naropas und den Rest der mündlichen Übertragung. Als in Tsurphu 1950 die Pockenkrankheit ausbrach, führte Karmapa Zeremonien des Buddha *Diamantdolch* aus. Die Seuche war bald besiegt, und die Kranken wurden schnell wieder gesund.

Am 21. Juni 1952 besuchte Karmapa Chand (Nordtibet) und zeigte die Schwarze Kron-Zeremonie. Während des Besuches im Kloster Kar Chung spuckte er auf den Boden, bevor er eintrat. Eine Ältere Frau sammelte den Speichel ein und bewahrte ihn voller Hingabe auf. Später bemerkte sie, dass er sich in wertvolle Reliquien verwandelt hatte, die sich ständig vervielfältigten. Viele Kranke wurden davon geheilt, und noch heute besitzen Karmapas Schüler Reste von ihnen. Karmapa machte sich auf den Rückweg nach Tsurphu und kam dort am 3. Dezember an.

Am 27. Mai 1953 reiste Karmapa nach Lhasa und traf dort den 14. Dalai Lama Tenzin Gyatso (geb. 1935) und erhielt von ihm die Einweihung auf *Rad der Zeit*. Im August kehrte Karmapa nach Tsurphu zurück und gab dem damaligen *Nyingma*-Oberhaupt Chong Rinpoche vom Kloster Mindroling die vollständige Übertragung des Termas „Chöling Ter". Karmapa vollführte auch das so genannte Mendrup, das

Sammeln von Heilpflanzen, und gab diese an die Menschen weiter.

Am 20. August 1954 reiste Gyalwa Karmapa Zusammen mit dem Dalai Lama, Chong Rinpoche und anderen hohen Lamas nach China und stattete dem Land einen Besuch ab. Er sagte währenddessen die Geburt des neuen 12. Situ Tulkus voraus und schickte einen Brief mit den Einzelheiten nach Tibet. Nachdem er sich eine Weile in Peking und anderen Teilen Chinas aufgehalten hatte, kehrte Karmapa nach Tibet zurück und gab unterwegs in vielen Klöstern der Provinzen Kham und Do Belehrungen und Segen. Bei dieser Gelegenheit wurde er gebeten, den Dalai Lama zu vertreten, da dieser nicht selbst hatte kommen können.

Im Kloster Palpung angekommen, bestätigte Karmapa Tonyod Nyingche Wangpo als neuen Situ Tulkus, und inthronisierte ihn. Bei einem Kurzbesuch in Lhasa hatte er mehrere wichtige Unterredungen mit dem Dalai Lama und war am 7. Juli 1955 wieder zurück in Tsurphu.

Der Dalai Lama nahm die Einladung nach Tsurphu an, wo Karmapa für ihn die Zeremonie der Schwarzen Krone durchführte. Im Gegenzug gab der Dalai Lama ihm die Einweihung auf *Liebevolle Augen*. Zu diesem Zeitpunkt brach in Osttibet Krieg zwischen Khampas und Chinesen aus. Als die Chinesen Karmapa baten, die Gegend von Chamdo zu besuchen, reiste er dorthin und gab beiden Kriegsgegnern den Rat, die

S. H. der 16. Gyalwa Karmapa
in Peking

Feindseligkeiten zu beenden. Sie versprachen ihm einen fünfjährigen Waffenstillstand. Die Chinesen versuchten nun aber, das Volk zum Kommunismus zu bekehren, dies gefiel niemandem. Zu Karmapa strömten zahlreiche Menschen. Er gab ihnen Einweihungen und Segen für beständige Verhältnisse in dieser Gegend. Daraufhin reiste er nach Lhasa, schilderte dem Dalai Lama die Lage und kehrte in sein Kloster nach Tsurphu zurück.

Am 1. Dezember 1956 begab sich Karmapa wieder auf eine Pilgerreise nach Indien und machte Rast bei den Klöstern Dechen Chökhor Ling und Yatrong in der Nähe von Sikkim. In Gangtok wurde Karmapa vom Maharadscha Tashi Namgyal sehr herzlich empfangen, der ihm auch dieses Mal wieder Kazi Sönam Gyamtso als Führer und Dolmetscher zur Verfügung stellte. Von dort aus zog die Reisegruppe weiter nach Indien. Karmapa besuchte *Bodhgaya*, *Sarnath*, *Kushinagara* und *Lumbini*. Hier traf er den Dalai Lama, der ebenfalls auf Pilgerfahrt war.

Die Reise ging weiter nach Nepal. Karmapa besuchte die drei Kraftorte Bodanath, Swayambhu und Namo Buddha und gab Tausenden Menschen Segen und Belehrungen. Er kehrte nochmals nach Indien zurück und besuchte viele heilige Stellen im Süden, unter anderem *Ajanta*, Ellora und die große *Stupa* bei Sanchi. In Kalimpong, in der Nähe von Darjeeling, traf er König

Azi Wangmo aus Bhutan. Auf der Weiterreise besuchte Karmapa im Norden Sikkims das Kloster Potong. Einige ältere Lamas aus dem stark verfallenen Rumtek-Kloster baten Karmapa, auch diese Stelle zu besuchen. Er antwortete ihnen, dass die Zeit dafür noch nicht reif sei, er würde aber später kommen. In der Region Domed (Kham) hatten weitere feindliche Auseinandersetzungen begonnen, und Karmapa kehrte nach Tsurphu zurück.

Aufgrund der dortigen Unruhen hatten der neunte Sangye Nyenpa Rinpoche und der achte Traleg Rinpoche Kham verlassen und wollten in Tsurphu bleiben. Karmapa bestätigte die zwölfte Wiedergeburt von Gyaltsap Tulku, Trakpa Tenpai Yaphel, und inthronisierte ihn. Von Sechen Kongtrul Rinpoche[67] erhielt Karmapa die Einweihung Longchen Zödün und die Lehren Longchenpas mit allen Erklärungen. Schließlich kam Situ Tulku zu Besuch nach Tsurphu.

Nun brachen die Kämpfe in ganz Tibet aus. Karmapa wurde von seinen Schülern gebeten, zu fliehen, solange noch die Möglichkeit bestand. Er bat sie, sich nicht zu sorgen und sagte: „Es ist noch nicht nötig, dass ich gehe. Aber wenn es soweit sein wird, könnt ihr sicher sein, dass es keine

[67] Sechen Kongtrul Rinpoche (1901-1960) war eine weitere Ausstrahlung des ersten Jamgön Kongtrul Tulku. Er war ein Nyingmapa, von dem es momentan keine Wiedergeburt gibt.

Gyalwa Karmapa auf einer Pilgerreise
zum Bodha Stupa in Kathmandu, Nepal.

Der verstorbene
nepalesische
König Mahendra stellte
Gyalwa Karmapa während
seiner Pilgerreise in Nepal
einen Helicopter zur
Verfügung.

Schwierigkeiten für mich geben wird." Bald darauf schickte er Situ und Sangye Nyenpa Tulku nach Bhutan. Er gab Anweisungen für die Instandsetzung des Klosters Nyide Gön in Lhobrag und bat die Mönche, ganz normal weiterzuleben. Zur selben Zeit war in Kur To (Nord-Bhutan) ein neues Kloster für Karmapa gebaut worden. Es war unter der Schirmherrschaft von König Azi Wangmo, der Karmapa in Kalimpong getroffen hatte, entstanden und stand zur Verwendung bereit.

Die Übergriffe der Chinesen wurden immer unerträglicher, und es war nicht absehbar dass man weiter friedlich leben könne. Karmapa erkannte, dass er die Lehre Buddhas am Besten durch Flucht vor dem immer engeren Zugriff der Chinesen würde bewahren können. Es gab keine andere Möglichkeit mehr, und so entschloss er sich, in ein friedlicheres Gebiet zu gehen. Am 13. März 1959 verließ er Tsurphu, den angestammten Sitz der Karmapas seit dem zwölften Jahrhundert, und reiste mit einem Gefolge von 160 Lamas, Mönchen und Laien in Richtung Bhutan. Mit dabei waren auch Shamar und Gyaltsap Tulku, der vierte Pönlop Rinpoche und andere hohe Lamas. Jamgön Kongtrul Tulku war bereits in Kalimpong und Situ Tulku in Bhutan.

Unter Karmapas Führung gelang es ihnen, die kostbarsten Statuen, Ritualgegenstände, Reliquien, Rollbilder, Gemälde, Bücher und Kostüme, die jahrhundertelang

in Tsurphu aufbewahrt worden waren, mitzunehmen. Die gefährliche und schwierige Reise dauerte 21 Tage und führte unter anderem auch durch Lhobrag in Südtibet, dem Geburtsort Marpas. An verschiedenen heiligen Stellen unterwegs machte Karmapa Rituale für das Wohlergehen aller fühlenden Wesen und für den Erhalt der Lehre Buddhas in den bevorstehenden schwierigen Zeiten.

Die Gruppe kam am 2. April in Shabje Tang (Bumthang, Nordbhutan) an und wurde von Tsultrim Phamo, der Tante des Königs, vielen Ministern und hochrangigen Beamten herzlich empfangen. In Bumthang besuchte Karmapa auch die Tempel Kuje, Champa - wo es ein großes Standbild des künftigen Buddhas Maitreya gibt - und Tashi Chö Ling. Hier machte er besondere Zeremonien für den Schutz und die Entwicklung von Buddhas Lehre.

In Khasa Drab Chu, nahe der bhutanesischen Hauptstadt Timphu, bereiteten König Jigme Dorje Wangtschug und seine älteren Minister Gyalwa Karmapa einen herzlichen Empfang. Unterdessen begannen Gespräche mit der indischen Regierung über eine Übersiedelung Karmapas und seiner vielen Schüler. Es wurde beschlossen, dass sie Bhutan durchqueren und sich zunächst einmal in Dharamsala (Nordindien) niederlassen sollten.

Unter Vorsitz von Tashi Namgyal beratschlagte auch die königliche Familie Sikkims, wie man Karmapa in dieser schwierigen und unsicheren Zeit helfen könnte. Der Maharadscha hatte die lange Verbindung des Volks und Königshauses von Sikkim mit den Karmapas nicht vergessen. So bot man ihm einen ständigen Sitz in Sikkim an.

Karmapa bewegte der Wunsch, auch aus dem Exil heraus die volle Verantwortung für die strahlende Lehre Buddhas zu tragen und mit den vielen Buddhisten auf der ganzen Welt zusammen zu arbeiten. Er fühlte, dass die Lehre wie eine Lampe dringend Öl benötigte, um hell und stark zu strahlen.

Bei seinen Überlegungen kam Karmapa zu dem Schluss, dass Sikkim alle Bedingungen erfüllte und der geeignete Ort für das Erreichen seiner Ziele war. Besonders wegen der natürlichen Neigung des Volkes zum Buddhismus entsprach Sikkim seinen Vorstellungen – das Land war vor langer Zeit auch durch einen Besuch Guru Rinpoches gesegnet worden. Karmapa nahm also die freundliche Einladung an, sein Hauptquartier in Sikkim aufzuschlagen. Begleitet von Tsultrim Palmo (Königliche Hoheit von Bhutan), führte Karmapa sein Gefolge nach Gangtok, wo sie im Sommer 1959 ankamen. Er wurde im Palast empfangen und vom Maharadscha, der Königsfamilie, Regierungsbeamten und dem sikkimesischen Volk geehrt, und Karmapa gab allen seinen Segen.

Tashi Namgyal bot Karmapa mehrere verschiedene Orte für sein neues Kloster an.

Er entschied sich für die Stelle bei Rumtek, wo während seiner neunten Wiedergeburt bereits ein Kagyü-Kloster gebaut worden war. Dieser Ort besaß all die besonderen Merkmale, die für einen Sitz eines Karmapas nötig waren: Sieben Ströme fließen auf die Stelle zu, sieben Hügel liegen davor, ein Berg dahinter, gegenüber der Stelle liegen Schneeberge, und unterhalb windet sich ein Fluss – gedreht wie ein Schneckenhaus – den Hügel hinab.

Karmapa und seine Begleiter waren bereit, schnell umzuziehen, und trafen am 11. Juni in Rumtek ein. Damals bestand der Ort lediglich aus dem großenteils verfallenen alten Kloster und einem halben Dutzend

Die Oberhäupter der vier großen buddhistischen Linien in Tibet. Das gemeinsame Foto wurde in Indien kurz nach ihrer Flucht aus Tibet aufgenommen. (von links nach rechts): Dudjom Rinpoche (Nyingmapa) , Gyalwa Karmapa (Kagyüpa), Sakya Rinpoche (Sakyapa) und der Dalai Lama (Gelugpa).

Hütten, die von Dschungel umgeben waren. Es gab weder angemessene Unterkünfte noch eine Kochstelle. Zunächst galt es, den Ort bewohnbar zu machen. Man rodete Land und stellte Zelte auf. Ein jeder begann hart zu arbeiten, um den Traum zu verwirklichen, ein neues Zentrum für Gyalwa Karmapa aufzubauen.

Das Kloster Rumtek

Karmapa reiste nach Neu Delhi und traf dort den indischen Premierminister, Pandit Jawaharlal Nehru. Dieser empfing Karmapa freundlich und mit großer Wärme, und sie hatten Zeit für viele Gespräche. Nehru verstand die Schwierigkeiten, denen Karmapas Schüler gegenüberstanden. Er versprach finanzielle Hilfe für den Bau des neuen Klosters sowie die Versorgung mit Lebensmitteln und Kleidung.

Am 1. April 1961 begannen die Mönche in Rumtek mit den Vorbereitungen für Varsha, die Sommer-Zurückziehung Buddhas während der Regenzeit, die in alten Texten beschrieben ist. Der Maharadscha von Sikkim schenkte Gyalwa Karmapa großzügigerweise 74 Morgen Land bei Rumtek, welche auf seinen Namen überschrieben werden. Die Regierung richtete einen gro-

ßen Fonds für die einstweiligen Baukosten ein, stellte kostenlos Bauholz zur Verfügung und baute eine befahrbare Straße. Es wurden auch Stromkabel verlegt und die Versorgung mit Wasser sichergestellt.

Zudem gab die indische Regierung viel Geld für den sofortigen Bau einer Versammlungshalle und Mönchsunterkünften. Ein weiterer Betrag wurde für eine Apotheke und die Unterbringung eines Arztes zur Verfügung gestellt. Obwohl nicht dazu aufgerufen wurde, gingen auch Spenden aus der Bevölkerung ein. Trotz aller Großzügigkeit wurden dennoch mehr Mittel benötigt, und so stellte auch Karmapa einen hohen Betrag seines eigenen Geldes zur Verfügung.

Die Erschließung des Grundstück begann am 16. Januar 1963. Mönche und Laien nahmen sich vor, die Arbeiten in möglichst kurzer Zeit durchzuführen und bei Hitze und Kälte zu arbeiten. 108 Männer, die zehn Stunden täglich arbeiteten, und die vielen Gelegenheitsarbeiter benötigten 540 Tage, um das Grundstück einzuebnen und für den Bau zu erschließen. Der neue Herrscher Sikkims, Palden Thondup Namgyal, legte den Grundstein für das neue Kloster am 16. Juni 1964, einem nach dem tibetischen Kalender besonders Glück verheißenden Tag.

Vier Jahre dauerte der Bau des neuen Zentrums, das im schönsten tibetischen Stil errichtet wurde. 130 Schüler, darunter auch Freiwillige aus mehreren Ländern, halfen

Kronzeremonie
für Flüchtlinge in Neu-Delhi

mit, das neue buddhistische Zentrum zu bauen. Es erhielt den Namen Pal Karmapa *Densa Shedrup Chö Khor Ling*, was soviel bedeutet wie: „Der Sitz Seiner Heiligkeit des Gyalwa Karmapa – ein Zentrum für Lehre und Übung von Buddhas Lehre."

Die seltenen und kostbaren Reliquien, Rollbilder und Bücher, die man aus Tibet mitgebracht hatte, fanden im neuen Kloster einen Ehrenplatz. Am tibetischen Neujahrstag, dem 21. Februar 1966, bezog Gyalwa Karmapa das neue Zentrum in einer sehr feierlichen Zeremonie.

Weitere Taten Karmapas

Auf Einladung des damaligen Königs besuchte Karmapa mit 95 Schülern Timphu, die Hauptstadt Bhutans. Er wurde herzlich empfangen und mit einem feierlichen Geleit zum Palast Tashi Chö Dzong gebracht. In Bhutan besuchte er Tak Tsang und das „Tigernest", wo früher Guru Rinpoche meditierte. Karmapa reiste weiter zum Kyichu Tempel in Paro. Hier gab er besondere Zeremonien für Weltfrieden und für die weite Verbreitung von Buddhas Lehre. Auf Einladung des bhutanesischen Königs und seiner Familie stattete Karmapa dem Land seit 1967 regelmäßig Besuche ab.

Der mittlerweile verstorbene König Bhutans und die Königinmutter schenkten Karmapa den Palast Tashi Chö Ling bei Bumthang samt Grundstück, und Karmapa versprach, dort ein großes buddhistisches Zentrum zu errichten. 1969 begann der Bau des Meditationsraums und der Wohngebäude für 350 Mönche in der Nähe des Hauptpalastes.

Karmapa wollte auch Klöster in Ladakh und Nepal gründen. Weitere Klöster wurden in Bhutan errichtet, auch in Kalkutta sollte ein Zentrum entstehen. 1971 leitete er Lesungen buddhistischer Schriften und gab im neuen Kloster von Rumtek vielen Buddhisten aus verschiedenen Ländern Einweihungen. Im selben Jahr wurden 1.000 etwa 25 cm hohe, vergoldete Buddhastatuen hergestellt, mit Kräutern und Mantrarollen gefüllt und gesegnet. Dazu kamen außerdem 84 Standbilder der indischen Mahasiddhas, sechs von tibetischen Verwirklichten und andere von Lehrern aller Übertragungslinien. All diese Statuen wurden in Kästen ausgestellt, die auf den Schreinen in der Meditationshalle stehen.

1972 unternahm Karmapa eine weitere, ausgedehnte Pilgerfahrt durch Indien, begleitet von Shamar Tulku, dem fünften Pönlop Tulku sowie anderen Lamas und Mönchen aus Rumtek. Die Gruppe reiste nach Bodhgaya, Sarnath, Sanchi, Ajanta, Ellora und Nagarjuna Sagar und kehrte anschließend nach Sikkim zurück. Ständig

Räumen des Bauplatzes für das neue Kloster

Vorbereitung der Baumaterialien

Der König von Sikkim bei der Gründungsfeier

Der König von Sikkim legt den Grundstein für das neue Kloster Rumtek.

Die Bauphase des Klosters

Die direkten Worte Buddhas (tib. Kanjur) treffen in Rumtek ein.

Gyalwa Karmapa (Mitte) besucht den Tashi Chö Dzong Palast in Thimpu, Bhutan. Links von ihm ist der verstorbene buthanesische König Jigme Dorje. Auf der rechten Seite befindet sich der höchste Abt von Bhutan (1967).

kam ein Strom von Reisenden, die Gyalwa Karmapa sehen wollten, und erhielten seinen Segen.

1974 besuchte Karmapa mit einigen Kagyü-Lamas Europa, Amerika und Kanada. Mehrfach zeigte er die Kronzeremonie und konnte so einen unmittelbaren Kontakt mit den weit entfernten Meditationszentren herstellen und seine Übertragung stärken. Für all diejenigen, die nach dem Weg der Lehre Buddhas suchen, ist Karmapa, wie schon in seinen vergangenen Leben, ein Wegweiser, Lehrer, Freund und ein wirkliches Beispiel.

„Mögen sich alle geistigen Lehrer eines langen Lebens und Wohlergehens erfreuen. Möge sich die buddhistischen Übertragungslinien vermehren und ein jeder seine Aufgabe erfüllen. Möge der Segen der Lehre Buddhas alle Lebewesen befreien. Mögen Krankheit, Armut, Kriege und negative Einflüsse in der Welt an der Wurzel abgeschnitten und für immer beendet werden. Möge alles zu wahrem Glück führen. Möge sich alles Sehnen erfüllen. Möge sich die Dunkelheit dieses Zeitalters auflösen!" Gyalwa Karmapa

Die Schwarze Kronzeremonie Der 16. Karmapa hält mit der rechten Hand die *Schwarze Krone*, die der chinesische Kaiser Yung Lo dem fünften Karmapa im 15. Jahrhundert geschenkt hat. In der Linken hält er eine Kristall-*Mala*. Die Segenskraft dieser Einweihung kann spontan zur Befreiung führen.

Vierter Teil
DAS KLOSTER RUMTEK

AKTIVITÄTEN IM ZENTRUM

Das reiche Erbe der überlieferten tibetischen Kultur erfährt große Unterstützung durch eine Druckpresse, die Kulturabteilung und eine Metallbearbeitung. Es wurden viele Holzblöcke für den Druck von Büchern geschnitzt, und die Druckpresse stellt eine Vielzahl von Texten in tibetischer Sprache her. Geschickte Künstler malen traditionelle tibetische *Rollbilder* und geschickte Handwerker fertigen aus Gold, Silber, Kupfer, Bronze und Eisen Ritualgegenstände, Bronzen und Tempelschmuck in äußerst hochwertiger Ausfertigung.

Junge inkarnierte Lamas wie Shamar Tulku, Situ Tulku, Gyaltsap Tulku und Kongtrul Tulku nehmen an den verschiedenen Aktivitäten des Zentrums teil. Viele kommen nach Rumtek, um traditionelle Literatur, Philosophie, Kunst, Wissenschaften und die korrekten buddhistischen Meditationen zu erlernen. Mit einem speziellen Training werden die jungen Lamas sehr versiert im Malen von Kraftfeldern und in der Herstellung von Gabenkuchen (tib. *Tormas*). Sie lernen die richtige Intonation von Stimmlauten[68], das Blasen von Trompeten, Muschelhörnern und anderen traditionellen tibetischen Instrumenten. Regelmäßig finden auch Lamatänze statt. In der Ausbildung der jungen Lamas wird besonders das Lesen und Schreiben tibetischer Literatur mit buddhistischem Hintergrund betont sowie das Auswendiglernen von zehn größeren Riten. Regelmäßig finden auch Prüfungen statt.

[68] tib. Dangwang

Das Kloster Rumtek wurde auf dem Gelände eines alten Karma Kagyü-Klosters in Sikkim errichtet.
Es wurde nach klassischer tibetischer Tradition gebaut und 1968 fertiggestellt

MEDITATIONEN UND RITUALE

regelmäßiges Programm entsprechend dem Mondkalender

Zeit während des Jahres	Deutsch	Tibetisch
Erster Monat 9.-15. Tag	Die vier Kraftkreise von Befreierin und Tersingma	Tsedrup Thap She Khachor
3.-9. Tag jeden Monats	Die vier Kraftkreise von Befreierin und Tersingma	Dölma Mandala Zhichog
dritter Monat	Diamantdolch und Guru Rinpche, Tanztraining	Drubchen (Purbha) und Tse Chu
Vierter Monat 1.-11. Tag (jedes zweite Jahr)	Diamantdolchpraxis (von Schatzfinder Chogyur Lingpa eingeführt) zusammen mit Lamatänzen	Chö Ling Tertin Kyi Purpa Drupchen
Fünfter Monat 1.- 8. Tag (sieben Tage durchgehend)	Praxis und farbiges Sandmaldala des Buddha Höchste Freude	Khorlo Demchog
Sechster Monat 5.-9. Tag (fünf Tage durchgehend)	Phadampa Sangyes Chö Praxis	Chö Kyi Tsog Khor
Siebter Monat	15. (Vollmond) Tag des sechsten Monats bis zum 30. Tag des siebten Monats	Buddhas Zurückziehung während der Regenzeit
Achter Monat 21.-27. Tag	Machtvoller Ozean Praxis und Sandmandala (rote vereinigte Form von Liebevolle Augen)	Gyalwa Gyamtso
Neunter Monat 1.-5. Tag	Praxis des befriedenden und kraftvoll-schützenden Schatzfinders Karma Lingpa	Karma Lingpa Zhi Tro
Zehnter Monat 3.-9.Tag	Der Strahlende Praxis (skt.Vairocana)	Künrig Choga
Elfter Monat 22.-30. Tag	Dorje Drolo Praxis (kraftvoll-schützende Formen von Guru Rinpoche)	Drolo Yezor
Zwölfter Monat 22.-30.Tag	Schwarzer Mantel Schützerpraxis und Lamatänze	Gönpo Dorje Bernagpo Chen

Der große Meditationsraum des Klosters Rumtek während einer Meditation. Gyalwa Karmapa sitzt in der Mitte auf einem Thron, links von ihm sitzen Künzig Shamarpa und Jamgön Kongtrul und rechts von ihm Tai Situpa und Gyaltsabpa in gelben Seidenroben. In den Laufgängen befinden sich weitere Lamas und Mönche.

Zeit während des Monats	Praxis/Deutsch	Praxis/Tibetisch
Jeden Morgen	Weißen Befreierin	Dölkar Ngödrup Kuntsöl
Jeden Abend	Schützerpraxis Schwarzer Mantel	Berngchen
3. Tag nachmittags	Tseringma	Tseringma
8. Tag morgens	Machtvoller Ozean	Gyalwa Gyamtso
8. Tag nachmittags	Milarepa	Jetsün Milarepa Lhatrup
10. Tag morgens	Dharmaherz	Thug Drubar Chelam Sel
10. Tag nachmittags	Schützerpraxis	Zhing Kyong
13. Tag	12 Schüzter	Bökyong Tenma Chunyi Sölchöd
15. Tag Vollmond morgens	Buddha Höchste Freude	Khorlog Demchog
15. Tag Vollmond nachmittags		Thang Lha Nyen Do
23. Tag morgens	Befreierin	Dölma
23. Tag nachmittags	Weisheit Praxis	Phamo Pamkyi
25. Tag morgens	Herz-Übung (skt.Yoga)	Thugdrub
25. Tag nachmittags	Fünf Dakinis	Phamo Lhanga
3. Tag		Künrig Nampar Nangdze

Der tibetische Kalender ist in Hauptzyklen unterteilt, die 60 Jahre dauern. Diese 60-Jahres Zyklen sind wiederum in fünf kleinere Zwölf-Jahres Zyklen unterteilt, von denen jedes Jahr mit dem Namen eines Tieres gekennzeichnet ist. Die zwölf Jahre werden ebenfalls fortlaufend mit einem unterscheidenden Element verbunden. Es gibt fünf solcher Elemente, mit abwechselnd männlichen und weiblichen Eigenschaft.

Der tibetische 60-Jahres Zyklus:

I. weibl. Feuer Hasen Jahr
II. männl. Erd Drachen Jahr
III. weibl. Erd Schlangen Jahr
IV. männl. Eisen Pferd Jahr
V. weibl. Eisen Schaf Jahr
usw.

VI. männl. Wasser Affen Jahr
VII. weibl. Wasser Vogel Jahr
VIII. männl. Holz Hund Jahr
IX. weibl. Holz Schwein Jahr
X. männl. Feuer Maus Jahr

XI. weibl. Feuer Ochsen Jahr
XII. männl. Erd Tiger Jahr
XIII. weibl. Erd Tiger Jahr
XIV. männl. Eisen Drach Jahr
XV. weibl. Eisen Schlange Jahr

Das tibetische Jahr basiert auf dem Mond-kalender. Bestimmte Tage werden als besonders Glück verheißend betrachtet, es ist jeweils der 8., 10., 15. und 25. Tag des Monats. Wenn ein Tag, aufgrund der Kombination der Mondphase und wann er im 60-Jahres Zyklus liegt, als ungünstig erachtet wird, wird er ausgelassen und stattdessen ein günstigerer Tag des Monats doppelt gerechnet. Genauere Informationen über die Grundlage des tibetischen Kalenders sind im *Rad der Zeit Tantra* enthalten.

Eine symbolische Gabe (tib. *Torma*) aus Gerstenmehl, Zucker und Butter, weche mit verschiedenen essbaren Pigmenten gefärbt ist. Sie wird während der *Schwarzer Mantel* Schützerpraxis verschenkt und symbolisiert das Schenken des inneren Universums. An der Spitze befindet sich Sonne, Mond und die *drei Juwelen*.

Kostbare Schätze
der Karma Kagyü-Linie

Im Kloster Rumtek aufbewahrt

1. Ein Selbstbildnis des achten Karmapa Mikyö Dorje aus Marmor gefertigt. Die Statue wird in einem großen goldenen Reliquienschrein aufbewahrt und in Brokat gehüllt. Das Gesicht der Statue ist bemalt. Man sagt, wer immer dieses Abbild sieht, wird in kurzer Zeit Befreiung erlangen. Als Karmapa Mikyö Dorje die Arbeit an dieser Statue beendete, hinterließ er auf einem kleinen Marmorreststück mit der bloßen Hand einen klaren Abdruck. Der Marmorabdruck ist in rote Seide gehüllt und obenhalb der Hauptstatue mit einer kleinen Statue von *Roter Weisheit* zusammen aufbewahrt.

2. Eine Statue von Naropas Himmelwandlerin (tib. Naro Khachoma) in einem goldenen Reliquienbehälter. Naropa machte seine Praxisstatue Marpa zum Geschenk. Sie ist aus Kupfer hergestellt und reich verziert. Sie gilt als kostbarster Schatz der Kagyü-Linie.

3. Eine Statue von Guru Rinpoche in seiner Form als Pema Jungnes Chinlab Pal Barma. Der 15. Karmapa Khakhyab Dorje entdeckte die Statue auf magische Weise in einer Mine.

4. Eine Statue von Nor Lha Jambhala aus Dzi Chim Metall gefertigt. Ein Geschenk des Tsari See Schützers (Südtibet) an den dritten Karmapa Rangjung Dorje.

5. Eine Statue von Buddha *Höchster Freude* und *Roter Weisheit* aus weißem, rotem und gelbem Dzi Chim Metall. Sie wurde in dem Reliquienbehälter des Herrschers von Derge (Kham in Tibet) entdeckt.

6. Eine Statue von *Schwarzer Mantel* mit dem tibetischen Namen Gönpo Gya Nakma, die der zweite Karmapa Karma Pakshi segnete.

7. Ein fünfspeichiger Dorje aus Dzi Chim Metall, den der Schatzfinder Dorje Lingpa entdeckte.

8. Eine Statue von Guru Rinpoche in seiner Form als Tongdröl Chenmo. Die Statue ist vergoldet und in Seide eingeschlagen. Sie wurde von Schatzfinders Chogyur

Mikyö Dorje (1)

Guru Rinpoche (8)

Lingpa (1829-1870) im Champa Trak Fels in Tsari Tso Kar entdeckt. Heute wird es in einem Reliquienschrein im Kloster Rumtek aufbewahrt.

9. Eine Statue von Guru Rinpoche in seiner Form als Guru Dewa Chenpo Chema Atrong. Die Statue ist eine besonders wichtige Reliquie aus dem Kloster Tsurphu und wird in einem wunderschönen goldenen Reliquienschrein aufbewahrt, der mit tanzenden Dakinis verziert ist.

10. Eine Statue von Guru Rinpoche in seiner Form als Tamag Khanon Dule Namgyal. Sie wurde von Tami Gonson aus Ekadhatu Metall hergestellt und im 15. Jahrhundert von Terchen Ratna Lingpa entdeckt. Sie wird in einem besonderen Reliquienschrein aus Gold aufbewahrt, der mit den Glück verheißenden Zeichen verziert ist.

11. Eine Statue von Guru Rinpoche in seiner Form als Tsogyal Sangdrup. Die Statue wurde von Terchen Ratna Lingpa entdeckt, der sie dem 15. Karmapa schenkte. Sie wird in einem Reliquienschrein aus Silber und Gold aufbewahrt, der mit den Glück verheißenden Zeichen verziert ist (Seite 117).

12. Eine Statue der *Befreierin* (tib. Dölma Ngödrup Pel Barma). Sie besteht aus besonderen Li Kadur Metall, welches zur Glockenherstellung benutzt wird. Die Statue ist stark vergoldet, mit roten Korallen verziert und befindet sich in Seide gehüllt in einem goldenen Reliquienschrein. Es heißt, dass diese Statue Karmapa bei wichtigen Voraussagen unterstützen kann.

13. Eine Statue von Guru Rinpoche in seiner Form als Yeshe Norbu. Sie wurde von Schatzfinder Taksham Nuden Dorje entdeckt. Im Kopf der Statue befindet sich ein kostbarer Stein.

14. Eine Statue von Buddha Shakyamuni, die in Ostindien aus Li Khadur Metall gefertigt wurde. Sie ist ein Geschenk von Situ Tulku an den 16. Karmapa, nachdem er die Mönchsversprechen ablegte.

15. Eine Statue von *Roter Weisheit* aus rotem Dzi Chim Metall.

16. Eine Statue von Buddha Shakyamuni. Er hält die rechte Hand in der *Erdberührungsgeste*. Die Figur ist aus ostindischem Li Kadur Metall gegossen. Diese außergewöhnliche Statue war einst im Besitz des nepalesischen Königs Amsuvarman (tib. Öser Gocha), dessen Tochter Prinzessin Bhrikuti die erste buddhistische Königin Tibets wurde. Der zehnte

Guru Rinpoche (9)   Guru Rinpoche (10)

Shamar Tulku bekam diese Statue im 18. Jahrhundert vom nepalesischen König Mantrasimha geschenkt. Ihr wird die gleiche Wichtigkeit gegeben, wie der Buddha Shakyamuni Statue Jowo Yeshe Norbu, die sich im großen Jo Khang Tempel in Lasha befindet.

17. Eine Statue von Guru Rinpoche in Vereinigung. Sie wurde von Terchen Urgyen Chogyur Dechen Lingpa entdeckt während er kostbare Medizin in der Höhle Khandro Bum Dzong Gi Dechen Phug (südliches Kham) herstellte.
Diese kleine Statue wurde aus einem Klumpen medizinischer Substanzen freigelegt. Sie wird in einem Reliquienbehälter bewahrt.

18. Reliquien von Buddha Shakyamuni, die der Schatzfinder Taksham Nuden Dorje entdeckte. Sie werden in einem goldenen Behälter aufbewahrt.

19. Eine Statue von *Befreierin*, die unter dem Namen Zi Ji Barwa bekannt ist. Sie war die Beschützerin des indischen Königs Indrabhodi. Die Statue ist mit kostbaren Juwelen geschmückt.

20. Weiße Verbrennungsreliquien (tib. Rinshel) von dem erste Karmapa Düsum Khyenpa. Sie sind in einer Statue von Düsum Khyenpa enthalten, die er selbst segnete. Die Statue ist aus einem ostindischen Metall (sogenanntes Li Kadur) hergestellt, stark vergoldet und bemalt. Sie ist einer der wertvollsten Schätze der Kagyü-Linie und es heißt die Statue habe dreimal die *Sechs Lehren von Naropa* unterrichtet.

21. Eine Statue des ersten Karmapa Düsum Khyenpa. Sie ist aus rotem, gelbem und weißem Dzi Chim Metall gefertigt. Die Statue enthält Reliquien von Düsum Khyenpa und soll ihm sehr ähnlich sehen. Es wurden viele Versuche unternommen den Kopf der Statue zu bemalen, jedoch fiel die Farbe wieder ab oder verschwandt.

22. Eine Statue von *Diamanthalter*. Sie wurde vom zehnten Karmapa Tschöying Dorje aus dem Horn eines Rhinozeros geschnitzt. Sie ist teilvergoldete und bemalt (Seite 19).

23. Eine Statue von Tilopa. Sie wurde vom zehnten Karmapa Tschöying Dorje aus dem Horn eines Rhinozeros geschnitzt. Sie ist teilvergoldete und bemalt(S. 21).

24. Eine Statue von Naropa. Sie wurde vom zehnten Karmapa Tschöying Dorje aus dem Horn eines Rhinozeros geschnitzt. Sie ist teilvergoldete und bemalt (Seite 27).

Buddha Shakyamuni (16)

Befreierin (12)

25. Eine Statue von Marpa. Sie wurde vom zehnten Karmapa Tschöying Dorje aus dem Horn eines Rhinozeros geschnitzt. Sie ist teilvergoldete und bemalt (S.29).

26. Eine Statue von Jetsün Milarepa. Sie wurde vom zehnten Karmapa Tschöying Dorje aus dem Horn eines Rhinozeros geschnitzt. Sie ist teilvergoldete und bemalt (Seite 32).

27. Eine vergoldete Kupferstatue von *Diamant in der Hand*. Sie wurde vom zehnten Karmapa Tschöying Dorje gefertigt.

28. Eine vereinigte Form von *Diamantdolch* mit dem tibetischen Namen Dorje Shonu Dule Namgyal. Der berühmte Artz Sherab Jungnes schenkte seine Praxisstatue dem 15. Karmapa.

29. Eine runde Reliquiendose (tib. Gau) des 16. Karmapa, die er regelmäßig trug. Sie enthält Reliquien von Marpas Sohn Dharmadhoti. Nach der Verbrennung wurde in Dharmadhotis Kopf in einer Traube von Reliquien eine kleine Statue von Roter Weisheit gefunden.

30. In einem goldenen Reliquienbehälter befindet sich der Grüner Seidenstoff mit dem Yeshe Tsogyal ihren Diamantdolch (tib.Purbha) einwickelte. Sie war Gefährtin und Schülerin von Guru Rinpoche.

31. Knochenreliquie des zweiten Karmapa Karma Pakshi. Ein Wangenknochen in der Form des tietischen Buchstaben Dhi. Zusammen mit anderen Reliquien wird dieses Stück in einem goldenen Behälter bewahrt.

32. Steinstatue von Liebevolle Augen. Dzigar Dorje Trakpa fand sie im Inneren eines großen runden Steines.

33. Knochenreliquie des achten Karmapa Mikyö Dorje. Ein Rippenknochen in der Form des tibetischen Buchstaben Ah, der nach Karmpapas Verbrennung in den Überresten gefunden wurde. Die Reliquie wird in einem goldenen Behälter bewahrt.

34. Knochenreliquie von Lhacham Pema Sel, sie war eine Gefährtin von Guru Rinpoche. Der Knochen zeigt eine selbstenstandene Figur von Milarepa. Sie wird in einem goldenen Behälter bewahrt.

35. Eine Statue des Reichtumsaspektes Jambhala in seiner goldenen Form, die der verwirklichte tibetische König Songtsen Gampo in einer goldenen Dose in seinem Haar trug. Die Statue wird als wunscherfüllend bezeichnet (tib. Dechung Wang Gi Gyalpo). Sie wurde von dem dritten Karmapa Rangjung Dorje aus dem kostbaren Tsari Tso Kar See

Eine Abbildung des großen Klosters Tsurphu in Tibet. Es befindet sich im Haupteingang des neuen Klosters Rumtek in Sikkim. Rumtek wurde nach dem gleichen
architektonischen Konzept errichtet.

Befreierin war die Beschützerin des indischen Königs Indrabhodi. Die Statue ist mit kostbaren Juwelen geschmückt. (19)

wiedergewonnen. Die goldene Dose, in der die Statue enthalten ist, wird in einem goldenen Behälter bewahrt.

36. Ein Namchak (tib.; dt. Himmelsgeschenk), ein aus dem Raum gefallener Diamantdolch (tib. Purbha). Er wurde von Terchen Chogyur Lingpa gefunden (vermutlich Meteoritengestein)

37. Ein Namchak (tib), ein aus dem Raum gefallener Diamantdolch (tib. Purbha), mit Anteilen aus roten und weißem Dzi Chim Metall. Er wurde von Terchen Chogyur Lingpa entdeckt.

38. Eine weiße Buddha Shakyamuni Statue. Sie zeigt die zehn Taten eines Buddhas. Diese Statue wurde von Nagarjuna hergestellt. Sie besteht aus Lu Zim, einem besonderes Material aus dem Nagasee in Indien. Sie wurde dem vierten Karmapa Rolpe Dorje auf seiner Reise nach China geschenkt.

39. Eine grau-grüne Buddha Shakyamuni Statue. Sie zeigt die zehn Taten eines Buddhas. Diese Statue wurde von Nagarjuna gefertigt. Sie besteht aus Lu Zim, einem metallähnlichen Material aus dem Nagasee in Indien. Sie wurde dem vierten Karmapa Rolpe Dorje auf seiner Reise nach China geschenkt (Seite 69).

40. Eine Buddha Shaykyamuni Statue aus ostindischem Li Metall. Es ist die Praxisstatue von Athisa, der sie an Je Tsongkapa, den Gründer der Gelug-Linie weitergab. Je Tsongkapa, ein früherer Schüler des fünften Karmapas, ließ sie seinem Lehrer Karmapa schicken, als dieser von seiner Chinareise zurückkehrte.

41. Eine Buddha Shaykyamuni Statue aus ostindischem Li Metall. Sie ist unter dem tibetischen Namen Marwe Senge bekannt. Es ist ein Geschenk des jetzigen Dalai Lama an Künzig Shamar Rinpoche nach dem er ihm die Mönchsversprechen gab.

42. Eine *Diamant in der Hand* Statue aus chinesischem Glockenmetall.

43. Selbstbildnis von Palden Atisha. Atisha zeichnete und malte dieses Rollbild. Auf der Rückseite befindet sich seine Innschrift.

44. Eine Serie von 46 Rollbildern der Kagyü-Linienlehrer.

45. Eine stehende Buddha Shaykyamuni Statue bekannt unter dem tibetischen Namen Thupa Trong Cherma. Sie ist die Praxisstatue des indischen Königs Ashoka. Maitripa schenkte sie Marpa.

Diese goldene Stupa, mit kostbaren Reliquien gefüllt, ist mit großen Korallen sowie mit Türkisen und eingefassten Onyxen verziert. Sie befindet sich im Kloster Rumtek in Sikkim.

46. Eine Buddha Shaykyamuni Statue bekannt unter dem tibetischen Namen Thupa Cham Shugma. Sie ist die Praxisstatue des indischen Verwirklichers Jowo Ser Lingpa, Athishas Lehrer.

47. Eine Buddha Shaykyamuni Statue aus gelben Li Metall. Sie ist die Praxisstatue von Kunga Nyingpo.

48. Eine Statue der *Weißen Befreierin* aus Dzi Chim Metall. Sie wurde von dem zehnten Karmapa Tschöying Dorje gefertigt.

49. Eine *Liebevolle Augen* Statue mit dem tibetischen Namen Sa Yi Nyingpo aus Dzi Chim Metall. Sie wurde von dem zehnten Karmapa Tschöying Dorje hergestellt.

50. Eine *Rote Weisheit* Statue aus Dzi Chim Metall. Es war die Praxisstatue von Lama Ngopa, einem nahen Schüler Marpas. Es heißt die Statue spricht von Zeit zu Zeit.

51. Eine Statue der *Befreierin* bekannt unter dem tibetischen Namen Ngödrup Pal Barma.

52. Eine Statue des zweiten Karmapa Karma Pakshi. Karmapa hat sie selbst gefertigt und „Mein Abbild" (tib. Pakshi Nga Trama) genannt. Die Statue besteht aus weißem, schwarzem und vielfarbigem Dzi Chim Metall.

Bücher und Texte

Kangjur	(104 Bände)
Tenjur	(206 Bände)
Rinchen Terzö	(61 Bände)
Dam Ngag Zö	(10 Bände)
Ngags Zö	(drei Bände)
She Cha Zö	(drei Bände)
Padma Karpo Sung Bum	(14 Bände)
Drubtop Küntu	(zehn Bände)
Khachab Dorje Ka Bum	(zehn Bände)
Khongtrul Ka Bum	(zehn Bände)
Mila Gur Bum	(ein Band)
Sengtreng Namthar	(zwei Bände)
Shamar Khachöd Wangpo Ka Bum	
	(4 Werken zu je 10 Bänden)
Yeshe Korsum	(ein Band)
Dagpo Ka Bum	(zwei Bände)
Chag Chen	(drei Bände)

und eine Vielzahl kleinerer Werke.

Maskentänze

Anhänge

ANHÄNGE

Ausschnitt eines großen Wandbildes im osttibetischen Karma-Gadri-Stil. Es zeigt die Kagyü-Linie ausgehend von Diamanthalter (tib. Dorje Chang, skt. Vajradhara).

Anhang A
Die Linie der Shamarpas

1. Shamarpa	Trakpa Senge		1283-1349
2. Shamarpa	Khachö Wangpo		1350-1405
3. Shamarpa	Chöpal Yeshe		1406-1452
4. Shamarpa	Tschökyi Trakpa		1453-1524
5. Shamarpa	Künchok Yenlak		1525-1583
6. Shamarpa	Tschökyi Wangtschug		1584-1630
7. Shamarpa	Yeshe Nyingpo		1631-1694
8. Shamarpa	Palchen Tschökyi Döndrub		1695-1732
9. Shamarpa	Künchok Jungne		1733-1741
10. Shamarpa	Mipham Chödrub Gyamtso		1742-1792

Aus politischen Gründen gab es bis ca. 1880 keine förmliche
Anerkennung eines Shamarpa.

11. Shamarpa	Jamyang Rinpoche		ca. 1880-1947
12. Shamarpa	Tinlay Kunchup		1948-1950
13. Shamarpa	Tschökyi Lodrö		geb. 1952

Der Lama mit der rote Krone

Der erste Shamarpa, Trakpa Senge (1283-1349)

Der erste Shamar Tulku, Trakpa Senge, wurde 1283 bei Pompor Gang am Ufer des Flusses Shel (Kham, Osttibet) geboren. Als er drei Jahre alt war, hatte er an einem frühen Morgen Visionen des Schützers Desheg Thangpa und von *Befreierin*. Er erhielt von ihnen wichtige Einweihungen.

Mit sechs Jahren stand er bereits im dem Ruf, Dämonen sehen zu können, denn er beschrieb oft die erstaunlichen Erscheinungsformen der verschiedenen Schützer. Seine Eltern machten sich deswegen große Sorgen und brachten ihn zu Lama Lodrö Trakpa in der Hoffnung, er fände einen Weg, diese störenden Einflüsse zu beseitigen. Der Lama fragte den Jungen, was er denn sehe, und Shamarpa beschrieb sehr ausführlich die Buddhaform *Pferdekopf* (tib. Tamdrin; skt. Hayagriva) mitsamt seinem Kraftfeld. Der Lama erkannte die einzigartige Wahrnehmungsfähigkeit des Jungen und riet den Eltern, ihn zum Mönch zu machen. Er würde aller Wahrscheinlichkeit nach ein großer Lama werden und viel für die buddhistische Lehre tun können.

Der Junge wurde Mönch und studierte bei Lama Trakpa und Lopön Gyal Je. Mit 17 Jahren traf er Rangjung Dorje, den dritten Karmapa, begleitete ihn nach Tsurphu und erhielt von ihm grundlegende Erklärungen. Dann ging er zum großen buddhistischen Institut Sang Phu Nentok und vervollkommnete dort seine Studien. Man kannte ihn bald als Gelehrten und Meister im Redewettstreit.

Mit 24 Jahren traf er bei Dechen Teng erneut auf Karmapa und erhielt von ihm die vollständigen Belehrungen, einschließlich der sechs Lehren Naropas. Zwei Jahre lang zog er sich zur Meditation in eine Höhle zurück. Während er die Traum-Meditation (tib. Milam) übte erschien ihm Rangjung Dorje, der ihm den Rat gab, ein Meditationszentrum zu gründen, und der Schützer *Schwarzer Mantel* teilte ihm Einzelheiten für den passenden Ort mit. Shamar Trakpa Senge errichtete das Zentrum in Nesnang in ganz kurzer Zeit. Bald hatte er ungefähr 25 Schüler, die an dieser Stelle Naropas Übungen praktizierten. Shamarpa kehrte bald wieder in seine Höhle zurück und verbrachte den Rest seines Lebens in Meditation.

Im März des Jahres 1349 starb er unter vielen Glück verheißenden Zeichen in seinem 67. Lebensjahr. Seine wichtigsten Schüler waren Yagde Panchen und Tokden Gon Gyalwa.

Der zweite Shamarpa, Khachö Wangpo (1350-1405)

Khachö Wangpo wurde 1350 bei Chema Lung (Chang Namschung, Nordtibet) geboren. Mit sieben Monaten erschien ihm Karmapa Rölpe Dorje in einer Vision und sagte:

„Die Blume ist bereit,
aber noch nicht voll erblüht,
Warte bis zur richtigen Zeit,
da du noch immer ein Mensch bist.
Hoch begabt, wie du bist,
warte bitte noch eine Weile,
und ich werde dich lehren,
wie du volle Verwirklichung erreichst."

Dann schnipste Karmapa mit den Fingern, und von da an konnte sich das kleine Kind an alle Einzelheiten seines vorigen Lebens erinnern und erzählte anderen, dass er die Wiedergeburt von Trakpa Senge sei.

Mit 14 Monaten sprach er bereits über Buddhas Lehre, und mit drei Jahren gab er Belehrungen. Sein Ruhm verbreitete sich schnell. Auch die Diener und Schüler des vorigen Shamar Tulku hörten von dem Jungen. Sie kamen, um ihn zu sehen, und erkannten ihn sofort als Shamarpas neue Wiedergeburt.

Mit sieben Jahren begegnete er während der Überquerung eines Flusses Karmapa Rölpe Dorje. Dieser übertrug ihm das vollständige Große Siegel, die Sechs Lehren von Naropa und die Linien-Belehrungen der Kagyüs. Von Khenpo Döndrub Pal erhielt er die erste und zweite Mönchsweihe. Nach Beendigung seiner Studien reiste er zu einer Pilgerstelle in Tsari und hatte dort eine Vision des Dombhi Heruka. Als Anerkennung seiner großen Verwirklichung und als Zeichen für seine Aufgabe als Lehrer erhielt er von Karmapa später eine Rote Krone (tib. Zha-mar).

Shamar Khachö Wangpo erkannte die nächste Wiedergeburt Karmapas, Deshin Shegpa. Er inthronisierte ihn im Kloster Tsurphu und übertrug ihm die Belehrungen. Im Alter von 37 Jahren gründete Shamarpa bei Gaden Mamo ein großes Meditationszentrum, in dem bald 300 Verwirklicher praktizierten. Er selbst übte sich in der Vollendung der geheimen Lehren und hatte viele Visionen von Schützern, die ihm wichtige Einweihungen übertrugen.

Im Oktober 1405 starb er. Seine engsten Schüler waren der fünfte Karmapa, Lama Kazhipa Tinchen und Sowon Rigpe Raldre.

Der dritte Shamarpa, Chöpal Yeshe (1406–1452)

Chöpal Yeshe wurde im März 1406 in Trang Do (Kongpo, Südtibet) geboren. Während er sich noch im Mutterleib befand, hörte man ihn bereits das Mani-Mantra rezitieren. Bei seiner Geburt zeigten sich genau über dem Dach des Hauses mehrere Regenbögen in der Form eines Schirmes, und an seinen Fußsohlen war der mongolische Buchstabe „Gyel" (dt. Sieg) zu sehen. Er wurde sofort als Shamarpas Wiedergeburt bestätigt und auch von mehreren seiner früheren Schüler wiedererkannt. Alle Einzelheiten der Vorhersage stimmten genau mit den Umständen seiner Geburt überein. So brachte man ihn nach Taktse und besuchte unterwegs das Meditationszentrum Gaden Mamo.

Mit sechs Jahren wurde er dabei beobachtet, wie er auf dem gesamten Wonpo-Felsen, der als Aufenthaltsort eines wichtigen Schützers gilt, herumkletterte. Im November 1413, mit acht Jahren, traf er Karmapa Deshin Shegpa bei Pang Dor, und sie reisten gemeinsam nach Taktse.

Im Dezember desselben Jahres nahm er bei Karmapa die ersten Mönchsversprechen mitsamt den Anweisungen und Belehrungen. Später erkannte und inthronisierte Shamarpa den neuen, sechsten Karmapa Tongwa Dönden und brachte ihn zu dessen Kloster. Von Kenchen Sönam Zangpo erhielt Shamarpa die letzte Ordination. Geshe Rigdzin gab ihm einige wichtige Belehrungen, wie es bereits der Schüler des zweiten Shamarpa, Sowon Rigpe Raldre, getan hatte.

Nachdem Shamarpa seine Studien abgeschlossen hatte, fing er an zu lehren. Er war ein sehr guter Lama und hatte viele Schüler. Nach langen Jahren des Lehrens starb er im November 1452 im Alter von 47 Jahren. Es waren zahllose Regenbögen zu sehen, und Blumenregen fiel herab. Seine Hauptschüler waren Jampal Zangpo, Gelong Zhonu Pal (der Historiker) und Ngampa Chatrel.

Der vierte Shamarpa, Tschökyi Trakpa (1453–1524)

Tschökyi Trakpa wurde im April 1453 bei Kangmar in Domed (Osttibet) geboren. In der Nacht seiner Geburt konnten die Bewohner der Gegend zwei Monde am Himmel sehen. Als er geboren war, erzählte er seinen Angehörigen, er kenne Gyalwa Karmapa.

Mit sieben Jahren brachte man ihn zum Kloster Kangmar. Dort ging er unmittelbar auf seinen Thron zu und setzte sich darauf. Die Schüler seiner letzten Wiedergeburt vermischten alle Bücher und legten sie vor ihn. Er suchte alle Schriften der Karmapas heraus und brachte dann die Seiten in die richtige Reihenfolge.

Shamarpa wurde nach Chang Mo Sar und in das große Kloster Surmang eingeladen und traf dort Tschödrag Gyamtso, den siebten Karmapa. Dieser gab für ihn die Schwarze Kronzeremonie, viele Belehrungen und Einweihungen. Im Alter von zwölf Jahren führte Shamarpa die Zeremonie der Roten Krone durch und wurde inthronisiert. In einer Vision erschien ihm Sarasvati, die ihm eine Arura-Frucht (Myrobalan) schenkte. Dieses Geschenk befähigte ihn, sehr schnell zu lernen. Er reiste nach Gaden Mamo und meditierte dort sechs Monate lang. 1470, im Alter von 17 Jahren, stattete Shamarpa der Mongolei einen Kurzbesuch ab. Wieder zurück in Tibet, erhielt er von Karmapa alle verbliebenen Belehrungen. Go Lotsawa Zhonu Pal, ein Schüler des dritten Shamarpa, lehrte ihn Sanskrit und die klassischen Abhandlungen.

Mit 46 Jahren wurde er der oberste Herrscher Tibets. Er gründete das große Kloster Gaden Mamo, das eine Versammlungshalle mit 94 Säulen hatte. Die Arbeit wurde im April 1488 begonnen und zwei Jahre später im Juli 1490 vollendet. Mit 51 Jahren gründete Shamarpa ein großes Kloster bei Yang Chen, etwas nördlich von Tsurphu (72 Säulen). Diese Arbeit begann im Juni 1503 und wurde 10 Monate später vollendet. Im Februar 1524 starb Shamar Tulku im Alter von 72 Jahren. Seine engsten Schüler waren Taklung Namgyal Trakpa, Zhalu Lotsawa und Drigung Ratna.

Der fünfte Shamarpa, Köntschog Yenlak (1525–1583)

Köntschog Yenlak wurde im September 1525 bei Gaden Kang Sar (Kongpo) geboren. Während seiner Geburt erblühten viele Blumen, obwohl es mitten im Winter war. Gleich anschließend hörte man den Neugeborenen das Mani-Mantra sagen und er wurde schnell als Shamarpas neue Wiedergeburt erkannt. Karmapa Mikyö Dorje inthronisiert ihn und übertrug ihm Belehrungen.

Als er zwölf Jahre alt war, hatte Shamar Tulku seine Studien abgeschlossen. Er erreichte Vollendung in der Meditation und zog hervorragende Schüler an. Shamarpa erkannte den neunten Karmapa, Wangtschug Dorje, inthronisierte ihn und übertrug ihm im während der folgenden Jahre alle geheimen Belehrungen.

Im August 1583 starb er mit knapp 58 Jahren. Seine engsten Schüler waren der neunte Karmapa sowie Karma Tinlaypa, Drigung Chögyal Phuntsok und Taklung Kunja Tashi.

Der sechste Shamarpa, Tschökyi Wangtschug (1584–1630)

Tschökyi Wangtschug wurde im Oktober 1584 in Sholung geboren. Während seiner Geburt zeigten sich viele Glück verheißende Zeichen, und er war ein sehr bemerkenswertes Kind. Karmapa Wangtschug Dorje bestätigte ihn im Alter von fünf Jahren als Wiedergeburt Shamarpas und inthronisierte ihn im Institut Dagpo Shedrup Ling. Von Karmapa erhielt der Junge die höheren Belehrungen und wurde bereits in seinem zwölften Lebensjahr als Meditationsmeister bekannt. Unter Anleitung des vortrefflichen Lamas Karma Tinlaypa lernte er Sanskrit und machte schnelle Fortschritte.

Im August 1593 gründete er das Meditationszentrum Thubten Nyinche Ling. Mit sechzehn Jahren beherrschte er Sanskrit vollständig, und der Ruf eines großen Gelehrten eilte ihm voraus. Er besuchte Institute der verschiedenen Linien, legte viele Prüfungen ab und war als einer der größten Gelehrten seiner Zeit anerkannt. Er kannte 32 Bände buddhistischer Schriften vollständig auswendig, gewann viele Debatten und besiegte die schamanistichen Bönpos.

Shamar Tschökyi Wangtschug hatte viele besondere Visionen des Sakya Pandita und erhielt von ihm wichtige Belehrungen. An ihn sowie an *Weisheitsbuddha* verfasste Shamarpa wunderschöne Anrufungen. Der Herrscher von Jyang lud Shamarpa zu einem Besuch ein. Er kam der Einladung nach und berichtigte alle Fehler in den *Kanjur-Sutras* der Klöster. Er übertrug die Belehrungen des Großen Siegels und hatte viele begabte Schüler.

Im großen Kloster Surmang gab er den Lamas und Mönchen Belehrungen und Einweihungen. Shamarpa erkannte und inthronisierte den zehnten Karmapa Tschöying Dorje und ging wenig später auf Pilgerreise nach Nepal. An der großen Bodnath-Stupa im Kathmandu-Tal traf er König Laksminara Simha Malla, der ihn ehrte und mit einer Blumengirlande willkommen hieß. Shamarpa beeindruckte die Brahmanen mit seinen Sanskrit-Kenntnissen, debattierte mit ihnen über die Lehre Buddhas und verbreitete sie in Nepal. König Simha Malla, der Herrscher eines anderen Gebietes im Tal, schickte ihm einen großen Reitelefanten. Anstelle eines goldenen Daches, wie er es ursprünglich geplant hatte errichtete er an der großen Swayambhu-Stupa vier goldene Schreine in den vier Himmelsrichtungen. 1640, zehn Jahre nach seinem Tod, wurde unter dem Bogen an der Südseite des Tempels eine Inschrift über diesen besonderen Besuch verfasst.

Shamarpa kehrte über Yolmo im nördlichen Nepal nach Tibet zurück. Während der Reise durch Südtibet gab er den Einweihungszyklus Lami Naljor und erklärte *Karma*, die Gesetzmäßigkeit von Ursache und Wirkung. In Tashigang traf er Gyalwa

Karmapa, schenkte ihm einen Mungo und übertrug ihm die verbliebenen Belehrungen.

Im März 1630 wurde Shamarpa krank. Seine Schüler baten ihn, seinen Tod bis zur Ankunft von Khedrup Karma Chagme aufzuschieben, damit dieser noch ein paar wichtige Belehrungen erhalten könnte. Shamarpa fertigte und bemalte eine kleine Tonstatue von sich selbst und segnete diese (Sie wird noch immer in Rumtek aufbewahrt). Khedrup Karma Chagme kam noch zur rechten Zeit an und erhielt die Belehrungen.

Im November 1630 starb Shamar Tulku eines Morgens unter ganz besonderen Zeichen. Seine engsten Schüler waren der 13. Karmapa, Karma Mipham Tsewang Rabten (Herrscher von Jyang) und Khedrup Karma Chagme.

Der siebte Shamarpa, Yeshe Nyingpo (1631–1694)

Yeshe Nyingpo wurde 1631 bei Golok, am Ufer des Flusses Ma Chu (Osttibet), geboren. Der zehnte Karmapa erkannte, inthronisierte und unterwies ihn in der Lehre Buddhas. Shamarpa besuchte Jyang und Lhasa, wo er sich viele Lehren aneignete und Philosophie studierte. Von Gyalwa Karmapa erhielt er die vollständigen Belehrungen und verwirklichte sie.

Shamarpa erkannte Yeshe Dorje, den elften Karmapa, inthronisierte ihn und übertrug ihm die vollständigen Lehren. Yeshe Nyingpo starb im Februar 1694. Sein engster Schüler war der elfte Karmapa.

Der achte Shamarpa, Palchen Tschökyi Döndrub (1695–1732)

Palchen Tschökyi Döndrub wurde im Oktober 1695 bei Yolmo Kangra im nördlichen Nepal geboren, und währenddessen erschienen weiße Regenbögen über seinem Haus. Als Kind erzählte er über seine vorigen Leben in allen Einzelheiten und nannte all seine Klöster. Der Ruhm des bemerkenswerten Kindes verbreitete sich rasch. Gyalwa Karmapa entsandte eine Gruppe zu ihm, die ihn sofort als neuen Shamarpa erkannte.

Der König Nepals – es handelte sich wahrscheinlich um Bhaskar Malla von Kathmandu, 1700-1714 – erwies ihm seine Ehre, und die Verwirklicherin Zitapuri sagte voraus, dass der Junge ein Siddha werden würde. Mit elf Jahren verließ er Nepal und reiste zum Kloster Tagna in Westtibet, wo man ihn sehr ehrte und anschließend nach

Eine kleine Tonstatue des sechsten Shamarpa Chökyi Wangchuk. Er hat sie 1630, kurz vor seinem Tod, angefertigt. Sie wird im neuen Kloster Rumtek in Sikkim aufbewahrt und befindet sich im Besitz des dreizehnten Shamarpa.

Tsurphu begleitete. Karmapa inthronisierte ihn dort und gab ihm viele Belehrungen. Als gebürtiger Nepali wurde Shamarpa zwar als Ausländer angesehen; doch gewährte ihm die tibetische Regierung die amtliche Erlaubnis, im Land zu bleiben, und Shamarpa ließ sich im großen Kloster Yang Chen nieder.

Tschökyi Döndrub erkannte den achten Situ Tulku. Vom elften Karmapa erhielt Shamarpa alle Belehrungen und erkannte später den 12. Karmapa, Tschangtschub Dorje. Er kehrte wieder nach Nepal zurück und reiste mit Karmapa anschließend nach China. Dort starb er im Dezember 1732, zwei Tage nach dem Tod von Gyalwa Karmapa. Sein engster Schüler war der achte Situ Tulku.

Der neunte Shamarpa, Köntschog Jungne (1733-1741)

Köntschog Jungne wurde 1733 geboren und von Situ Tulku, der ein Schüler des vorigen Shamarpa war, anerkannt und inthronisiert. Die Gelugpa-Regierung hatte eine Verordnung erlassen, die es jedem verbat, Vorhersagen über Shamar Tulku zu machen oder ihn zu inthronisieren. Situ Tulku lehnte diese Anordnung vor einem großen Gericht ab und gewann den Prozess.

Lama Khatog Rigdzin Chenmo sagte voraus, dass das Kind voraussichtlich lange leben würde, sofern seine Inthronisation im Kloster Khatog Gön in Kham stattfände. Unglücklicherweise starb der Lama, und die anderen Lehrer des Klosters weigerten sich, Situ Tulku die Erlaubnis zur Inthronisierung an dieser Stelle zu geben. Sie befürchteten, das Kloster durch Vergeltungsmaßnahmen der Gelugpas zu verlieren. Der junge Shamar Tulku starb 1741 im Alter von acht Jahren, nachdem er lediglich die Essenz der Lehren erhalten hatte.

Der zehnte Shamarpa, Mipham Tschödrub Gyamtso (1742-1792)

Mipham Tschödrub Gyamtso wurde 1742 in Tashi Tse (Provinz Tsang) geboren. Er war der Bruder des Panchen Rinpoche, Lobsang Palden Yeshe (1738-1780), und wurde vom 13. Karmapa und dem achten Situ Tulku anerkannt.

Von Situ Tulku erhielt er die erste und zweite Mönchsweihe sowie die Übertragung sämtlicher Belehrungen. Bald darauf erkannte er den neunten Situ Tulku und lehrte diesen wiederum alles. Shamar Tulku verbrachte viele Jahre damit, die Lehre Buddhas in Tibet wieder aufleben zu lassen, und ging dann auf Pilgerreise nach Nepal.

Während seines Aufenthaltes brachen Kämpfe zwischen Tibet und Nepal aus. In Lhasa witterte Tagtsag Tenpai Gonpo, ein einflussreicher Gelugpa-Minister, die politischen Gelegenheit und behauptete, dass Shamar Tulku die Kämpfe mit Nepal anstiftete. Der Minister beschlagnahmte Shamarpas großes Kloster Yang Chen, und das Parlament erließ eine Verordnung, wonach sich alle Klöster Shamarpas zu den Gelugpas bekennen mussten. Außerdem erhielt Shamarpa das Verbot, sich wiederzugebären zu lassen. Seine rote Krone wurde unter Shamarpas Tempel in Lhasa begraben, und das Gebäude selbst diente fortan als Gerichtshof. In Wirklichkeit hatte Shamar Tulku versucht, Frieden mit den Nepalesen herzustellen, und war nur für eine Pilgerreise nach Nepal gekommen. Er schenkte an der Swayambhu-Stupa in Kathmandu eine große Glocke – sie hängt noch immer dort – und starb 1792 in Nepal im Alter von 50 Jahren. Er hatte viele wichtige Schüler.

Um nicht den Zorn der an der Regierung beteiligten Gelugpas auf sich zu ziehen, die alle Klöster und allen Besitz Shamarpas beschlagnahmt hatten, wurde bis zum späten 19. Jahrhundert kein Shamarpa mehr amtlich anerkannt. Der 16. Gyalwa Karmapa machte folgende Anmerkung über jene Zeit:

„Die Ansammlung von Verdienst wurde kleiner und kleiner. Es gab sehr viele politische Einmischungen. Weiß wurde zu schwarz, wahr wurde unwahr. Damals war es nicht möglich, einen Shamarpa anzuerkennen oder zu inthronisieren. Alles wurde geheim gehalten. Die Wiedergeburten waren da, wurden aber nicht öffentlich gemacht."

Der elfte Shamarpa, Jamyang Rinpoche (ca. 1895-1947)

Jamyang Rinpoche war zwar der Sohn von Karmapa Khachab Dorje, blieb aber nahezu unbekannt und verbrachte die meiste Zeit in Nordtibet. Er übte seine Meditation in abgelegenen Gebieten, erhielt Belehrungen und Einweihungen, nahm aber nie am klösterlichen Leben teil. Er wurde ein verwirklichter Meister und hinterließ Fußabdrücke auf mehreren Felsen bei Shama Trak. Shamarpa war ein verwirklichter Lama, aber nur sehr wenige kannten ihn. Er starb 1947.

Der zwölfte Shamarpa, Thinlay Könchab (1948-1950)

Thinlay Könchab wurde am 10. Februar 1948 geboren. Er wurde vom 16. Karmapa

anerkannt und im Kloster Tsurphu eingesetzt. Er starb im Alter von nur einem Jahr
und zwei Monaten.

Der dreizehnte Shamarpa, Tschökyi Lodrö (geb. 1952)

Tschökyi Lodrö wurde am 22. September
1952 im Athup-Palast in Derge (Osttibet)
geboren. Vor seiner Geburt hatte der elfte
Situ Tulku eine der höchsten Kagyü-Wie-
dergeburten vorhergesagt. Während seiner
Geburt war der Himmel voller Regenbögen,
und einer von ihnen stand über dem Palast wie ein Zelt. Das Wasser der gesamten Umgebung wurde milchig, was für die
Einwohner als Zeichen einer wundersamen
Geburt galt. Im alten Kloster Yang Chen
der Shamarpas befand sich die Statue eines Schützers, auf einem Pferd reitend. Bei
Shamar Tschökyi Lodrös Geburt spuckte
dieses Pferd die Schafsknochen aus, die
man ihm bei der Beschlagnahmung des
Klosters ins Maul gesteckt hatte.
Mit sechs Jahren wurde der Junge ins Kloster Tsurphu gebracht. Sein Kindermädchen
umrundete das Gebäude und trug den Jungen auf ihrem Rücken. Als er auf einige
Mönche zeigte, die aus dem westlichen Tor
kamen, sagte er: „Das sind meine Lamas,
meine Mönche." Sie waren gerade vom
Kloster Yang Chen gekommen.

Der 16. Karmapa bestätigte, dass er tatsächlich die Wiedergeburt Shamar Tulkus war.
Die Verordnung der regierenden Gelugpas
war noch immer in Kraft, und so enthüll-
te er diese Tatsache nicht öffentlich. Bevor
er Tibet verließ, wurde der junge Künzig
Shamarpa heimlich zum Kloster Yang Chen
gebracht. Dort deutete er auf die Statuen
der vorherigen Shamarpas und erzählte von
Ereignissen aus dem Leben eines jeden.
Mit neun Jahren wurde Künzig Shamarpa von Gyalwa Karmapa nach Sikkim gebracht. Karmapa unterhielt sich mit dem
Dalai Lama über die Anerkennung Shamarpas, und die Angelegenheit wurde in Meditation und Träumen untersucht. Schließlich
erlaubte der Dalai Lama die Wiederein-
zung Shamarpas und legte alle politischen
Störungen der Vergangenheit bei.
Einen Monat vor seiner geplanten Inthronisierung reiste Künzig Shamarpa nach
Dharamsala, begleitet von seinem Bruder
Jigmela. Er hatte eine Audienz beim Dalai
Lama, der ihm die Wiedereinsetzung in seine früheren Rechte amtlich bestätigte. Ohne
jeden Streit wurde die Sache beigelegt. Am
26. Mai 1964 wurde Tschökyi Lodrö, die 13.
formelle Wiedergeburt Shamar Tulkus, von
Karmapa im alten Kloster Rumtek inthronisiert. Shamarpa studierte bei Gyalwa Karmapa im neuen Kloster Rumtek.

Der 13. Shamarpa (1972)
Seine Linie der Inkarnationen besteht seit
dem 13. Jahrhundert. Sie sind Halter der
Roten Krone und untrennbar mit der Linie
der Karmapas verbunden.

Anhang B
Die Situ-Linie

1. Situ	Tschökyi Gyaltsen	1377-1448
2. Situ	Tashi Namgyal	1450-1497
3. Situ	Tashi Paljor	1498-1541
4. Situ	Tschökyi Gocha	1542-1585
5. Situ	Tschökyi Gyaltsen Palzang	1586-1657
6. Situ	Mipham Tschögyal Rabten	1658-1682
7. Situ	Nawe Nyima	1683-1698
8. Situ	Tschökyi Jungne	1700-1774
9. Situ	Padma Nyingche Wangpo	1774-1853
10. Situ	Padma Künzang Tschögyal	1854-1885
11. Situ	Padma Wangtschug Gyalpo	1886-1952
12. Situ	Padma Donyo Nyingche Wangpo	geb. 1954

Die Situ-Inkarnationen

Vor dem ersten Situ Tulku gab es bereits drei große Verwirklicher dieser Inkarnationslinie: Drogön Rechen (1088-1158), Naljor Yeshe Wangpo (1220-1281) und Rigowa Ratnabhadra (1281-1343).

Drogön Rechen wurde bei Nyamo Shung in Yarlung (Südtibet) geboren. Über dem Kopf des kleinen Kindes sah man bisweilen einen Regenbogen. Im Alter von neun Jahren lief er von zu Hause fort, um bei Drogompa zu lernen. Bei diesem erhielt er die Belehrungen über *Innere Hitze* und wurde in den Kraftkreisdes Buddhas *Höchste Freude* eingeweiht. Er hatte eine Vision vom ersten Karmapa Düsum Khyenpa, erhielt von diesem die geheimen Belehrungen und gab sie an Gyaltse Pomdragpa weiter. Nachdem er sein ganzes Leben in Meditation verbracht hatte, starb Drogön Rechen im Alter von 70 Jahren. Seine Übertragung ging weiter an Naljor Yeshe Wangpo, der sie wiederum an Rigowa Ratnabhadra weitergab.

Der erste Situ Tulku, Tschökyi Gyaltsen (1377-1448)

Tschökyi Gyaltsen wurde in der Gegend von Karma Guen geboren. Er wurde ein Schüler von Deshin Shegpa, dem fünften Karmapa, und erhielt von ihm die vollständigen Belehrungen und Ermächtigungen des Großen Siegels. Er erreichte Vollendung in den Belehrungen und reiste mit Karmapa nach China. Der chinesische Kaiser Tai Ming Chen (Yung Lo) verlieh ihm den Ehrentitel „Tai Situ". Er verbrachte die meiste Zeit seines Lebens in Höhlen meditierend und war ein guter Lama.

Der zweite Situ Tulku, Tashi Namgyal (1450-1497)

Tashi Namgyal wurde in einer königlichen Familie in Tibet geboren und vom sechsten Karmapa, Tongwa Dönden, anerkannt. Karmapa inthronisierte ihn und gab ihm sämtliche Belehrungen. Tashi Namgyal war ein ausgezeichneter Lama und Lehrer des siebten Karmapa, Tschödrag Gyamtso. Er besuchte viele Gegenden Tibets und gab dabei Belehrungen und Einweihungen. Bei seinem Tod erschienen viele Glück verheißende Zeichen.

Der dritte Situ Tulku, Tashi Paljor (1498-1541)

Tashi Paljor wurde vom siebten Karmapa anerkannt und eingesetzt und erhielt von ihm alle Belehrungen. Nachdem er diese verwirklicht hatte, erkannte er wiederum den achten Karmapa, Mikyö Dorje. Er übertrug alle Lehren an Karma Tinlaypa und starb dann bei Karma Guen.

Der vierte Situ Tulku, Tschökyi Gotscha (1542-1585)

Tschökyi Gotscha wurde in Tse Chu in der Nähe von Surmang geboren. Mikyö Dorje, der achte Karmapa, erkannte ihn an, inthronisierte ihn und gab ihm sämtliche Belehrungen. Später erkannte Tschökyi Gotscha den neunten Karmapa Wangtschug Dorje und starb bald darauf.

Der fünfte Situ Tulku, Tschökyi Gyaltsen Palzang (1586-1657)

Tschökyi Gyaltsen Palzang wurde 1586 geboren. Wangtschug Dorje, der neunte Karmapa, erkannte ihn an und gab ihm alle Belehrungen. Tschökyi Gyaltsen Pal-

zang gründete das Kloster Yer Mo Che (mit 160 Säulen im Hauptversammlungsraum) und wurde von Karmapa mit einem roten Hut beschenkt. Situ Tulku starb 1657 unter vielen besonderen, Glück verheißenden Zeichen.

Der sechste Situ Tulku, Mipham Tschögyal Rabten (1658-1682)

Mipham Tschögyal Rabten wurde in Meshod geboren. Der zehnte Karmapa, Tschöying Dorje, bestätigte und inthronisierte ihn. Situ Tulku zeigte ein Wunder, indem er seine Roben und Mala auf einen Sonnenstrahl hängte. Außerdem hinterließ er viele Fußabdrücke auf Steinen und Felsen. Er verbrachte einige Zeit mit Studien in den Klöstern Tsurphu und Karma Guen, wo er jeden mit seiner Gelehrtheit und Einsicht beeindruckte.

Situ Tulku war ein großer Sanskrit-Gelehrter, Sterndeuter, Arzt und Künstler, der viele Rollbilder malte. Er schrieb auch das Sung-Bum, einen Abriss über Allgemeinwissen, und von Karmapa Tschöying Dorje erhielt er sämtliche Belehrungen. Situ Tulku hatte unzählige Schüler und sagte die genauen Umstände seiner nächsten Wiedergeburt voraus. Er reiste nach Ri Wo Cha Gang (China), wo er starb.

Der siebte Situ Tulku, Nawe Nyima (1683-1698)

Nawe Nyima wurde als Sohn der königlichen Familie Ling geboren. Er wurde sofort als neue Wiedergeburt anerkannt und für ein Sakya-Institut zugelassen. Er starb sehr jung und erhielt nur die Essenz der Belehrungen.

Der achte Situ Tulku, Tschökyi Jungne (1700-1774)

Tschökyi Jungne wurde 1700 in der Provinz A-Lu Shekar geboren. Im Alter von acht Jahren erkannte ihn der achte Shamar Tulku, Palchen Tschökyi Döndrub, an, brachte ihn zur Inthronisierung ins Kloster Tsurphu und gab ihm alle Belehrungen und Einweihungen. Situ Tulku studierte Philosophie und Medizin.

Später, als Tibet von den Ministern Ngagpho, Lumpa und Gya Rawa regiert wurde, reiste er nach Lhasa. Ngagpho bat ihn, ein paar Vorhersagen zu machen, und Situ Tulku erklärte, dass die Minister gestürzt würden und Ngagpho getötet würde. 1716 wurde dieser tatsächlich von Pho Lhawa Sönam Tobgyal ermordet. Situ Tulku wurde in Nepal sehr bekannt.

1727 gründete er das große Kloster Palpung in Osttibet. Der örtliche Herrscher lud ihn nach Jyang ein, und dort übertrug Situ Tulku dem 13. Karmapa, Düdul Dorje, sowie dem zehnten Shamar Tulku alle Belehrungen. Er war anerkannt als ausgezeichneter Gelehrter und sehr begabter Künstler.

Situ Tulku unternahm eine Pilgerreise nach Nepal, wo er mit großen Ehren empfangen wurde. Er debattierte mit Pandita Jaya Mangola aus Kaschmir, wonach ihm dieser sagte, dass er nach indischen Ehrenrichtlinien „sieben Schirme" verdient hätte. Und nach einer Debatte mit Pandita Prahduma über die Regeln für positives Verhalten (skt. *Vinaya-Sutras)* und verschiedene Standpunkte der Lehre, dachte dieser, dass Situ Tulku von Shiva Shankara gesegnet sein müsse – schließlich sei dies der einzige Weg, eine solche Gelehrsamkeit und Einsicht zu erreichen.

Situ Tulku kehrte nach Tibet zurück und gab überall Belehrungen. Aus dem Sanskrit übersetzte er viele Bücher sowie gute Wünsche an *Befreierin* und übertrug all diese kostbaren Lehren an seine vielen Schüler. Einer Einladung von Kaiser Chi`en Lung (1735-1796) folgend, besuchte er China und wurde dort mit großen Ehren empfangen.

Situ Tulku starb meditierend im Lotussitz, und man stellte fest, dass seine Herzgegend sieben Tage lang warm blieb und sich ein Duft von Räucherwerk ausbreitete. Seine engsten Schüler waren der 13. Karmapa, der zehnte Shamar Tulku, Drukchen

Tinlay Shingta, Drigung Tschökyi Gyalwa, Pawo Tsuklak Gyalwa, Druptop Chö Je Gyal, Khamtrul Tschökyi Nyima und Lotsawa Tsewang Künchap.

Der neunte Situ Tulku, Pema Nyingche Wangpo (1775-1853)

Pema Nyingche Wangpo wurde in Yilung (Kham, Osttibet) geboren. Mit fünf Jahren wurde er inthronisiert und erhielt vom 13. Karmapa und dem zehnten Shamarpa alle Belehrungen. Er verbrachte die meiste Zeit in tiefer Meditation und war ein großer Gelehrter und Lehrer. Mit 61 Jahren erhielt er die abschließenden Belehrungen und übte diese noch 18 Jahre lang. Situ Pema Nyingche Wangpo erkannte den ersten Jamgön Kongtrul Tulku als Karma-Kagyü-Lehrer an. Als der neunte Situ Tulku im Alter von 79 Jahren starb, war der Himmel voller Regenbögen.

Der zehnte Situ Tulku, Pema Künzang Tschögyal (1854-1885)

Pema Künzang Tschögyal wurde 1854 bei Nam Tso (Chang) in der nähe eines See geboren. Der 14. Karmapa, Thegtschog Dorje, und der erste Jamgön Kongtrul Tulku, Lodrö Taye, inthronisierten ihn. Der zehnte Situ Tulku verbrachte sein ganzes Leben mit der Verwirklichung der Kagyü-Lehren und wurde ein Siddha. Er hinterließ viele Fußabdrücke auf Felsen und konnte an glatten Felswänden senkrecht noch oben gehen.

Der elfte Situ Tulku, Pema Wangtschug Gyalpo (1886-1952)

Pema Wangtschug Gyalpo wurde 1886 in Li Thang geboren, und bei seiner Geburt zeigten sich sehr ungewöhnliche Zeichen. Die Vorhersagen Gyalwa Karmapas über die neue Wiedergeburt trafen genau zu. Mit vier Jahren wurde Situ Tulku von Karmapa Khachab Dorje anerkannt und zum großen Kloster Palpung gebracht.

Von Karmapa und Jamgön Kongtrul erhielt Situ Tulku die Versprechen, Einweihungen und Belehrungen. Später entdeckte und erkannte er die 16. Wiedergeburt von Gyalwa Karmapa, Rangjung Rigpe Dorje. Er inthronisierte ihn, gab ihm die Mönchsversprechen und übertrug ihm sämtliche Belehrungen und Einweihungen, mündliche Erklärungen und Übertragung durch Lesen.

Im Alter von etwa 50 Jahren besuchte er das große Kloster Surmang und zeigte zahlreiche Wunder. Danach verbrachte er viele Jahre seines Lebens in Meditation und gab seinen Schülern Belehrungen. Situ Tulku starb im Alter von 67 Jahren.

Der zwölfte Situ Tulku, Pema Donyö Nyinche Wangpo (geb. 1954)

Pema Donyö Nyinche Wangpo wurde 1954 in Taiyul geboren. Die Einzelheiten seiner Geburt stimmten genau mit der Weissagung des 16. Gyalwa Karmapa überein. Situ Tulku wurde zum Kloster Palpung gebracht, das er als achter Situpa gegründet hatte, und wurde von Karmapa inthronisiert. Er erkannte all seine alten Diener und Schüler. Nachdem er die üblichen Einweihungen und Erklärungen erhalten hatte, floh er während der großen Flüchtlingswelle aus Tibet nach Bhutan und studierte später im neuen Rumtek-Kloster.

Der zwölfte Situ Tulku (1971)

Anhang C
Die Gyaltsap-Linie

1.	Gyaltsap	Goshi Paljor Döndrub	ca. 1427-1489
2.	Gyaltsap	Tashi Namgyal	1490-1518
3.	Gyaltsap	Trakpa Paljor	1519-1549
4.	Gyaltsap	Trakpa Döndrub	1550-1617
5.	Gyaltsap	Trakpa Chö Yang	1618-1658
6.	Gyaltsap	Norbu Zangpo	1659-1698
7.	Gyaltsap	Künchok Öser	1699-1765
8.	Gyaltsap	Chöpal Zangpo	1766-1820
9.	Gyaltsap	Trakpa Yeshe	1821-1876
10.	Gyaltsap	Tenpai Nyima	1877-1901
11.	Gyaltsap	Trakpa Gyamtso	1902-1959
12.	Gyaltsap	Trakpa Tenpai Yaphel	geb. 1960

Der erste Gyaltsap Tulku, Goshi Paljor Döndrub (ca. 1427–1489)

Goshi Paljor Döndrub wurde in Yagde Nyewo geboren. Vom sechsten Karmapa Tongwa Dönden erhielt er die vollständigen Lehren und Einweihungen, die er in einer einzigen Lebenszeit verwirklichte. Er erkannte und inthronisierte den siebten Karmapa, Tschödrag Gyamtso, und ordinierte ihn. Er verbrachte sein Leben ganz der Lehre zugewandt und sagte viele Nachfolger voraus.

Der zweite Gyaltsap Tulku, Tashi Namgyal (1490–1518)

Der zweite Gyaltsap Tulku, Tashi Namgyal, wurde in Nyewo geboren und von Tschödrag Gyamtso, dem siebten Karmapa, anerkannt. Von ihm erhielt er alle Einweihungen und Belehrungen, und als Anerkennung seiner hohen Verwirklichung schenkte ihm Karmapa einen orangefarbenen Hut. Tashi Namgyal war ein guter Lama, inthronisierte den achten Karmapa, Mikyö Dorje, und übertrug ihm die Lehren.

Der dritte Gyaltsap Tulku, Trakpa Paljor (1519–1549)

Trakpa Paljor wurde von Mikyö Dorje, dem achten Karmapa, anerkannt und erhielt von ihm alle Belehrungen. Er übte seine Meditationen bis zur Vollendung und hatte Visionen von vielen Schützern. Als er starb, zeigten sich viele Glück verheißende Zeichen.

Der vierte Gyaltsap Tulku, Trakpa Döndrub (1550–1617)

Trakpa Döndrub wurde ebenfalls von Mikyö Dorje anerkannt und bekam von ihm Einweihungen und Belehrungen. Auch der fünfte Shamar Tulku, Künchok Yenlak, gehörte zu seinen Lehrern. Trakpa Döndrub verfasste eine ausführliche Auslegung der *Bodhisattva*-Lehren und eine weitere Schrift über die Belehrungen von *Oh Diamant*. Trakpa Döndrub war ein verwirklichter Lehrer und hatte viele Schüler.

Der fünfte Gyaltsap Tulku, Trakpa Chö Chang (1618-1658)

Trakpa Chö Chang wurde 1618 in Tenchen Gar (Provinz Tsang) geboren. Der sechste Shamar Tulku, Tschökyi Wangtschug, erkannte ihn an, inthronisierte ihn und gab ihm sämtliche Belehrungen. Gyaltsap Tulku verbrachte die meiste Zeit seines Lebens in tiefer Meditation. Obwohl die Kagyü-Linie damals unter der Herrschaft des fünften Dalai Lama große Schwierigkeiten hatte, gelang es Trakpa Chö Yang, die Kontrolle über seine Klöster zu behalten. In dieser schwierigen Zeit wurde er als großer Diplomat bekannt und hatte viele Schüler.

Der sechste Gyaltsap Tulku, Norbu Zangpo (1660-1698)

Norbu Zangpo wurde 1660 in der Gegend um Gelthang (Jyang) geboren. Das bemerkenswerte Kind konnte alle Einzelheiten seiner früheren Leben erzählen. Der zehnte Karmapa, Tschöying Dorje, hatte Ort und Umstände seiner Geburt vorausgesehen, erkannte ihn an und inthronisierte das Kind mit drei Jahren. Gyaltsap Tulku erhielt alle Belehrungen und wurde ein großer Meister. Gemeinsam mit dem siebten Shamar Tulku fand er den elften Karmapa, Yeshe Dorje, und gab ihm Belehrungen.

Der siebte Gyaltsap Tulku, Künchok Öser (1699-1765)

Künchok Öser wurde in Nyewo Chu Gor geboren. Er wurde vom zwölften Karmapa, Tschangtschub Dorje, anerkannt und inthronisiert und erhielt von ihm auch alle Belehrungen. Gyaltsap Tulku reiste zum Kloster Tsurphu, wo er mit 15 Jahren von Situ Tulku ordiniert wurde. Der achte Shamar Tulku, Palchen Tschökyi Döndrub, übertrug ihm die letzten mündlichen Lehren, die er noch nicht erhalten hatte. Dann reiste er zum Pilgerort Tsari Tso Kar und meditierte dort drei Jahre lang.

Künchok Öser reiste mit dem zwölften Karmapa, dem achten Shamarpa sowie dem achten Situ Tulku nach Nepal. Sie besuchten viele Pilgerstätten und wurden überall vom Volk geehrt. Anschließend reisten sie nach Indien und kehrten wieder nach Tibet zurück. Nachdem er den 13. Karmapa, Düdül Dorje anerkannt hatte, starb Gyaltsap Tulku in seinem 66. Lebensjahr unter äußerst glücklichen Umständen.

Der achte Gyaltsap Tulku, Chöpal Zangpo (1766-1820)

Chöpal Zangpo war beim Auffinden und Erkennen des 14. Karmapa, Thegchog Dorje, beteiligt. Er war ein ausgezeichneter Lama mit vielen Schülern.

Der neunte Gyaltsap Tulku, Trakpa Yeshe (1821-1876)

Trakpa Yeshe war ein ausgezeichneter Lama, der alle Belehrungen und Einweihungen erhielt. Als er starb, erschienen viele besondere Zeichen.

Der zehnte Gyaltsap Tulku, Tenpai Nyima (1877-1901)

Tenpai Nyima erhielt alle Belehrungen und verwirklichte sie im Laufe seines Lebens. Er war ein guter Lama und hatte viele ausgezeichnete Schüler.

Der elfte Gyaltsap Tulku, Trakpa Gyamtso (1902-1959)

Trakpa Gyamtso erhielt alle Belehrungen vom 15. Karmapa, Khachab Dorje. Er hatte viele Schüler, und er starb unter glücklichen Umständen.

Der zwölfte Gyaltsap Tulku, Trakpa Tanpai Yaphel (geb. 1960)

Trakpa Tanpai Yaphel wurde vom 16. Karmapa, Rangjung Rigpe Dorje, anerkannt und im Kloster Tsurphu inthronisiert. Karmapa brachte ihn ins neue Kloster Rumtek, wo Gyaltsap Tulku unter seiner Anleitung studierte.

Der zwölfte Gyaltsap Tulku (1967)

Anhang D
Die Jamgön-Kongtrul-Linie

1. Situ	Tschökyi Gyaltsen	1377-1448
2. Situ	Tashi Namgyal	1450-1497
3. Situ	Tashi Paljor	1498-1541
4. Situ	Tschökyi Gocha	1542-1585
5. Situ	Tschökyi Gyaltsen Palzang	1586-1657
6. Situ	Mipham Tschögyal Rabten	1658-1682
7. Situ	Nawe Nyima	1683-1698
8. Situ	Tschökyi Jungne	1700-1774
9. Situ	Padma Nyingche Wangpo	1774-1853
10. Situ	Padma Künzang Tschögyal	1854-1885
11. Situ	Padma Wangtschug Gyalpo	1886-1952
12. Situ	Padma Donyo Nyingche Wangpo	geb. 1954

Der erste Jamgön Kongtrul Tulku, Lodrö Taye (1813-ca. 1901)

Lodrö Taye wurde 1813 in Rong Chap (Provinz Derge, Osttibet) in eine schamanistische *Bönpo*-Familie geboren und hatte schnell deren Lehren gemeistert. Dann nahm er die Mönchsversprechen sowohl von Nyingmapas als auch Kagyüpas und hatte viele Lehrer. Der neunte Situ Tulku, Pema Nyingche Wangpo, erkannte ihn als Kagyü-Tulku an, und so wurde er Schüler des 14. Gyalwa Karmapa.

Jamgön Kongtrul Tulku war ein ausgezeichneter Künstler und Arzt. Er hatte mehr als 60 Lehrer und vervollkommnete die medizinische Wissenschaft. Der Schatzfinder 64 Chogyur Lingpa (1829-1870) begegnete ihm und erkannte ihn als eine Ausstrahlung von *Weisheitsbuddha*.

Lodrö Taye schrieb mehr als 90 Bücher über alle Gebiete der tibetischen Kultur. Er stand in der Linie von Krishnacharin und war eine Ausstrahlung des Verwirklichers Avadhipa. Sein gesamtes Leben verbrachte er damit, seinen unzähligen Schülern Einweihungen zu geben und die Belehrungen zu erklären. Zu seinen Schülern gehörte auch der 15. Karmapa, Khachab Dorje, der von ihm anerkannt wurde. Während seines gesamten Lebens war Jamgön Tulku kein einziges Mal krank und starb in seinem 88. Lebensjahr. Seine wichtigsten Schüler waren der zehnte Situ Tulku, der zehnte Trungpa Tulku und Jamgön Mipham Rinpoche.

Der zweite Jamgön Kongtrul Tulku, Khyentse Öser (1904-1953)

Khyentse Öser aus Palpung wurde vom 15. Karmapa, Khachab Dorje, anerkannt. Von ihm und dem zehnten Trungpa Tulku erhielt er alle Belehrungen. Die meiste Zeit seines Lebens verbrachte er in Meditation und mit der Übertragung aller Belehrungen an den 16. Karmapa, Rangjung Rigpe Dorje. Jamgön Tulku hatte viele begabte Schüler und war als ausgezeichneter Lama bekannt. Er hinterließ Vorhersagen über seine zukünftige Wiedergeburt.

Der dritte Jamgön Kongtrul Tulku, Lodrö Tschökyi Senge Tanpai Gocha (geb. 1954)

Lodrö Tschökyi Senge wurde im mittleren Tibet in der wohlhabenden Familie San-

du Sang geboren. Man fand heraus, dass alle Einzelheiten der Voraussage des vorigen Jamgön Kongtrul Tulku über seine Wiedergeburt genau mit den tatsächlichen Umständen übereinstimmten. Er wurde als dritter Jamgön Kongtrul anerkannt und erhielt Übertragungen durch Lesen, mündliche Erklärungen und Einweihungen. Als die chinesischen Feindseligkeiten stärker wurden, konnte er nach Indien entkommen. Er wurde im Alter von sechs Jahren im alten Kloster Rumtek inthronisiert und studierte unter der Anleitung des 16. Gyalwa Karmapa im neuen Kloster Rumtek.

Der dritte Jamgön Khongtrul (1965)

Anhang E
Die Pawo-Inkarnationen

Der erste Pawo Tulku, Chöwang Lhündrup, war ein verwirklichter Meister, der durch die Luft fliegen und über Wasser laufen konnte. Die einheimische Bevölkerung verlieh ihm den Beinamen Pawo, „der Held".

Viele seiner späteren Wiedergeburten waren Schüler der Karmapas und berühmt für ihr Wissen über die *Sechs Lehren Naropas*. Die zehnte Wiedergeburt, Pawo Tsuklak Nawa, lebt als Meditationslehrer in Bhutan. Als eine der bedeutenden Lehrer der Karma-Kagyü-Linie hat er die Sechs Lehren Naropas und das *Große Siegel* verwirklicht.

1. Pawo	Chöwang Lhündrup	1440-1503
2. Pawo	Tsuklak Trengwa	1504-1566
3. Pawo	Tsuklak Gyamtso	1567-1633
4. Pawo	Tsuklak Künzang	1633-1649
5. Pawo	Tsuklak Tinlay Gyamtso	1649-1699
6. Pawo	Tsuklak Chökyi Dodrup	1701-?
7. Pawo	Tsiklak Gawa	?-1781
8. Pawo	Tsuklak Chökyi Gyalpo	?-?
9. Pawo	Tsuklak Nyingche	?-1911
10. Pawo	Tsuklak Nawa Wangtschug	1912-?

Der zehnte Pawo Tuku (1966)

Anhang F
Weitere hohe Lamas der Karma-Kagyü-Linie

1. Trungpa   Kunga Gyaltsen
2. Trungpa   Kunga Zangpo
3. Trungpa   Kunga Ösel
4. Trungpa   Kunga Namgyal
5. Trungpa   Tenzin Chogyal
6. Trungpa   Lodrö Tenphel

7. Trungpa   Jampal Chogyal
8. Trungpa   Gyurme Tenphel
9. Trungpa   Karma Tenphel
10. Trungpa   Chökyi Nyinje
11. Trungpa   Chökyi Gyamtso

Trungpa Tulku

Der elfte Chögyam Trungpa wurde im Februar 1939 in Nordost-Tibet geboren. Er war der oberste Abt des großen Surmang Klosters, das von seiner ersten Wiedergeburt, dem Verwirklicher Trung Mase, gegründet worden war. Seine elfte Wiedergeburt wurde vom 16. Gyalwa Karmapa anerkannt, von dem er viele wichtige Einweihungen und Belehrungen erhielt. Im Westen gründete er zunächst das tibetische Kloster Samye Ling in Schottland. Danach ging er nach Amerika, wo er zwei buddhistische Zentren gründete.

Trungpa Tulku (1968)

Anhänge

Kalu Rinpoche

Kalu Rinpoche

Der zweite Kalu Rin-
poche hat ein Klos-
ter in Sonada, in der
Nähe von Darjeeling.
Er besuchte Europa,
Kanada und Amerika
und gründete mehrere neue Zentren
für buddhistische Studien und Meditation. Er war ein hervorragender Lehrer,
insbesondere für die *Sechs Lehren von
Naropa*.

Der zehnte Sangye
Nyenpa Tulku (1970)

Sangye Nyenpa Tulku

Der erste Sangye
Nyenpa, Dema
Drupchen, war ein
großer Verwirkli-
cher und Haupt-
lehrer von Mikyö
Dorje, dem achten Gyalwa Karmapa.
Alle Sangye Nyenpas waren gute Lehrer und Verwirklicher und berühmt für
die außergewöhnlichen Wunder, die
sie zeigten. Seine zehnte Wiedergeburt
lebte lange im neuen Kloster Rumtek in
Sikkim.

Der vierte Pönlop Tulku

Pönlop Tulku

Der erste Pön-
lop Tulku war ein
Verwirklicher der
Nyingma-Linie.
Auch die vierte
Wiedergeburt, Je Won Pönlop, wurde
in eine Nyingma-Familie geboren. Er
reiste zum Kloster Tsurphu, wo er von
seinem älteren Bruder, der dort Meditationslehrer war, Kagyüpa-Belehrun-
gen erhielt. Er wurde Kagyü und war
ein guter Lama. Er starb 1962 im alten
Kloster Rumtek.

Der fünfte Pönlop
Tulku

Pönlop Tulku

Der fünfte Pönlop
Tulku, Sungrab Nge-
dön Tenpe Gyaltsen,
wurde 1965 geboren.
Sein Vater war Haupt-
verwalter des Klosters.
Seine Geburt entsprach einer Voraussage des 16. Gyalwa Karmapa, auch vom
14. Dalai Lama wurde er anerkannt. Er
wurde in Rumtek inthronisiert, wo er
auch studierte.

Die dritte Wiedergeburt von Trongsar Khyentse Wangpo ist 26 Jahre alt, und lebt in Madhya-Pradesh (Indien). Er gehört der Karma-Kagyü-Linie an.

Der zweite Drupön Tulku (1972) im Alter von 7 Jahren. Er studierte in Rumtek in Sikkim

Dabzang Tulk im Alter von 45 Jahren.
Er gilt als Ausstrahlung von Gampopa.

Der neunte Traleg Tulku im Alter
von 18 Jahren. Er lebt in Sarnath
in Indien.

Der achte Khenpo Thrangu
Tulku im Alter von 40 Jahren.
Er war Abt des neuen Klos-
ters Rumtek.

Der dritte Sabchu Tulku im Alter
von 57 Jahren. Er lebt in Nepal.

Dorje Lobpön Tenga Tulku im Alter
von 41 Jahren. Er ist die zweite
Wiedergeburt.

Der dritte Trungram Gyaldrul
Tulku im Alter von 5 Jahren.
Er lebt in Rumtek.

Anhang G
Die Unterteilungen innerhalb
der Karma-Kagyü-Linie

I. Drukpa Kagyü

Die Drukpa-Kagyü-Schule setzt sich aus drei Bereichen zusammen, die „Kopf", „Fuß" und „Mitte" genannt werden.

Der „Kopf" wurde von Gyalwa Ling Repa begründet, der die Belehrungen an Drogön Tsangpa Gyare, den Gründer der Tsangpa-Unterschule, weitergab. Dieser wiederum übertrug sie an Go Tsangpa Gonpo Dorje, dessen herausragendster Schüler Siddha Urgyenpa, der Lehrer des dritten Karmapa, war. Urgyenpa gab die Übertragungen an seinen Schüler Gyalwa Yang Gonpa weiter. Dieser Teil der Schule wurde als Namkhye Karma oder „Stern des Himmels" bekannt und war sehr verbreitet.

Der „Fuß" wurde von dem verwirklichten Meister Lorepa begründet. Er ging nach Bhutan, wo er Tsangpa Gyare traf. Von diesem erhielt er, bis er sieben Jahre alt war, alle Belehrungen. Mit 13 Jahren ging er nach Khara und meditierte dort drei Jahre lang. Er reiste nach Namtso, wo sich inmitten eines Sees eine Insel mit zwei Höhlen befindet, die er beide für längere Meditati-onen nutzte. Er hatte nur einen Sack Gerste dabei und musste seine Lederkleidung essen. Er konnte aber mehrere Jahre dort verbringen und erlangte schließlich höchste Verwirklichung. In einem Sommer ließ er auf wundersame Weise einen Weg aus Eis von der Insel zum Ufer entstehen. Als er darüber ging, sah ein Hirte, wie das Eis hinter ihm schmolz, und die Kunde über seine Tat fand weite Verbreitung. Er hatte um die tausend Schüler und gründete zwei Klöster, Karpo Chö Ling in Tibet und Tarpa Ling in Bhutan. Er starb 1250 im Alter von 64 Jahren. Seine Schule wurde als Sayi Tsi Shing oder „Äste des Baumes" bekannt.

Die „Mitte" wurde von Wonres Dharma Senge, dem Neffen von Tsangpa Gyare, begründet. Er wurde 1177 geboren und erhielt alle Übertragungen und Einweihungen von seinem Onkel. Er sagte eine Flut voraus und hielt sie auf, indem er seinen Fußabdruck auf einem Felsen vor dem großen Kloster Ralung hinterließ. Dann setzte er das Kloster wieder instand und errichtete viele neue Schreine und große Statuen. Er ver-starb im Alter von 61 Jahren und hinterließ das Kloster in der Verantwortung von acht Nachfolgern: Zhonu Senge, Nyima Senge, Senge Sherab, Senge Nyinche, Chöje Senge Gyalpo, Jamyang Kunga Senge, Lodru Senge und Sherab Senge.

Der ältere Bruder von Sherab Senge, Yeshe Rinchen, war fünfzig Jahre lang spirituelles Oberhaupt der Drukpa Kagyü. Seine Nachfolger waren:

Der erste Drukchen Rinpoche, Gyalwang Kunga Paljor, wurde 1368 geboren. Er war der erste Lehrer der Drukchen-Chyabgon-Schule der Karma-Kagyü-Linie und erhielt von dem verwirklichten Meister Namkhi Naljor und anderen die vollständige Übertragung des Großen Siegels. Von dem Lehrer De Ringpa erhielt er Belehrungen über Pramana und Madhyamaka und von Changchub Pal Einweihungen in Buddha *Oh Diamant* und Mahamaya. Drukchen Rinpoche verbrachte sechs Jahre im Kloster von Gampopa und ging dann nach Ralung, wo er Nachfolger des dortigen Abtes wurde. Mit 59 Jahren sagte er seine nächste Wiedergeburt voraus. Er hatte einen Neffen namens Ngawang Choskyi Gyalpo, der bei vielen Lehrern lernte und ein guter Gelehrter wurde.

Der erste Drukchen Rinpoche meditierte neun Jahre lang im Kloster Ralung, wo er auch Verwirklichung erlangte. Er war eine Wiedergeburt von Marpa und half, die buddhistischen Lehren weit zu verbreiten. Er starb im Alter von 76 Jahren.

Der zweite Drukchen Rinpoche, Jambyang Chökyi Trakpa, wurde den Voraussagen seines Vorgängers entsprechend in Jayul geboren. Er wurde Schüler von Ngawang Chökyi Gyalpo und erhielt viele Belehrungen und Einweihungen von Shamarpa und Gyalwa Karmapa. Er vervollkommnete seine Praxis und wurde zu einem Verwirklicher. Er hinterließ viele bleibende Fußabdrücke auf Felsen und konnte in der vollkommenen Lotushaltung eines Buddhas in der Luft sitzen. Nach den Anweisungen der Dakini Sukhasiddhi gründete er das Kloster Tashi Thong Mon Ling. Er zeigte viele Wunder und starb im Alter von 45 Jahren.

Der dritte Drukchen Rinpoche, Padma Karpo, wurde 1527 geboren. Er hatte zahlreiche Lehrer und erlangte schnell Verwirklichung. Er gründete das Kloster Sang Nga Chö Ling und war Autor vieler Bücher. Seine herausragendsten Schüler waren Thuchen Chögon und Yongdzin Ngawang Zangpo, der das große Kloster Dechen Chökhor Ling gründete. Die weiteren Drukchen Rinpoches waren:

4. Drukchen Rinpoche Mipham Wangpo
5. Drukchen Rinpoche Paksam Wangpo
6. Drukchen Rinpoche Tinlay Shingta
7. Drukchen Rinpoche Künzig Chönang
8. Drukchen Rinpoche Jigme Migyur Wangyal
9. Drukchen Rinpoche Mipham Chökyi Wangpo

10. Drukchen Rinpoche Khedrup Yeshe Gyamtso

Der elfte Drukchen Rinpoche, Jigme Migyur Wangkyi Dorje, wurde vom 16. Gyalwa Karmapa vorausgesagt, erkannt und im Kloster Do Tsuk in Darjeeling inthronisiert. Mit neun Jahren konnte er bereits Voraussagungen treffen. Sein Kloster befindet sich beim Teegarten Mem, unterhalb von Sukhia Pokhri im Gebiet von Darjeeling.

II. Die Kham-Linie

Der erste Khamtrul Rinpoche, Karma Tenphel (1598-1638), war ein Schüler von Yongdzin Ngawang Zangpo. (der wiederum zwei weitere wichtige Schüler hatte, Taktsang Repa aus Ladakh und Dorzong Kunchok Gyalpo, aus dem äußersten Osten Tibets). Er war ein großer Lehrer und begründete eine eigene Inkarnationslinie.
Der zweite Khamtrul Rinpoche, Kunga Tenphel (1639-1679), hatte einen guten Schüler namens Dzigar Sonam Gyamtso, den ersten Dzigar Choktrul Rinpoche.
Der dritte Khamtrul Rinpoche, Kunga Tenzin (1680-1729), war ein Schüler des ersten Dzigar Choktrul Rinpoche. Er gründete das Kloster Khampa Gar in Osttibet.

4. Khamtrul Rinpoche Chökyi Nyima (1730-1780)
5. Khamtrul Rinpoche Dupjud Nyima (1781-1847)

6. Khamtrul Rinpoche Tenpai Nyima (1848-1907)
7. Khamtrul Rinpoche Sangye Tenzin (1908-1929)

Der achte Khamtrul Rinpoche, Donjud Nyima (geboren 1930), lebte in Tashijong (in Himachal Pradesh), wo er ein Zentrum für tibetische Kunst und Kunsthandwerk errichtete.

III. Die bhutanesische Linie

In Übereinstimmung mit einer Prophezeiung von Drogön Tsangpa Gyare, brachte sein Schüler Sangye Won wiederum einen Schüler namens Phajo Drogon hervor, der nach Bhutan ging. Dieser gründete dort das Kloster Tan Go und lehrte in einem großen Gebiet.

IV. Die Drigung-Linie

Die Drigung-Linie wurde von Jigten Sumgun aus Kham gegründet, einem Schüler von Lama Phagmo Gru Dorje Gyaltsen (der seinerseits ein Schüler Gampopas war). Jigten Sumgun gründete 1197 das Kloster Drigung und hatte viele gute Schüler. Der beste Schüler ware Lama Nyeu, der 1164 in Lhanang geboren wurde. Er erhielt alle Belehrungen von Jigten Gönpo (auch unter dem Namen Rinchen Pal bekannt) und reiste dann zum Berg Kailash in Westtibet, wo er 34 Jahre lang meditierte. Er vervollkommnete seine Meditation und wurde ein großer verwirklichter Meister, wie auch viele seiner Schüler. Ein weiterer großer Lehrer dieser Schule war Kadampa Chöje, der vermutlich 1190 in Kham geboren wurde. Er erhielt seine Einweihungen von Jigten Gönpo und erreichte schnell Verwirklichung. Er gründete die Klöster Lung Shok und Rinchen Ling.

„Die Hälfte aller Tibeter sind Drukpas,
Die Hälfte aller Drukpas
sind Verwirklicher,
Die Hälfte aller Verwirklicher
sind Siddhas.“
(beliebtes tibetisches Sprichwort)

Der achte Khamtrul Tulku

Der neunte Dzingar Choktrul Tulku (1969) im Alter von 11 Jahren. Er lebt im Kloster Rumtek in Sikkim.

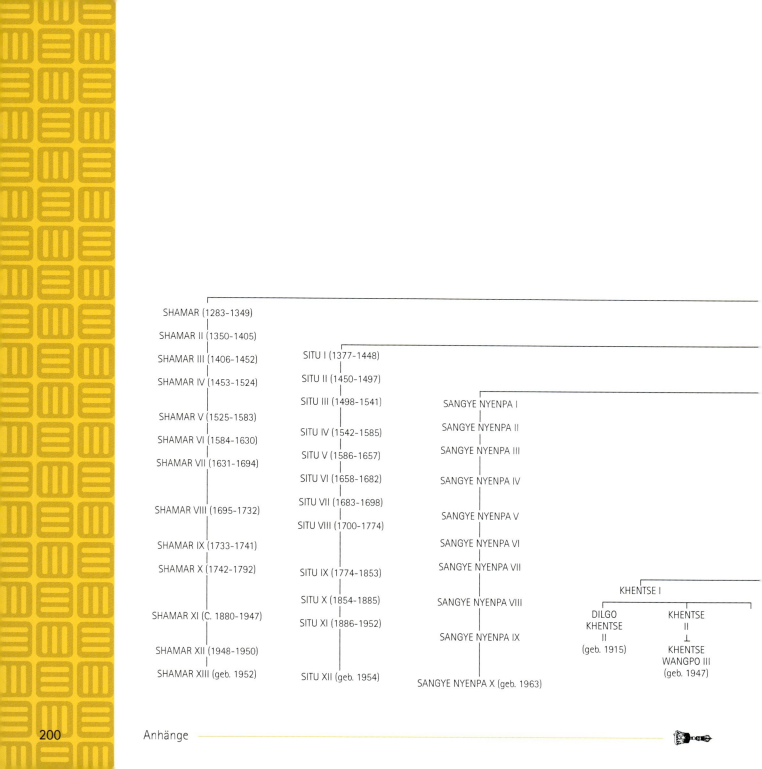

SHAMAR (1283-1349)

SHAMAR II (1350-1405)

SHAMAR III (1406-1452)   SITU I (1377-1448)

SHAMAR IV (1453-1524)   SITU II (1450-1497)

                       SITU III (1498-1541)   SANGYE NYENPA I

SHAMAR V (1525-1583)

SHAMAR VI (1584-1630)   SITU IV (1542-1585)   SANGYE NYENPA II

SHAMAR VII (1631-1694)   SITU V (1586-1657)   SANGYE NYENPA III

                       SITU VI (1658-1682)   SANGYE NYENPA IV

                       SITU VII (1683-1698)

SHAMAR VIII (1695-1732)   SITU VIII (1700-1774)   SANGYE NYENPA V

SHAMAR IX (1733-1741)   SANGYE NYENPA VI

SHAMAR X (1742-1792)   SITU IX (1774-1853)   SANGYE NYENPA VII

                                                               KHENTSE I

                     SITU X (1854-1885)   SANGYE NYENPA VIII   DILGO   KHENTSE

SHAMAR XI (C. 1880-1947)   SITU XI (1886-1952)   KHENTSE   II

                                     SANGYE NYENPA IX   II   ⊥

SHAMAR XII (1948-1950)   (geb. 1915)   KHENTSE

                                                               WANGPO III

SHAMAR XIII (geb. 1952)   SITU XII (geb. 1954)   SANGYE NYENPA X (geb. 1963)   (geb. 1947)

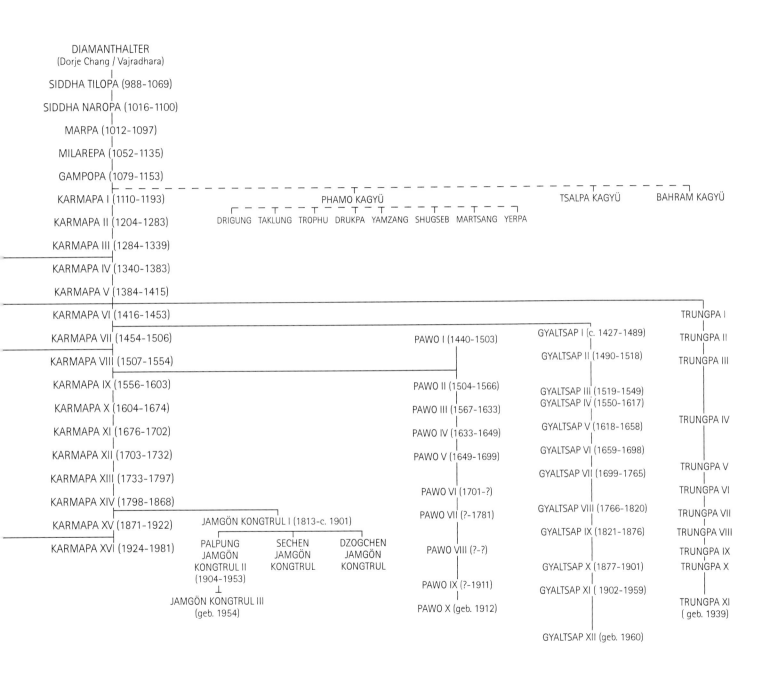

DIAMANTHALTER
(Dorje Chang / Vajradhara)

SIDDHA TILOPA (988-1069)

SIDDHA NAROPA (1016-1100)

MARPA (1012-1097)

MILAREPA (1052-1135)

GAMPOPA (1079-1153)

KARMAPA I (1110-1193)

KARMAPA II (1204-1283)

KARMAPA III (1284-1339)

KARMAPA IV (1340-1383)

KARMAPA V (1384-1415)

KARMAPA VI (1416-1453)

KARMAPA VII (1454-1506)

KARMAPA VIII (1507-1554)

KARMAPA IX (1556-1603)

KARMAPA X (1604-1674)

KARMAPA XI (1676-1702)

KARMAPA XII (1703-1732)

KARMAPA XIII (1733-1797)

KARMAPA XIV (1798-1868)

KARMAPA XV (1871-1922)

KARMAPA XVI (1924-1981)

PHAMO KAGYÜ

DRIGUNG TAKLUNG TROPHU DRUKPA YAMZANG SHUGSEB MARTSANG YERPA

TSALPA KAGYÜ

BAHRAM KAGYÜ

PAWO I (1440-1503)

PAWO II (1504-1566)

PAWO III (1567-1633)

PAWO IV (1633-1649)

PAWO V (1649-1699)

PAWO VI (1701-?)

PAWO VII (?-1781)

PAWO VIII (?-?)

PAWO IX (?-1911)

PAWO X (geb. 1912)

GYALTSAP I (c. 1427-1489)

GYALTSAP II (1490-1518)

GYALTSAP III (1519-1549)
GYALTSAP IV (1550-1617)

GYALTSAP V (1618-1658)

GYALTSAP VI (1659-1698)

GYALTSAP VII (1699-1765)

GYALTSAP VIII (1766-1820)

GYALTSAP IX (1821-1876)

GYALTSAP X (1877-1901)

GYALTSAP XI (1902-1959)

GYALTSAP XII (geb. 1960)

TRUNGPA I

TRUNGPA II

TRUNGPA III

TRUNGPA IV

TRUNGPA V

TRUNGPA VI

TRUNGPA VII

TRUNGPA VIII

TRUNGPA IX

TRUNGPA X

TRUNGPA XI
(geb. 1939)

JAMGÖN KONGTRUL I (1813-c. 1901)

PALPUNG
JAMGÖN
KONGTRUL II
(1904-1953)

SECHEN
JAMGÖN
KONGTRUL

DZOGCHEN
JAMGÖN
KONGTRUL

JAMGÖN KONGTRUL III
(geb. 1954)

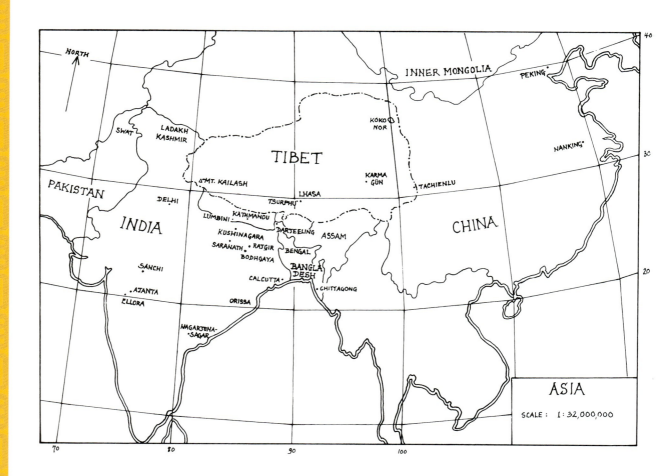

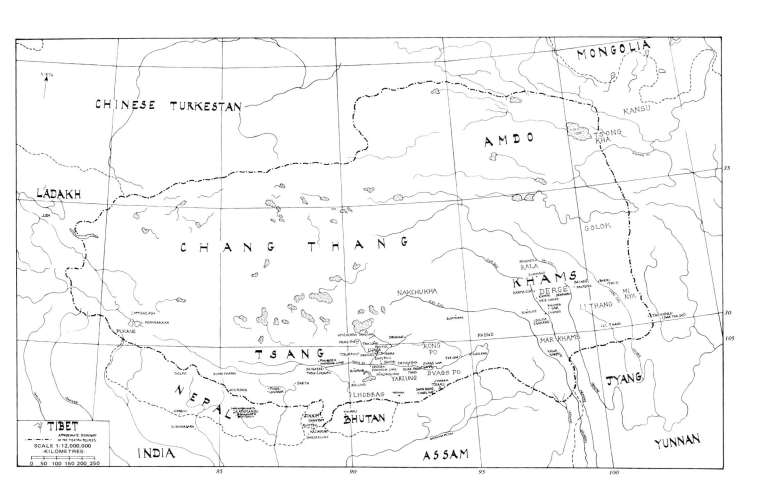

CHINESE TURKESTAN

MONGOLIA

KANSU

AMDO

AOKO NOR

TSONG KHA

WHANG HO

LADAKH

35

LEH

CHANG THANG

GOLOK

MT KAILASH

L MANASAROVAR

PURANG

PENCHEN PEI CHU

RALA

SURMANG

KHAMS

SECHEN PALPUNG

BHERI TRI-O

MI NYA

NAKCHUKHA

KARMA GUN

KARMA CHU

DERGE

NES NANG

KAMPO DRAPHUKA

LI THANG

30

RIWOCHE

KHAMPA GAR CHAMDO

TACHIENLU (DAR TSE DO)

BUMTHANG

KAI CHU

DOLMA LHAKANG

LI THANG

105

NYENCHEN TANGLHA

PHOWO

MAR KHAMS

YANG CHEN

DRIBUNG

TSANG

TAKLUNG

NENYUL

KONG PO

TSE LHA

SHOLKMA

THUBDEN NAMGYAL LING

TSURPHU

DRAPHU

GANDEN SERA

CHU PHU

DECHEN CHOKHOR LING

SAMYE DENSATHIL

DVAGS LHA SAMYE

JYANG

SHIGATSE TASHILHUNPO

RINPUNG

MINDROLING

OLKA TAGHA TANG

KAWA KARPO

DOLPO

BUNG THANG

RALUNG

YARLUNG

DVAGS PO

KYIRONG

TINGRI LANGKOR

SAKYA

BOKAR

CHISAM TSARI

SANG NGAG CHOELING

NEPAL

GANGES

LIMBINI

SINWAPRABANTA KATHMANDU BOKNATH KATHMANDU BHATGAON

LHOBRAG

THIMPU

KUSHINAGARA

SIKKIM GANGTOK GUMTEK KALIMPONG DARJEELING

BHUTAN

INDIA

BRAHMAPUTRA

ASSAM

YUNNAN

85 · 90 · 95 · 100

TIBET

APPROXIMATE BOUNDARY
OF THE TIBETAN PEOPLES

SCALE 1:12,000,000
·KILOMETRES·

0 50 100 150 200 250

Texte

TEXTE

Text A
Die Meditation auf den Lama in vier Sitzungen

(Auszüge aus der Übersetzung des Originaltextes von Mikyö Dorje. Übersetzung in der englischen Originalausgabe aus dem Tibetischen ins Englische von Karma Khenchog Palmo und Karma Tinlaypa Rinpoche. Aus dem Tibetischen ins Deutsche übersetzt von Jim Rheingans und Frank Müller-Witte. Fachliche Beratung von Khenpo Ngedön und Hannah Nydahl.)

Vergegenwärtigung

(...) Vor uns im Raum erscheint der Wurzellama Mikyö Dorje:
Er trägt Mönchsroben und die golden glänzende schwarze Krone;
er hält Glocke und Dorje – Methode und Weisheit untrennbar –,
und sein Blick drückt die Untrennbarkeit von Freude und Leerheit aus.

Ich öffne mich ihm – und schon flammt meine Hingabe auf.
Meine Hingabe flammt auf – und schon donnert sein Segen.
Sein Segen donnert – und schon fallen die leuchtenden Juwelen der besonderen Fähigkeiten und höchsten Verwirklichungen herab wie dichter Regen.

Bitte um Segen

Nun bitte ich von Herzen:
Kje!
Er erscheint und ist doch leer – leer ist des Lamas Körper und erscheint:
Erscheinung und Leerheit sind untrennbar.

Lama, ich bitte dich: Segne mich mit deinem erleuchteten Körper.
Sie erklingt und ist doch leer – leer ist des Lama Rede und erklingt:
Laut und Leerheit sind untrennbar.
Lama, ich bitte dich: Segne mich mit deiner erleuchteten Rede!

Freudvoll und doch leer – leer und freudvoll ist des Lama Geist:
Freude und Leerheit sind untrennbar.
Lama, ich bitte dich: Segne mich mit deinem erleuchteten Geist!

Der kostbare Lehrer kommt näher, und der Himmel füllt sich mit Regenbögen
und seinem Licht. So lädt er Ausstrahlungen ein, und diese verschmelzen mit ihm.
Sein Segensfeuer lodert: URURU.
Erfahrung und Erkenntnis blitzen auf: SHARARA.

Kje!
Großer Lama, ich will es dir nachtun – drum bitte ich dich:
Komm hierher und segne mich, segne diesen hervorragenden Ort.
Übertrage mir, der ich die höchste Praxis übe, die vier Ermächtigungen,
gewähre mir die besonderen Fähigkeiten und die höchsten Verwirklichungen. Entferne
ungünstige Umstände und Hindernisse; befriede alle äußeren und inneren Feinde!

Reinigung durch die Dakinis

Die grüne Weisheits-Dakini erscheint im Raum. Sie entfernt alle Krankheiten, schädliche
Einflüsse und Störgefühle mit ihrem Licht. Alle leidbringenden Handlungen, Schleier und
Übertretungen, die meinen Geistesstrom trüben, gestehe ich mir vor der strahlenden Yogini
ein, und werde sie nicht wieder tun.

Die gelbe Weisheits-Dakini erscheint im Raum. Sie entfernt alle Krankheiten, schädliche
Einflüsse und Störgefühle mit ihrem Licht. Alle leidbringenden Handlungen, Schleier und
Übertretungen, die meinen Geistesstrom trüben, gestehe ich mir vor der strahlenden Yogini
ein, und werde sie nicht wieder tun.

Die rote Weisheits-Dakini erscheint im Raum. Sie entfernt alle Krankheiten, schädliche Einflüsse und Störgefühle mit ihrem Licht. Alle leidbringenden Handlungen, Schleier und Übertretungen, die meinen Geistesstrom trüben, gestehe ich mir vor der strahlenden Yogini ein, und werde sie nicht wieder tun.

Die weiße Weisheits-Dakini erscheint im Raum. Sie entfernt alle Krankheiten, schädliche Einflüsse und Störgefühle mit ihrem Licht. Alle leidbringenden Handlungen, Schleier und Übertretungen, die meinen Geistesstrom trüben, gestehe ich mir vor der strahlenden Yogini ein, und werde sie nicht wieder tun.

Die schwarze Weisheits-Dakini erscheint im Raum. Sie entfernt alle Krankheiten, schädliche Einflüsse und Störgefühle mit ihrem Licht. Alle leidbringenden Handlungen, Schleier und Übertretungen, die meinen Geistesstrom trüben, gestehe ich mir vor der strahlenden Yogini ein, und werde sie nicht wieder tun.

Die blaue Weisheits-Dakini erscheint im Raum. Sie entfernt alle Krankheiten, schädliche Einflüsse und Störgefühle mit ihrem Licht. Alle leidbringenden Handlungen, Schleier und Übertretungen, die meinen Geistesstrom trüben, gestehe ich mir vor der strahlenden Yogini ein, und werde sie nicht wieder tun.

Die vielfarbige Weisheits-Dakini erscheint im Raum. Sie entfernt alle Krankheiten, schädliche Einflüsse und Störgefühle mit ihrem Licht. Alle leidbringenden Handlungen, Schleier und Übertretungen, die meinen Geistesstrom trüben, gestehe ich mir vor der strahlenden Yogini ein, und werde sie nicht wieder tun.

Die vier Zeilen

Unerschütterlicher Diamant, der den Himmel ausfüllt.	AH
Freudiger Diamant, der Licht ausstrahlt.	HO
Machtvoller Wohlklang, der Boten aussendet.	HUNG
Kraftvolle Tat, die Störungen entfernt.	OM

Wünsche vor dem Mantra

Wahrhafter, vollendeter Lehrer, Meister der vier Buddhazustände;
was auch immer Du tust, ist das Spiel der Weisheit. Großer Karmapa,
allumfassender König der Siegreichen, Ozean von Buddha-Segen,
denke an mich!

Reich an Qualitäten und ohne jeden Fehler,
bist du, Lama, die Essenz aller Buddhas.
Höchste Ausstrahlung, dein Wesen ist Mitgefühl;
großartiger Dorje Jangtschen – denke an mich!

Du bist unsere immerwährende Hoffnung,
Meister der vier Buddhazustände, Dagpo Kagyü –
wer bereit ist, empfängt deinen Segen;
Halter der unvergleichlichen Übertragung – denke an mich!

Täuschung – gewöhnliche Wahrnehmung – ist von selbst verschwunden,
das Wesen des makellosen Wahrheitsraumes klar erschienen:
Du siehst die drei Zeiten und verkörperst große Liebe,
Meister der Buddhataten – denke an mich!

König der Siegreichen, in diesen Zeiten des Verfalls
zeigst du den Wesen auf vielerlei Weise den Weg;
auf *dich* setze ich meine Hoffnung, auf *dich* stütze ich mich:
Vollkommener Quell der Verwirklichung – denke an mich!

Meister, alle Siegreichen in dir vereint,
vermagst du jene zu entwickeln, die bereit sind;
zur Freude Gegangener Karmapa Kamtsang,
ungetrübt von den zwei Schleiern – denke an mich!

Vollendeter Meister, du beherrschst die vier Buddhataten,
richtest deinen Weisheitsgeist auf mich – und schon kommt dein Segen.

Dorje Jangtschen, du vereinst die Verwirklichungslinie in dir,
strahlender großer Karmapa – denke an mich!

Großer Diamanthalter mit den acht Eigenschaften,
strahlender Heruka mit den sieben Fähigkeiten,
Meister der Siegreichen, in dir sind alle Buddhas vereint;
König der Siegreichen, Mikyö Dorje – denke an mich!

Die Siegreichen vereinst du in dir – Karmapa denke an mich!
Die Buddhas vereinst du in dir – Karmapa denke an mich!
Die zur Freude Gegangenen vereinst du in dir – Karmapa denke an mich!
Allwissender Karmapa, denke an mich!

Karmapa Tschenno
(Dies kann man beliebig oft wiederholen.)

Wünsche nach dem Mantra

Das Mitgefühl aller Buddhas vereinst du in dir – denke an mich!
Alle Buddhas vereinst du in dir – denke an mich!
Allumfassender Meister der Lehre – denke an mich!

Ich bitte Dich, Mikyö Dorje,
ich bitte Tschödrag Gyamtso (7. Karmapa),
ich bitte die Dagpo-Kagyü-Lamas,
ich bitte die Karma-Kamtsang-Lamas.

Vollendeter Meister, möge ich so werden wie du,
Meister der Lehre, möge ich so werden wie du,
Lama, möge ich so werden wie du,
Schützer der Wesen, möge ich so werden wie du!

Einziger Vater, allwissender Verwirklichter Sangye Nyenpa,
König der Siegreichen, Mikyö Dorje:
Wenn *ich* Dich nicht bitte, wer dann?
Wenn *du* nicht mit Mitgefühl an mich denkst, wer dann?
Ich bitte dich, segne mich!

Bitte gewähre die höchste Verwirklichung –
das Große Siegel: Allgemein allen Wesen,
besonders den Schülern im Zeitalter des Niedergangs
und vor allem mir, der ich dir unerschütterlich vertraue
und nur auf dich hoffe und baue.

Wenn *du* nicht Segen hast – wer hat ihn dann?
Wenn *meiner* du dich nicht liebevoll annimmst –
wessen dann?
Wenn *ich* nicht Deine Güte erwidere – wer dann?
Wenn *du* nicht bessere Menschen aus den Schülern machst – wer dann?

Wenn ich mit meinem schlechten Karma nicht auf *dich* hoffe,
Meister – auf wen dann?
Machtvoller, wenn du *mich* nicht beschützt – wen dann?

Du bist meine wirkliche Hoffnung,
mein Begleiter in allen Leben; unzerstörbares Juwel –
all meine Zweifel löst Du restlos auf,
Schützer – auf Dich kann ich mich ganz verlassen,
Buddha – Du vermagst das Meer der bedingten Welt für immer auszutrocknen.

Ozean unermesslicher Qualitäten,
einzige Mutter der Wesen, die so unzählbar sind wie der Raum,
großer Schatz unerschöpflichen Mitgefühls,
wenn du nicht an *die Wesen im Zeitalter des Niedergangs* denkst – an wen dann?
Wenn Du Dich nicht *jetzt* liebevoll um sie kümmerst – wann dann?
Wenn Du Verwirklichung nicht *heute* gewährst – wann dann?

Lass deinen und meinen Geist eins werden;
löse bitte den Knoten, der mich in Täuschung hält und Befreiung verhindert.
Befreie jetzt für immer alle Wesen, die unermesslich sind wie der Raum.

Edler Lama, denke an die grenzenlos vielen Wesen und schütze alle, die Dich bitten!

In dieser Zeit unerträglicher Qualen, da ich nicht weiß, was ich tun soll;
in der Zeit von Furcht und Unglück – denke an mich!
Kostbarer Lama, du hältst die Übertragungslinie der Erkenntnis und gibst
deren Segen weiter,
du hast den Mut der Verwirklichung und die Augen höheren Wissens.

Du zeigst Wunder – so gewährst du mir überwältigende Güte,
und legst Buddhaschaft in meine Hände;
die gewöhnlichen Erscheinungen wandelst du um
und zeigst ihre uferlose Reinheit.

Verwirklichter Herr der Welt,
aus der Tiefe meines Herzens bitte ich dich:
Nimm dich meiner liebevoll an!

Du hast die Kraft der Verwirklichung – unbestrittener Kagyü;
mit deinen unvergleichlichen Taten vermagst du selbst Schwierigen
den Weg zu zeigen.
Vollkommener wahrhafter Buddha – Körper, Rede und Geist
und die dadurch angesammelten Glück bringenden Handlungen
schenke ich dir jetzt – zum Besten der unendlich vielen Wesen.

Bitte nimm sie mit großer Liebe an;
hast du sie angenommen, dann – Lama mit der Kraft,
allen Wesen letztendliche Zuflucht zu geben, –
vollendeter Meister, bitte ich dich von Herzen:
Segne mich, dass ich werde wie du!

Wünsche nach der Verschmelzung

Strahlender, wahrhafter Lama – ich bitte dich:
Segne mich, damit ich was immer du tust als gut erkenne;
segne mich, damit ich was immer du sagst als wahr begreife;
segne mich, dass mein Geist eins wird mit deinem.

Bitte segne mich, dass ich stets tue, was dich erfreut,
strahlender, wahrhafter Lama – von Geburt zu Geburt,
von diesem Leben an in allen Leben.

Bitte segne mich, dass ich in keiner Lage etwas tue,
was dich nicht erfreut.

Nachdem ich dir mein Vertrauen geschenkt habe,
Lama, segne mich bitte, dass ich fähig werde,
deinem Rat, der stets der Lehre entspricht, zu folgen –
von Geburt zu Geburt, von diesem Leben an in allen Leben.

Bitte segne mich, dass meine Verstrickungen in Kriecherei
für Nahrung und Kleidung reißen,
und die Verwicklungen in die acht weltlichen Belange.

Bitte segne mich, dass ich wenigstens etwas Tatkraft habe:
Möge tief in mein Bewusstsein dringen, dass ich sicher sterben muss,
und wahrhafte Hingabe in meinem Geist entstehen;
der bedingten Zustände vollends überdrüssig, möge ich mich abwenden –
und so, Mikyö Gawa, deinen Segen empfangen.

Möge ich mich in allen Leben auf dich stützen,
strahlender Karmapa Mikyö Dorje;
und möge ich die Einheit von Freude und Leerheit verwirklichen,
auf dem Weg der unübertrefflichen Entstehungs- und Vollendungsphase –
dem Diamantweg, dem geheimen Mantra.

Mögest nur du, Halter der schwarzen Krone,
mein höchster, wahrhafter Lehrer in allen Leben sein,
und möge ich vom Essenz-Yidam Khorlo Dompa –
strahlende höchste Freude – geleitet werden.

Widmung

Der Kern des Großen Siegels ist Hingabe und Abkehr vom Daseinskreislauf,
sein Wesen der Zustand des strahlenden Yogi aus Denma – Sangye Nyenpa.
Ich verschenke die guten Eindrücke, die ich und alle Wesen angesammelt haben,
damit alle Wesen leicht diese Ebene eines Diamanthalters erlangen –
die Einheit von Freude und Leerheit!

Möge ich in allen Geburten und Leben nie getrennt sein vom strahlenden Sangye Nyenpa,
den anderen Meistern und ihren Schülern.

Anrufung an die Übertragungslinie

Ich bitte die unvergleichlichen Dagpo Kagyü,
ich bitte den außergewöhnlichen Menschen Düsum Khyenpa (1. Karmapa),
ich bitte die Praxislinie Karma Kamtsang,
ich bitte den mitfühlenden Rangjung, den Allwissenden (3. Karmapa),
ich bitte Sangye Nyenpa, der fähig ist,
die Verwirklichung des Großen Siegels zu übertragen.

Ich bitte den segensreichen *Klang der Freude*,
ich bitte den überragenden *Unzerstörbaren Klang*,
ich bitte den einzigartigen *Unzerstörbare Freude*,
ich bitte den unübertroffenen *Guten Klang*,
ich bitte den unerreichten *Unerschütterlichen Guten*.

Unvergleichliche Weisheit – ich bitte Dich,
unvergleichliches Mitgefühl – ich bitte Dich,
unvergleichliche Tatkraft – ich bitte Dich:

Segne mich, dass ich mir des Todes von Herzen gewahr werde;
segne mich, dass ich der bedingten Zustände zutiefst überdrüssig werde.
Segne mich, dass ich verstehe: Weltliche Geschäftigkeit ist nutzlos;
segne mich, dass mir Vergänglichkeit zur Gewissheit wird.
Dein Mitgefühl ist da, ob du nah bist oder fern –
ich öffne mich dir; deine Taten sind ohne Vorurteil –
ich öffne mich dir;
dein Segen ist zeitlos – ich öffne mich dir;
du nutzt jedem, der dich sieht, hört oder an dich denkt –
dir öffne ich mich! (...)

Die Wünsche von Machtvoller Ozean[69]
Aus dem Englischen übersetzt von Anthony Pfriem

Im Kreis aus Feuer, wiederhole dies:
Oberhalb meines Kopfes, auf einer Mondscheibe in einer voll geöffneten Lotusblüte,
sitzt Karmapa Rangjung Dorje, umgeben von allen Kagyü-Lamas.
Mit tiefster Hingabe richte ich Wünsche an dich. Bitte gib mir deinen Segen,
dass ich die Leerheit aller Dinge erkennen möge, innen wie außen.

In meinem Herzen, auf einem unzerstörbaren Diamantthron,
erscheint der Buddha des großen Mitgefühls,
umgeben von allen Buddhas, grenzenlos wie die Weite des Meeres.
Mit tiefster Hingabe richte ich Wünsche an dich. Bitte gib mir deinen Segen,
dass ich die Leerheit aller Dinge erkennen möge, innen wie außen.

Zu meiner Rechten, lodernd in dem freudvollen Erleben höchsten Glücks,
ist der König der kraftvoll Schützenden, der unvergleichliche Pferdekopf[70], umgeben von
einem Meer der Helden.

[69] tib. Gyalwa Gyamtso, skt. Jinasagara
[70] tib. Tamdrin, skt. Hayagriva

Mit tiefster Hingabe richte ich Wünsche an dich.
Bitte gib mir deinen Segen, dass ich die Leerheit aller Dinge erkennen möge,
innen wie außen.

Zu meiner Linken, in einem raumgleichen Palast, erscheint die geheime Mutter,
die Weisheits-Dakini umgeben von einem Meer von Dakinis.
Mit tiefster Hingabe richte ich Wünsche an dich. Bitte gib mir deinen Segen,
dass ich die Leerheit aller Dinge erkennen möge, innen wie außen.

Über mir, in dem reinen Palast, ist der unzerstörbare, lotusgeborene Lama Guru Rinpoche,
umgeben von einem Meer von Verwirklichern.
Mit tiefster Hingabe richte ich Wünsche an dich. Bitte gib mir deinen Segen,
dass ich die Leerheit aller Dinge erkennen möge, innen wie außen.

Unterhalb, im Palast der großen Versprechen, befinden sich die Schützer der Lehre,
die Geber der Tatkraft mit ihren Gefährtinnen, umgeben von einem Meer derer,
die ihre Versprechen halten.
Mit tiefster Hingabe richte ich Wünsche an dich. Bitte gib mir deinen Segen,
dass ich die Leerheit aller Dinge erkennen möge, innen wie außen.

Mögen alle Lebewesen der sechs Daseinsbereiche, durch unsere hingebungsvollen und
vertrauensvollen Wünsche an den Wurzellama und die Linie, letztendliche Verwirklichung
erlangen.

Großer Rangjung Dorje, dich zu treffen ist wie das wunscherfüllende Juwel zu finden.
Wenn wir dir Geschenke geben und deine Anrufungen unsere Herzenswünsche erfüllen,
möge alles Glück verheißend werden.
Durch deine Bodhisattva-Taten, den Strahlen des Mitgefühls, die in alle zehn Richtungen
strömen, so wie der Vollmond am 15. Tag des Monats erscheint, möge sich Glück im ganzen Weltall ausbreiten.
Mögen alle Dinge Glück verheißend werden und die Welt dauerhaftes Freude erleben!

Der Zufluchtsbaum der *Karma Kagyü-Linie*
In der Mitte oben befinden sich nebeneinander drei
Gruppen von verwirklichten indischen Meditati-
onsmeistern, deren Belehrungen die Begründer der
Kagyü-Linie weitergaben. Darunter, am Kopf der
größeren mittleren Gruppe, befindet sich *Diamanthalter* (tib. Dorje Chang, skt. Vajradhara) in tiefblau-
er Farbe, umgeben von Tilopa und Naropa. Darunter
sitzt Marpa, mit Milarepa und Gampopa zu seinen
Seiten. Die Karmapas tragen alle die Schwarze Krone. Der achte Karmapa Mikyö Dorje, der sinnbildlich
für die Belehrungen des *Großen Siegels* steht, ist
zentral und größer dargestellt. Die weiteren *Lamas*
sind: die Shamarpas mit Roter Krone, die Tai Situpas
(ebenfalls mit Roter Krone), die Gyaltsabpas und
die Jamgön Kongtruls, sowie weitere Lamas der
Übertragungslinie. Auf den unteren Ästen sind
die *Schützer* abgebildet, mit *Schwarzer Mantel*
(tib. Bernagchen, skt. Mahakala) am Stamm des
Baumes. In der nächsten Reihe befinden sich acht
Buddhaformen (tib. Yidams), unter ihnen *Höchste
Freude* (tib. Khorlo Demchog, skt. Chakrasamvara),
Oh Diamant (tib. Kye Dorje, skt. Hevajra) und *Rad
der Zeit* (tib. Dükyi Khorlo, skt. Kalachakra). Dieses
neugefertigte große *Rollbild* (tib. Thangka) befindet
sich im Kloster Rumtek.

Text B
Das große Siegel

Mahamudra-Wünsche des 3. Karmapa Rangjung Dorje
Aus dem Tibetischen übersetzt von Hannah Nydahl

(1)

Lamas und Buddhas der Yidam-Kraftkreise,
Buddhas und Bodhisattvas der zehn Richtungen und drei Zeiten,
denkt liebevoll an uns und gebt euren Segen,
damit sich unsere Wünsche so erfüllen, wie wir sie machen!

(2)

Entsprungen vom Schneeberg des vollkommen reinen Denkens und Handelns,
möge das vom Schlamm der drei Vorstellungen freie Schmelzwasser
aller nützlichen Taten meiner selbst und der zahllosen Wesen
in das Meer der vier Buddha-Zustände münden!

(3)

Mögen wir, solange dies nicht erreicht ist,
in diesem und in allen zukünftigen Leben
nicht einmal das Wort „schlecht" und „Leid" hören,
sondern strahlende Meere von Freude und Güte erleben!

(4)

Da wir hervorragende Freiheiten und Möglichkeiten erlangt haben,
sowie Vertrauen, Fleiß und Wissen,
nachdem wir uns auf einen geistigen Lehrer gestützt

und seine wichtigsten Belehrungen erhalten haben,
mögen wir diese ohne Hindernisse entsprechend verwirklichen
und in allen Lebenszeiten die edle Lehre verwenden!

(5)

Das Kennen lernen der Lehren Buddhas und ihrer logischen Schlüsse
befreit vom Schleier des Nicht-Verstehens;
das Nachdenken über die Kernpunkte besiegt die Dunkelheit der Zweifel;
durch das aus der Meditation erstrahlende Licht
wird das Wesen der Dinge offenbar, so, wie es ist.
Möge sich das Erscheinen dieser drei Arten von Weisheit ausbreiten!

(6)

Das Wesen der Grundlage ist die zweifache Wirklichkeit,
frei von den begrenzten Vorstellungen von Dauerhaftigkeit und Nicht-Sein.
Der hervorragende Weg besteht im zweifachen Ansammeln,
frei von den begrenzten Gewohnheiten des Zuschreibens und Verneinens;
dadurch wird die Frucht des zweifachen Nutzens erlangt,
frei von bloßer Ruhe und Verwirrung.
Mögen wir dieser fehlerfreien Lehre begegnen!

(7)

Die Grundlage der Reinigung ist der Geist selbst,
seine Einheit von Klarheit und Leerheit;
das Mittel der Reinigung ist das Große Siegel, die große Diamantübung;
das zu Reinigende sind die an der Oberfläche liegenden Schleier der falschen Sicht.
Mögen wir die Frucht der Reinigung, den vollkommen reinen Wahrheitszustand, erlangen!

(8)

Sicherheit in der Anschauung wird erlangt durch das Abschneiden der Zweifel
bezüglich der Grundlage;
Kernpunkt der Meditation ist es, diese Anschauung unzerstreut aufrechtzuerhalten;
hervorragendes Verhalten besteht darin,
die Erfahrung der Meditation in allem geschickt zu üben.
Mögen wir Sicherheit in Anschauung, Meditation und Verhalten haben!

(9)

Alle Dinge sind Trugbilder des Geistes;
der Geist ist nicht als „ein" Geist vorhanden, er ist seinem Wesen nach leer;
obwohl leer, erscheint gleichzeitig alles ungehindert.
Mögen wir durch genaues Untersuchen sein eigentliches Wesen erkennen!

(10)

Der Eindruck, den es als solchen nicht gibt, wird als etwas Dingliches missverstanden;
aufgrund von Unwissenheit wird Eigenbewusstheit als ein Ich verkannt;
das Festhalten an dieser Zweiheit bewirkt das Umherirren in der Weite der bedingten Welt.
Mögen wir die Wurzel der Täuschung, die Unwissenheit, ausreißen!

(11)

Er ist nicht vorhanden, denn sogar die Buddhas sehen ihn nicht;
er ist nicht nicht vorhanden, denn er ist die Grundlage von allem,
von Verwirrung wie von Einsicht.
Dies ist kein Widerspruch – es ist der Mittlere Weg der Einsicht.
Mögen wir die Wirklichkeit des Geistes, die frei von Begrenzung ist, erkennen!

(12)

Man kann ihn nicht aufzeigen, indem man sagt „dies ist er";
man kann ihn nicht verneinen, indem man sagt „dies ist er nicht".

Die Wirklichkeit, jenseits des Verstandes, ist nicht zusammengesetzt.
Mögen wir Gewissheit in der letztendlichen Bedeutung erlangen!

(13)

Erkennt man das Wesen des Geistes nicht, treibt man im Meer der Verwirrung umher;
erkennt man es, ist Buddhaschaft nicht woanders;
dann gibt es kein „er ist dies, er ist nicht das" mehr.
Mögen wir die Natur der Wirklichkeit, die Grundlage von allem, erkennen.

(14)

Erscheinung ist der Geist, und so ist Leerheit;
Erkenntnis ist der Geist, und Verblendung ebenfalls;
Entstehen ist der Geist, und Auflösen auch.
Mögen wir jedes Zuschreiben und Verneinen in Bezug auf den Geist durchschneiden!

(15)

Unverschmutzt von angestrengter Meditation, die sich in geistigem Erschaffen müht,
und nicht umhergetrieben vom Wind allgemeiner Geschäftigkeit,
mögen wir verstehen, wie man den Geist in seiner Ungekünsteltheit belässt
und im Erleben des Geistes geschickt und ausdauernd sein!

(16)

Die Wellen der feinen und groben Gedanken kommen in sich selbst zur Ruhe,
und der Sturm des unerschütterlichen Geistes ruht in seinem Wesen.
Mögen wir im stillen Meer der Geistesruhe,
frei vom verunreinigenden Schlamm der Dumpfheit, gefestigt sein.

(17)

Blicken wir immer wieder auf den nicht sichtbaren Geist,
sehen wir sein nicht sichtbares Wesen – vollkommen und genau so, wie es ist;
dies durchschneidet Zweifel über Sein und Nicht-Sein des Geistes.
Mögen wir – frei von allen Verwirrungen – unser eigenes Wesen erkennen!

(18)

Blickt man auf die Dinge, sind keine Dinge da, man sieht auf den Geist;
blickt man auf den Geist, ist kein Geist da: Er ist seinem Wesen nach leer;
durch das Betrachten beider löst sich das Festhalten an Zweiheit in sich selbst auf.
Mögen wir die Natur des Geistes, das Klare Licht, erkennen!

(19)

Frei von einengenden Vorstellungen zu sein, ist das Große Siegel;
frei von Begrenzungen zu sein, ist der Große Mittlere Weg;
alles einschließend, wird es auch Große Vervollkommnung genannt.
Mögen wir die Gewissheit erlangen, dass mit der Erkenntnis von einem
alle verwirklicht sind!

(20)

Unaufhörliche Große Freude, frei von Anhaftung;
unverschleiertes Klares Licht, frei vom Festhalten an Merkmalen;
selbstentstandene Begriffslosigkeit, jenseits von Vorstellungen.
Mögen wir diese Erfahrung mühelos und ununterbrochen machen!

(21)

Anhaftung an Angenehmes, das Festhalten an guten Erfahrungen,
befreit sich in sich selbst,
und das Blendwerk schädlicher Gedanken reinigt sich in der Weite des Geistes;
das gewöhnliche Bewusstsein ist frei von Aufgeben und Annehmen,
frei von Vermeiden und Erlangen.

Mögen wir die Wahrheit dieser Wirklichkeit,
das Freisein von einengenden Vorstellungen, erkennen.

(22)

Die Natur der Wesen ist immer die eines Buddha,
doch sie erkennen diese nicht und irren daher im endlosen Kreislauf umher.
Möge das Leid aller Wesen überwältigendes Mitgefühl in unserem Geist erwecken.

(23)

Das überwältigende Mitgefühl erscheint ungehindert,
gleichzeitig zeigt sich nackt sein leeres Wesen.
Mögen wir den hervorragenden Weg der fehlerlosen Vereinigung
von Leerheit und Mitgefühl
ohne Unterlass Tag und Nacht üben.

(24)

Mögen wir durch die aus der Kraft der Meditation
entstehenden übersinnlichen Fähigkeiten und Hellsicht
die Wesen zur Reife führen, die Welt zum Reinen Land der Buddhas machen,
und die Eigenschaften der Buddhas erlangen.
Mögen wir nach Verwirklichung dieser drei – Vollendung, Reife und Reinigung –
Buddhaschaft verwirklichen!

(25)

Mögen sich diese reinen Wünsche von uns selbst und allen Wesen
durch die Kraft des Mitgefühls der Buddhas und Bodhisattvas der zehn Richtungen
sowie alles Guten und Nützlichen, wie viel es auch sein mag,
genau so erfüllen, wie wir sie gemacht haben!

Danksagung

Sehr herzlich möchten wir allen Freunden danken, die mit ihren besonderen Fähigkeiten und ihrer Freude die Entstehung dieses Buches ermöglichten.

Karmapa, König der Verwirklicher ist ein historisches Zeitdokument der Kagyü-Linie. Die englische Originalausgabe wurde Anfang der 1970er Jahre während einer Pilgerreise des 16. Karmapas mit Lopön Tsechu Rinpoche und vielen anderen Schülern in Indien fertiggestellt, zu einer Zeit in der Lama Ole gerade die ersten Meditationszentren des Diamantweges in der westlichen Welt gründete.

Es lag uns sehr am Herzen die Segenskraft dieses Buches nicht durch zu viele Veränderungen zu schmälern, aber gleichzeitig war es wichtig mit einer zeitgemäßen Übersetzung und Gestaltung an unseren westlichen Diamantweg anknüpfen zu können.

Ralf Trunsperger erstellte schon vor vielen Jahren eine deutsche Rohfassung, die Claudia Krysztofiak ergänzte und Peter Speier mit viel Liebe zum Detail sprachlich bearbeitete.

Anthony Pfriem half uns sehr bei kniffeligem, manches Mal etwas altmodischem Englisch und Markus Dannfeld, mit seinem weitreichenden Wissen über tibetische Astrologie, ermöglichte die geschichtlichen Ereignisse in unserer westlichen Zeitrechnung aufzufinden.

Sehr viel Zeit sparten wir durch Manfred Seegers Hilfe, indem er uns seine Glossarvorlage zur Verfügung stellte. Ein Dankeschön an die Schatzfinderinnen Mona Eichenberger und Bettina Hafftner, die einige der wenigen Originalfotos entdeckten und an Erle Eilerts Experimentierfreude bei der Bildbearbeitung. Eine gelungene Umschlaggestaltung schenkte uns Ilona Jakubczyk, und Florence Dubois rundete Satz und Gestaltung auf sehr lesefreundliche Weise ab. Johanna Kochs klarer Geist und Ottmar Hofmeisters furchtlose Großzügigkeit bildeten schließlich die Grundlage der Projektumsetzung.

Abschließend möchte ich meinen tiefsten Dank an Hannah und Lama Ole richten, ohne deren grenzenloses Vertrauen es den Buddhistischen Verlag nicht geben würde.

Mit den allerbesten Wünschen

Kerstin Seifert

Namen der häufigsten Buddhaformen

Deutsch	Tibetisch	Sanskrit
Befreiende Höchste Weisheit	Yum Chenmo	Prajnaparamita
Diamant in der Hand	Channa Dorje	Vajrapani
Diamantgeist	Dorje Sempa	Vajrasattva
Diamantdolch	Dorje Purbha	Vajrakilaya
Diamanthalter	Dorje Chang	Vajradhara
Grenzenloses Leben	Tsepame	Amitayus
Grenzenloses Licht	Öpame	Amitabha
Grüne Befreierin	Dölma	Tara
Höchste Freude	Khorlo Demchog	Chakrasamvara
Liebevolle Augen	Chenresig	Avalokiteshvara
Machtvoller Ozean	Gyalwa Gyamsto	Jinasagara
Oh Diamant	Kye Dorje	Hevajra
Pferdekopf	Tamdrin	Hayagriva
Rad der Zeit	Dükyi Khorlo	Kalachakra
Rote Weisheit	Dorje Phamo	Vajravarahi
Schwarzer Mantel	Bernagchen	Mahakala
Weisheitsbuddha	Jampal Jang	Manjushri
Weiße Befreierin	Dölkar	Sita Tara

Glossar

Abhidharma (skt.): die Darstellung der Erscheinung aller Dinge, wie z.B. die Bestandteile unserer Persönlichkeit, Sinnes-Ursprünge sowie die Grundelemente der Existenz, einer der *Drei Körbe*.

Ajanta: Stadt in Mittelindien mit 29 Höhlen, die sich über 5,6 km Länge erstrecken. Hier entstanden zwischen 200 vor und 700 nach Christus die heute besterhaltenen buddhistischen Wandmalereien Indiens. In diesen Grotten kann die Stilentwicklung buddhistischer Kunst über ein ganzes Jahrtausend verfolgt werden.

Allwissenheit: Weisheit eines *Buddhas*, der die Natur aller Dinge sowie ihre vielfältigen Erscheinungsweisen erkennt; Synonym für *Buddhaschaft* oder *Wahrheitszustand*.

Arhat/Arhatschaft (skt.; wörtl. „Feindbesieger"): höchste Verwirklichung des Kleinen Weges. Ruhiger Geisteszustand, in dem vollkommene *Befreiung* vom Leid des Daseinskreislaufes erlangt wird.

Ausstrahlungszustand (tib. Tulku; skt.: Nirmanakaya): siehe *Tulku*

Band (tib. Damtsig; skt. Samaya): die Basis für schnelle geistige Entwicklung im *Diamantweg*-Buddhismus. Die ungebrochene Verbindung zum *Lama*, den *Buddhaformen* und den Weggefährten ermöglicht ein schnelles Wachstum der innewohnenden Fähigkeiten.

Bardo (tib.; wörtl. „zwischen zwei", Intervall): Im Allgemeinen ist jeder Übergang ein Zwischenzustand. In den Belehrungen des Diamantweges wird für gewöhnlich von sechs Bardos gesprochen. Im Westen verstehen die meisten darunter die Zeitspanne zwischen Tod und Wiedergeburt.

Befreiung/befreit: Befreiung vom Daseinskreislauf (*Samsara*). Geisteszustand, in dem alles Leid – zusammen mit den Ursachen für Leid – vollkommen überwunden ist. Auf dieser Stufe fallen die Ich-Illusion und alle Störgefühle weg.

Bodhgaya: in Nordindien gelegenes Dorf, in dem der historische *Buddha* Shakyamuni vor 2525 Jahren *Erleuchtung* erlangte. Alle tausend Buddhas dieses Zeitalters zeigen hier ihre volle *Erleuchtung.*

Bodhisattva skt. (tib. Changchub Sempa; wörtl. „Heldenhaft-zur-Erleuchtung-Strebender"): ein Praktizierender des *Großen Weges* oder des *Diamantweges*, der zum Besten aller Wesen *Buddhaschaft* anstrebt ohne jemals den Mut zu verlieren. Ein Bodhisattva mit Tatkraft erlebt die Leerheitsnatur aller Dinge und hat Mitgefühl aktiv entwickelt. Der Begriff Bodhisattva schließt aber auch alle mit ein, die das Bodhisattva-Versprechen gegeben haben und mit Wunschkraft Einsichten in ihre innewohnenden Fähigkeiten aufbauen möchten.

Bodhisattva-Versprechen: Der Wunsch, zum Besten aller Wesen *Buddhaschaft* zu verwirklichen und das Versprechen, mit freudiger Ausdauer und Kraft zu arbeiten, bis alle Lebewesen den Buddhazustand erreicht haben. Das Versprechen wird in Gegenwart eines Bodhisattvas gegeben.

Bön, Bönpo (tib.): die schamanistische, vorbuddhistische Kultur Tibets. Ihre Ursprünge liegen vermutlich in Mittelasien.

Buddha (tib. Sangye; wörtl. der Erwachte): Jemand, der alle Schleier, die die Klarheit des Geistes verdunkeln, vollkommen gereinigt und alle Eigenschaften vollständig entfaltet hat. Der Zustand vollkommener *Erleuchtung* ist gekennzeichnet durch Furchtlosigkeit, Freude und aktives Mitgefühl. Erleuchtung ist die Erkenntnis der offenen, klaren Unbegrenztheit des Geistes. Der Buddha unserer Zeit ist der historische Buddha Shakyamuni, der vierte von insgesamt 1.000 Buddhas dieses Zeitalters.

Buddhaform (tib.Yidam): eine der *drei Wurzeln*. Die unendlichen Eigenschaften des erleuchteten Geistes drücken sich selbst in zahlreichen Licht- und Energieformen aus. In der *Meditation* erwecken sie die innewohnende *Buddhanatur*.

Buddhanatur: die Natur des Geistes, das Potenzial der *Buddhaschaft*, das allen Wesen innewohnt.

Buddhaschaft: siehe *Erleuchtung*

Buddhataten: Es gibt insgesamt vier Tatbereiche eines *Buddha*: die befriedende, vermehrende, faszinierende und kraftvoll schützende Aktivität eines Buddhas.

Dakini skt. (tib. Khandroma; wörtl. Die im Raum geht): weiblicher *Buddha*

Dam Ngag (tib.): mündliche *Übertragung* der geheimen Lehren. Viele der Diamantweg-Belehrungen sind niemals niedergeschrieben, sondern immer direkt vom Lehrer an den Schüler weitergeben worden.

Damtzig (tib.): **siehe** *Band*

Damtzigpa (tib.): siehe *Schützer*

Dharma (skt.; tib. Tschö; wörtl. „Wie die Dinge sind"): die buddhistische Lehre. Eines der *drei Juwelen*. Buddhas Belehrungen können unterschiedlich gegliedert werden. Im tibetischen Buddhismus wird oft die Unterteilung in *Kleiner Weg* (skt. Hinayana), *Großer Weg* (skt. Mahayana) und *Diamantweg* (skt. Vajrayana) erwendet.

Dhyani-Buddha (skt.): Buddhaschaft, die sich als Meditationshilfe in fünf verschiedenen Formen zeigt. Buddha des Grenzenlosen Lichtes (tib. Öpame; skt. Amitabha), Vollendung des Nutzens (tib. Dönyö Drubpa; skt. Amoghasiddhi), der Unerschütterliche (tib. Mikyöpa; skt. Akshobya), Juwelengeborener (tib. Richen Djungden; skt. Ratnasambhava), der Strahlende (tib. Nampar Nangdse; skt. Vairocana)

Diamant: Zeichen für die Unzerstörbarkeit und Kostbarkeit unseres innewohnenden Potenzials.

Diamantweg (tib. Dorje Thegpa; skt. Vajrayana): in der tibetischen Einteilung meist zum *Großen Weg* (skt. Mahayana) gezählt, zeichnet er sich durch die kraftvollen Mittel der Einswerdung mit *Erleuchtung* aus. Auf der Grundlage des Erleuchtungsgeistes erkennt der Praktizierende die Reinheit aller Erscheinungen. Der Diamantweg wird auch *Mantrayana*, *Tantrayana* oder buddhistisches *Tantra* genannt.

Doha (skt.): siehe *Gesang der Verwirklichung*

Dorje (tib.; skt. Vajra; wörtl. „Herr der Steine", Diamant): Zeichen für die Unzerstörbarkeit des Geistes sowie seine überragenden Eigenschaften von Freude und Mitgefühl. Der Dorje ist ein Ritualgegenstand im *Diamantweg* und symbolisiert seine Methoden. Siehe auch *Glocke*.

Drei Juwelen (tib. Köntschog Sum; skt.Triratna): Alle Buddhisten nehmen Zuflucht zu *Buddha*, dem erleuchteten Geisteszustand, dem *Dharma*, den Methoden die zur Buddhaschaft hinführen, sowie der *Sangha*, den Freunden und Helfern auf dem Weg.

Drei Körbe (tib. Denö Sum skt. Tripitaka,): Sammlungen von Lehren Buddhas in den drei Gruppen von *Vinaya*, den Lehren über das richtige sinnbringende Verhalten, *Sutra*, den Lehren zur Meditationspraxis, und *Abhidharma*, den Lehren zur Weisheit.

Drei Wege: Bei allgemeiner Einteilung nach Sichtweise, Verhalten, Meditationspraxis und Frucht sind das *Kleiner Weg* (skt.: Hinayana), *Großer Weg* (skt.: Mahayana) und der *Diamantweg* (skt.: Vajrayana).

Drei Wurzeln: Der *Lama* ist die Wurzel des Segens, die *Buddhaformen* sind die Wurzel für die Verwirklichung erleuchteter Fähigkeiten, und die *Schützer* sind die Wurzel für die perfekte Aktivität zum Wohl der Wesen. Neben *Buddha*, *Dharma* und *Sangha* die *Zuflucht im Diamantweg*.

Dualität: auf Unwissenheit beruhende Trennung des Erlebens in die sich gegenseitig bedingenden Aspekte von innen und außen, Subjekt und Objekt, ich und anderen.

Einweihung (tib. Wang; skt. Abhisheka): Einführung des Praktizierenden in das *Kraftfeld* einer *Buddhaform*. Sie kann als Segen oder als Erlaubnis-Ermächtigung gegeben werden, wenn man mit einer *Diamantweg-Meditation* beginnt. Bei einer Erlaubnis-Ermächtigung benötigt man zusätzlich die Übertragung durch Lesen (tib. Lung) und die mündlichen Erklärungen (tib. Thri).

Erdberührungsgeste: Die ausgestreckten Finger der rechten Hand berühren vor den Beinen mit den Fingerspitzen leicht den Boden. Symbolisch ruft *Buddha* damit die Erdgöttin als Zeugin dafür an, dass er über viele Leben hinweg die Ursachen für *Erleuchtung* gelegt hat. Diese *Mudra* zeigt Weg und Ziel im Buddhismus.

Erleuchtung/erleuchtet: siehe *Buddha*

Erleuchtungsgeist (tib. Changchub Kyi Sem; skt. Bodhicitta): die auf Erleuchtung ausgerichtete Einstellung, zum Besten aller Wesen Buddhaschaft zu erlangen. Sie ist die Grundlage für den *Großen Weg* (skt. Mahayana) und den *Diamantweg* (skt. Vajrayana). Der bedingte (relative) Erleuchtungsgeist besteht aus dem Wunsch Erleuchtung zum Wohle anderer zu erlangen und der Umsetzung dieses Wunsches durch die Anwendung der befreienden Handlungen (skt. Paramitas). Der letztendliche (absolute) Erleuchtungsgeist ist die Erfahrung von der Untrennbarkeit von Leerheit und Mitgefühl.

Essenzzustand (tib. Ngowo Nyi Ku; skt. Svabhavikakaya): untrennbare Einheit der drei Buddhazustände; des *Wahrheits-*, *Freuden-* und *Ausstrahlungszustandes*.

Freudenzustand (tib. Long Ku; skt. Sambhogakaya): einer der drei Zustände der *Erleuchtung*, er zeigt sich aus dem *Wahrheitszustand* heraus in zahlreichen *Buddhaformen*. Fortgeschrittene *Bodhisattvas* besitzen die Fähigkeit den Freudenzuständen der *Buddhas* zu begegnen und Hilfe von ihnen zu bekommen. Die Einswerdung mit dem Freudenzustand eines *Buddhas* wird in der *Diamantweg-Meditation* geübt.

Fünf Weisheiten: siehe *Weisheiten*

Garuda (skt.): ein großer, falkenähnlicher Vogel. In Abbildungen des *Dhyani-Buddha* Vollendung des Nutzens (tib. Dönyö Drubpa; skt. Amoghasiddhi) wird er oft als dessen Reittier abgebildet. Es heißt Garuda verschlinge Schlangen und könne ihr Gift in Arznei umwandeln.

Gelug-Linie, Gelugpas (tib.): Die jüngste der vier Hauptlinien des tibetischen Buddhismus. Diese „reformierte Schule", gegründet am Ende des 14. Jahrhunderts von Je Tsongkhapa, legt besonderen Wert auf das Studium der Texte und auf die klösterliche Tradition. Oberhaupt ist Ganden Tripa Rinpoche, der Thronhalter des Klosters Ganden.

Gesang der Verwirklichung (tib. Doha): spontaner poetischer Gesang eines Verwirklichers.

Glocke (tib. Trilbu; skt. Ganta): Ritualagegestand, zusammen mit dem *Dorje* verwendet symbolisiert die Glocke die Weisheit bzw. den Raum. Dorje und Glocke zeigen die Untrennbarkeit von Mitgefühl und Weisheit, Freude und Raum.

Glückverheißende Zeichen: Glückssymbole im Buddhismus, die der Lebensgeschichte des historischen Buddha entnommen sind und für besondere Qualitäten stehen.

Große Vervollkommnung (tib. Dzogchen, Dzogpa Chenpo; skt. Maha Ati): Die Große Vervollkommnung ist die letztendliche Belehrung der *Nyingma-Schule*. Essenz und Ziel entsprechen dem *Großen Siegel* der *Kagyü-Schule*.

Großer Mittlerer Weg (tib. Uma; skt. Madhyamaka): die höchste philosophische Schule im Buddhismus, wie sie von dem indischen Meister Nagarjuna als Gründer dieser Schule sowie späteren Meistern auf der Grundlage der Weisheitslehren Buddhas dargelegt wurde.

Großer Weg (tib. Theg Chen; skt. Mahayana): Die Grundlage für alle Praktizierenden ist die Entwicklung des *Erleuchtungsgeistes*, der Wunsch *Erleuchtung* zum Wohle aller Wesen zu erlangen. Er wird auch als *Bodhisattva-Weg* bezeichnet, und die Entwicklung von überpersönlichem Mitgefühl und allumfassender *Weisheit* wird geübt.

Großes Siegel (tib. Chag Chen; skt. Mahamudra): die letztendliche Belehrung *Buddhas*. Sie beinhaltet Grundlage, Weg und Ziel und führt zu einer direkten Erfahrung der Natur des Geistes. Die Einswerdung mit Erleber, Erlebtem und Erlebnis erweckt letztendliche *Buddhaschaft* und wird hauptsächlich von der *Kagyü*-Schule weitergegeben.

Guru Yoga (skt.; tib. Lami Naljor): *Diamantweg-Meditation* auf den *Lama*, während man den Segen von Körper, Rede und Geist des Lehrers erhält, werden die drei Zustände der *Erleuchtung* erweckt. Am Ende der *Meditation* wird die Einswerdung mit den erleuchteten Eigenschaften des Lamas geübt.

Heruka (skt.): Allgemein ein Sammelbegriff für männliche Meditationsformen und speziell ein Ausdruck für Chakrasamvara, den Buddha der *Höchsten Freude*.

Hinayana (skt.): siehe *Kleiner Weg*

Inkarnation: Von der Ebene der *Befreiung* aus kann man sich bewusst zum Wohl der Lebewesen im Daseinskreislauf (*Samsara*) wiedergebären, um anderen zu helfen Befreiung von ihrem Leid zu erreichen.

Innere Hitze (tib. Tumo): eine der *Sechs Lehren von Naropa*

Kagyü-Linie, Kagyüpas (tib.): Die *Verwirklicher-Übertragungslinie* unter den vier großen Schulen des tibetischen Buddhismus. Sie umfasst die alten und die neue Belehrungen, die Tibet erreichten. Sie ist sehr praxis-orientiert und wird als „Schule der mündlichen *Übertragung*" bezeichnet. Die Kagyü-Schule kam durch Marpa den Übersetzer ca. im Jahr 1050 nach Tibet. Diese Lehren gelangten über **Milarepa** zu Gampopa. Ihre Kraft erhält sie aus dem engen Band von Schüler und Lehrer. Vier große und acht kleine Schulen wurden von Gampopas vier wichtigsten Schülern gegründet. Heute sind die größeren alle in die Karma Kagyü zusammengeflossen, deren Oberhaupt *Karmapa* ist. Unter den kleinen Schulen haben die Drugpa und Drikung Kagyüpas viele Anhänger in Bhutan und Ladakh.

Kangjur (tib.): Ins Tibetische übersetzte Sammlung der direkten Lehren Buddhas, die von dem großen Gelehrten Buton Rinchendrup (1290-1364) und weiteren Meistern zusammengetragen wurde. Sie umfasst je nach Ausgabe zwischen 100 und 108 Bände. Siehe auch *Tenjur*.

Karma (skt.; tib. Le; wörtlich Handlung): Handlungen, das Gesetz von *Ursache und Wirkung*. Alle körperlichen, verbalen und geistigen Handlungen hinterlassen Eindrücke im Geist, deren Resultate wiederum in den Erfahrungen dieses und weiterer Leben heranreifen. Schädliche Handlungen bringen Leid, positive Glück. Ein Verständnis von Karma bedeutet, dass wir mit unseren Handlungen hier und jetzt unsere eigene Zukunft bewusst und eigenverantwortlich bestimmen können.

Karmapa (tib.; wörtl. „Herr der Buddha-Aktivität"): der erste bewusst wiedergeborene *Lama* Tibets und Oberhaupt der *Kagyü-Linie* des Tibetischen Buddhismus. Karmapa wurde von *Buddha* Shakyamuni und von Guru Rinpoche vorhergesagt und zeigt die Tatkraft aller *Buddhas*.

Khenpo (tib.): höchster Ausbilder in einem Kloster

Klares Licht (tib. Ö Sel) : eine der *Sechs Lehren von Naropa*, Ausdruck für die nicht bedingte

Natur der Dinge, die *Samsara* und *Nirvana* durchdringt. Zeigt sich spontan im Verlauf des Sterbeprozesses und kann dann, vor allem als Resultat vorheriger Meditationserfahrung, als die eigene Natur erkannt werden.

Kleiner Weg (tib. Thegchung; skt. Hinayana): der tibetischen Übertragung folgend der Weg der „Hörer" (skt. Shravakas) und der „nichtlehrenden Buddhas" (skt. Pratyekabuddhas). Das Ziel des Kleinen Weges ist die eigene *Befreiung.*

Kraftfeld: siehe *Mandala*

Kronzeremonie: Die Nachbildung des Kraftfeldes der Schwarzen Krone wurde dem 5. Karmapa von dem chinesischen Kaiser Tai Ming Chen geschenkt. Seit dieser Zeit zeigen die Karmapas die Schwarze Krone im Verlauf einer besonderen Zeremonie, während sie in tiefer Meditation ruhen.

Kushinagara: heute im indischen Bundesstaat Uttar Pradesh als Kasia bekannt, einer der vier besonderen buddhistischen Plätze in Indien, Sterbeort von Buddha Shakyamuni (skt. Paranirvana). Nach seinem Tod wurde Buddhas Körper außerhalb von Kushinangara verbrant und ein Teil seiner Reliquien wurde in einer *Stupa* in Kushinangara aufbewahrt.

Lama (tib.; wörtl. „Das Höchste"): Meditationslehrer des Tibetischen Buddhismus. Im *Diamantweg* ist er der Schlüssel für die tiefsten Belehrungen.

Lamatänze (tib. Tscham): Die Tänzer treten in reich verzierten Brokatgewändern mit großen Masken auf. Sie stellen meist *Buddhaformen* dar, um ihre Schutzkraft zu vergegenwärtigen. Traditionellerweise werden Lamatänze anlässlich der jährlichen Klosterfeste sowie zum Neujahrsfest aufgeführt.

Leerheit (tib. Tongpanyi; skt. Shunyata): das Freisein von wahrhafter, unabhängiger Existenz der eigenen Person und der Erscheinungen; die Raum-Natur aller Dinge, deren Erfahrung über alle Begriffe hinausgeht.

Logik: Teil der buddhistischen Erkenntnislehre; Methoden und Prozesse zur Untersuchung von inneren und äußeren Erscheinungen durch schlussfolgernde Wahrnehmung. Ihre Gültigkeit wird durch die Einhaltung bestimmter Regeln und die dadurch ermöglichte Interaktion mit einem konkreten Erfahrungsobjekt bestimmt.

Lumbini: heutiges Nepal, Geburtsort von *Buddha* Shakyamuni, es liegt in der Nähe von Kapilavastu, der Hauptstadt des Shakya-Reiches. Lumbini gehört neben *Bodhgaya*, *Sarnath* und *Kushinagara* zu vier besonderen buddhistischen Orten.

Lung (tib.): rituelles Lesen der *Diamantweg*-Texte. Das bloße Hören der Silben überträgt ihre innere Bedeutung. Siehe *Einweihung*.

Madhyamaka (skt.; tib. Uma): siehe *Großer Mittlerer Weg*

Maha-Ati (skt.): siehe *Große Vervollkommnung*

Mahamudra (skt.): siehe *Großes Siegel*

Mahasiddhas (skt.): siehe *Verwirklicher/in*

Mahayana (skt.): siehe *Großer Weg*

Mala (skt.): eine Perlenkette zum Zählen von *Mantras*. Mantras sind die natürlichen Schwingungen einer *Buddhaform*. Bei vielen *Diamantweg-Meditationen* werden die Mantras gezählt.

Mandala (skt.; tib. Khyil Khor) hat mehrere Bedeutungen: Kraftfeld einer *Buddhaform*, das aus den zahllosen Möglichkeiten des Raumes entsteht. Ein Mandala kann als gemaltes Bild oder aus Sand gestreut dargestellt werden. Ein Mandala ist auch ein mit unendlich vielen Kostbarkeiten gefülltes Universum, welches geistig erschaffen wird, um es den Buddhas zu schenken.

Mani-Mantra: die natürliche Schwingung (skt. *Mantra*) des Buddha Liebevolle Augen (tib. Chenresig; skt. Avalokiteshvara).

Mani-Stein: Das *Mantra des Buddha* Liebevolle Augen (tib. Chenresig; skt. Avalokiteshvara)

wurde in Tibet häufig als Geschenk für einen Ort in Stein gemeisselt, um das *Kraftfeld* des Buddhas an dieser Stelle zu stärken.

Mantra (skt.; tib. Ngag): natürliche Schwingungen einer *Buddhaform*. In vielen Diamantweg-Meditationen wird durch das Sprechen von Mantras das *Kraftfeld* der Buddhaform verstärkt.

Meditation (buddhistiche): praktisches Mittel, um das eigene Erleuchtungspotenzial zu erwecken. Durch Meditation wird Verstandenes zu einer lebendigen Erfahrung. Der Begriff „Meditation" bedeutet „müheloses Verweilen in dem, was ist". Auf jeder buddhistischen Ebene verwendet man hierfür unterschiedliche Mittel, die jedoch alle auf dem Beruhigen des Geistes (tib. Shine) und dem Entwickeln von Einsicht (tib. Lakthong) beruhen. Im *Diamantweg* übt man das Einswerden mit Erleuchtung, die Erweckung der erleuchteten *Kraftfelder* mit Hilfe von *Mantras* und das Stärken der Reinen Sicht.

Mudra (skt.; wörtl. Siegel, etwas, das einen tiefen Eindruck im Geist hinterlässt): Körperhaltung oder Geste einer *Buddhaform*. Meist Zeichen für eine bestimmte Tatkraft, die Fähigkeiten der *Erleuchtung* ausdrückt.

Naga, Nagaraja (skt.; wörtl. Schlange; Schlangenkönig): Der Überlieferung zufolge sind diese Drachen Wasserwesen, welche sich in Quellen, Flüssen, Seen oder Meeren zu Hause fühlen. Es heißt sie bewachen in ihrem Reich buddhistische Schriften, die große Meditationsmeister ihrem Schutz anvertrauten.

Nalanda-Universität: Sie wurde ungefähr im 2. Jh. n. Chr. in Nord-Indien in der Nähe der Stadt Rajgir gegründet und diente mehr als 1.000 Jahre lang als Zentrum für den Erhalt und die Ausbreitung des *Großen Weges*.

Nirvana (tib. Nga ngen le depa): allgemein Befreiung vom Leiden im Daseinskreislauf, spez. im *Großen Weg* (skt. Mahayana) der Zustand vollkommener *Buddhaschaft*.

Nyingma-Linie, Nyingmapas (tib.): die älteste der vier Haupttraditionen des Tibetischen Buddhismus.
Sie wurde von dem indischen Meister Padmasambhava im 8. Jh. begründet. Man unterschei-

det zwischen der Kama-Tradition, der Schule der direkten Übertragung von Lehrer zu Schüler, und der Terma-Tradition, der Übertragung der versteckten Schätze, die später wieder entdeckt und veröffentlicht wurden.

Pandit (skt.): indischer Gelehrter

Phowa (tib.): die Meditation des bewussten Sterbens. Man lernt, im Moment des Todes in das *Reine Land* der Großen Freude (tib. Dewa chen) des Buddhas des Grenzenlosen Lichtes (tib. Öpame; skt.: Amitabha) zu gehen.

Prajnaparamita (skt.): die Vervollkommnung der Weisheit. Weisheitslehren *Buddhas*, die den stufenweisen Weg von Verständnis, Erfahrung und Verwirklichung zeigen. Sie haben zu einer ganzen Literaturgattung innerhalb des Buddhismus geführt, deren kürzeste Fassung das so genannte Herz-Sutra ist.

Pratimoksha (skt.): wörtlich Versprechen zur individuellen *Befreiung:* Siebenteiliges Versprechen, das auf die eigene Befreiung ausgerichtet ist, indem alles schädliche Handeln aufgegeben wird.

Reines Land (tib. Shing Kham): das Kraftfeld eines *Buddhas*. Das bekannteste reine Land ist das Reine Land der Großen Freude (tib. Dewa chen; skt. Sukhavati) des Buddhas des Grenzenlosen Lichtes *(Phowa)*.

Rinpoche (tib.; wörtl. der Kostbare): Ehrentitel für einen *verwirklichten* Lehrer, einen bewusst wiedergeborenen *Lama*.

Rollbilder (tib. Thangkas): auf rollbarer Leinwand gemalte Bilder, die meistens eine oder mehrere Buddhaformen darstellen. Sie werden im *Diamantweg* als Hilfe für die Vergegenwärtigung in der Meditation verwendet.

Sakya-Linie, Sakyapas (tib.): eine der *vier Hauptschulen* des Tibetischen Buddhismus, gegründet von Khön Könchok Gyalpo im 11. Jh. In ihr wird sowohl Gewicht auf das Studium als auch auf die Meditationspraxis gelegt.

Samsara (skt.; tib.: Khorwa): Daseinskreislauf. Unfreiwillige Wiedergeburt in bedingten Zuständen.

Sanchi: Stadt im mittleren Indien, wo zwischen dem 3. vorchristlichen und dem 1. nachchristlichen Jahrhundert die ersten *Stupas* entstanden.

Sangha (skt.; tib. Gendün): eine der *drei Juwelen*, Gemeinschaft der Praktizierenden, insbesondere der befreiten *Bodhisattvas*, als Teil der buddhistischen *Zuflucht*. Im weiteren Sinne auch die Freunde auf dem Weg zur *Erleuchtung* mit gefestigtem *Erleuchtungsgeist*.

Sanskrit: Sprache im alten Indien. Sanskrit ist eine Gelehrten- und Kultur-Sprache. Nachdem *Buddhas* Lehren für einige Zeit mündlich weitergegeben worden waren, wurden Pali und Sanskrit verwendet, um Buddhas Worte niederzuschreiben.

Sarnath: Indien, Stadt bei Benares (heute Isipatana), wo Buddha Shakyamuni unterrichtete und das „Rad der Lehre" erstmalig in Bewegung setzte.

Schützer (tib. Chökyong): eine der *drei Wurzeln, Buddhaform*, mit der besonderen Eigenschaft Hindernisse auf dem Weg zur *Erleuchtung* zu beseitigen. Ihre Schutzkraft lässt jede Erfahrung zu einem Schritt auf dem Weg werden. Die Schützer sind wie die *Yidams* untrennbar vom *Lama* und Ausdruck des *Freudenzustandes* der *Buddhas*. Schwarzer Mantel (tib. Bernagchen) und Strahlende Göttin (tib. Phalden Lhamo) sind die wichtigsten Schützer der *Kagyü-Linie*. Schwarzer Mantel ist von schwarzblauer Körperfarbe, in springender Haltung, mit einem Haumesser, das alle Hindernisse abschneidet, in seiner rechten und einer Schädelschale mit dem Herzblut des Egos, in seiner linken Hand. Erscheint Schwarzer Mantel zusammen mit Strahlender Göttin, dann reiten sie zusammen auf einem Muli.

Schwarze Krone: Zeichen der Karmapas. Bei seiner Erleuchtung wurde Karmapa von den *Dakinis* zum Herr der Buddhaaktivität gekrönt. Als Zeichen seiner Verwirklichung schenkten sie ihm eine aus Weisheitshaaren geflochtene Krone. Dieses Kraftfeld ist untrennbar von Karmapa und kann von fortgeschrittenen Wesen über seinem Kopf wahrgenommen werden.
Die Nachbildung des Kraftfeldes der Schwarze Krone wurde dem 5. Karmapa Deshin Shegpa von seinem Schüler, dem chinesischen Kaiser Tai Ming Chen, geschenkt. Seit dieser Zeit zei-

gen die Karmapa's die Schwarze Krone im Verlauf einer besonderen Zeremonie, während sie in tiefer Meditation ruhen. Selbst ihre Nachbildung ist ein kraftvolles Mittel bei dem „*Befreiung* durch Sehen" erlangt werden kann.

Sechs Lehren von Naropa: sehr wirksame Mittel, hocheffektive Methoden der Kagyü-Linie. Ihr Ziel ist die *Verwirklichung* der Natur des Geistes durch seinen Energieaspekt. Sie bestehen aus den folgenden Meditationen: Innere Hitze (tib. Tumo), Klares Licht (tib. Ösel), Traum (tib. Milam), Illusionskörper (tib. Gyulü), Zwischenzustand (tib. Bardo), Bewusstseinsübertragung (tib. Phowa).

Siddha (skt.): große verwirklichte Meister des *Diamantweges* im alten Indien. Traditionell wird eine Gruppe von 84 Mahasiddhas genannt, die aus allen sozialen Schichten kamen und außergewöhnliche Fähigkeiten entwickelten. Der wichtigste Meister unter ihnen war Saraha.

Siddhi (skt.; tib. Ngö Drub): besondere Fähigkeiten, die durch Meditation erweckt werden. Allgemeine Meditationsfähigkeiten sind außergewöhnliche körperliche und geistige Eigenschaften. Die letztendliche Fähigkeit ist das Erfahren der Natur des eigenen Geistes.

Stupa (skt.; tib. Chorten): eine Form, meist ein Bauwerk, als Symbol für die vollkommene *Erleuchtung*, den Geist eines *Buddhas*. Sie steht für die Umwandlung aller Gefühle und Elemente in die fünf erleuchteten Weisheiten und die *fünf Buddhafamilien*. Ihre symmetrische Form wird meist mit Reliquien und Mantrarollen, etc. gefüllt.

Sutra (skt.; tib. Do; wörtl. Leitfaden): Ratschläge und Meditationsanweisungen *Buddhas*, die mit einer genauen Untersuchung der Dinge arbeiten und hierdurch die Ursachen für die *Erleuchtung* aufbauen. Sutra wird auch Ursachen-Merkmal-Weg genannt, da über lange Zeit hinweg die Ursachen für Erleuchtung aufgebaut werden, um anschließend die Wirkung, die Leerheit als Merkmal aller Dinge erkennen zu können.

Tantra (skt.; wörtl. Gewebe): wird in der tibetischen Einteilung oft als Teil des *Großen Weges* (skt. Mahayana) gesehen. Die Grundlage für das buddhistische Tantra ist die Einstellung, zum Besten der Wesen *Erleuchtung* zu erreichen und das Vertrauen in die eigenen Möglichkeiten. Mit dem entwickelten *Erleuchtungsgeist* ist die Einswerdung mit Erleuchtung und die Stärkung der Reinen Sicht möglich. Es sind sehr tiefgründige und schnelle Mittel um die

Eigenschaften der Erleuchtung im eigenen Geist zu erwecken. Der buddhistische Tantraweg (skt. Tantrayana) ist bedeutungsgleich mit Diamantweg (skt. Vajrayana) oder Mantraweg (skt. Mantrayana).

Tenjur (tib.): Sammlung der ins Tibetische übersetzten Kommentare der indischen Meister zu den direkten Lehren *Buddhas*, dem *Kanjur*, die von dem großen Gelehrten Buton Rinchendrup (1290-1364) und weiteren Meistern zusammengestellt wurde. Sie umfasst je nach Ausgabe zwischen 225 und 254 Bände.

Thangka (tib.): siehe *Rollbild*

Terma (tib.): Versteckte Texte und Schätze, die von großen Lehrern in der Vergangenheit auf verschiedene Arten verborgen wurden. Padmasambhava (tib. Guru Rinpoche) und seine tibetische Gefährtin Yeshe Tsogyal versteckten eine Vielzahl von Lehren und Ritualgegenständen, die dadurch erhalten und von späteren „Schatzfindern" wieder entdeckt wurden. Ein großer Teil der heutigen *Nyingma*-Überlieferung besteht aus diesen wiederentdeckten Schätzen.

Tertön (tib.; wörtl.: Schatzfinder): siehe *Terma*, siehe *Nyingma*-Linie

Thri (tib.): mündliche Erklärungen zur *Meditation* von einem *Lama,* siehe auch *Einweihung*

Torma (tib.; skt. Baling) Rituelle Kuchen, die oft aus Hafer und Butter geknetet werden. Es werden zwei Arten von Tormas unterschieden. Einmal werden Tormas als Nahrungsmittelgeschenk verwendet; sie können aber auch *Buddhaformen* symbolisieren, denen Geschenke dargebracht werden.

Tulku (tib.; wörtl. Illusionskörper): einer der drei Zustände der *Erleuchtung*, Ausstrahlungzustand des Mitgefühls, der sich ursrpünglich auf einen historischen *Buddha* bezieht. Bewusste Wiedergeburten von befreiten *Bodhisattvas* werden ebenfalls als Tulku bezeichnet, auch wenn sie keine dauerhafte Erfahrung von der Natur des Geistes haben und sich noch auf dem Weg zur Erleuchtung befinden.

Tumo (tib.): Meditation der *Inneren Hitze*, siehe *Sechs Lehren von Naropa*

Übertragung: Weitergabe der Verwirklichung von der Natur des Geistes. Eine vollständige Übertragung im *Diamantweg* besteht aus einer *Einweihung* (tib.: Wang), einer Übertragung durch Lesen (tib.: Lung) und einer mündlichen Erklärung für die Meditationspraxis (tib.: Thri).

Vajra (skt.): siehe *Dorje*

Vajrayana (skt.): siehe *Diamantweg*

Verwirklicher(in) (tib. Naljorpa/ma; skt. Yogi/Yogini): Praktizierende des Diamantweges, die sich frei von äußeren Sicherheiten oder gesellschaftlichen Normen hauptsächlich mit dem Erkennen der Natur des Geistes beschäftigen.

Verwirklichung: Erkenntnis der Natur des Geistes, die nicht wieder durch Unwissenheit verdunkelt werden kann.

Vier Hauptschulen des tibetischen Buddhismus: *Kagyü* (tib.; wörtl. „mündliche Übertragung"), *Nyingma* (tib.; wörtl. „alter Stil"), *Sakya* (eine Region in Tibet) und *Gelug* (tib.; wörtl. „tugendhaft").

Vinaya (skt.): Regeln für positives sinnbringendes Verhalten und Ratschläge für das Zusammenleben in der Gemeinschaft der Weggefährten (*Sangha*). Teil der *Drei Körbe*.

Wahrheitszustand (tib. Chö Ku; skt. Dharmakaya; wörtl. Körper der Erscheinungen): einer der drei Zustände der *Erleuchtung*. Der Wahrheitszustand, der die Natur aller Dinge erkannt hat, ist gleichzusetzen mit dem vollständigen Erfahren der zeitlosen Raum-Natur des Geistes. Seine absolute Furchtlosigkeit bildet die Grundlage für die Buddhaaktivitäten des *Freudenzustandes* und des *Ausstrahlungszustandes*.

Wang (tib): siehe *Einweihung*

Weisheit: Die Fünf Buddha-Weisheit sind die wahre Natur der Störgefühle: Bei der Umwandlung von Störgefühlen zeigt sich Zorn als spiegelähnliche Weisheit, Stolz wird zu einer ausgleichenden Erfahrung, Anhaftung wandelt sich in Unterscheidungskraft, Eifersucht wird zu der Fähigkeit Erfahrungen aneinander zu reihen und Verwirrung zeigt sich als allesdurch-ringende Einsicht.

Wiedergeburt: neue Verkörperung im nachfolgenden Leben, folgt im Normalfall unfreiwillig den stärksten Gewohnheitstendenzen des letzten Lebens. Eine Wiedergeburt kann aber auch bewusst auf der Grundlage von guten Wünschen zum Wohl der Wesen geschehen, wenn die Natur des Geistes weitgehend erkannt wurde.

Yidam (tib.): siehe Buddhaform, eine der *Drei Wurzeln*

Yogi/Yogini (skt.): siehe *Verwirklicher(in)*

Zuflucht (wörtl. Schutz vor Leid): Eintritt in den buddhistischen Weg durch Ausrichtung auf die Ausdrucksformen der Erleuchtung. Besteht allgemein im Buddhismus aus den *Drei Juwelen*, sowie im Diamantweg zusätzlich aus den *Drei Wurzeln*; wird durch weitere Praxis vertieft.

Ausgewählte Literatur

Bell, C.: Tibet Past and Present, Oxford 1968

Bhattacharya, B.: Buddhist Esoterism, Benares 1964

Chandra, L.: The Autobiography and Diaries of Situ Panchen, auf Tibetisch, mit englischem Vorwort von E. Gene Smith, Delhi 1969

Chandra, L.: Khongtrul's Encyclopaedia of Indo-Tibetan Culture, auf Tibetisch, mit englischem Vorwort von E. Gene Smith, Delhi 1969

Chang, G. C. C.: The Hundred Thousand Songs of Milarepa, New York 1962

Chang, G. C. C.: Teachings of Tibetan Yoga, New York 1963

Chang, G. C. C.: Esoteric Teachings of the Tibetan Tantra, New York 1968

Clarke, H.: The Message of Milarepa, London 1958

Dalai Lama, 14 th.: My Land and My People, London 1962

Dalai Lama, 14 th.: The Opening of the Wisdom Eye, Bangkok 1968

Das, S. C.: Journey to Lhasa and Central Tibet, Delhi 1970

Das, S. C.: Contributions on the Religion and History of Tibet, Delhi 1970

Dasgupta, S.: An Introduction to Tantric Buddhism, Kalkutta 1950

Dasgupta, S.: Obscure Religious Cults, Kalkutta 1950

Datta, B. N.: Mystic Tales of Lama Taranatha, Kalkutta 1957

David-Neel, A.: Initiations and Initiates in Tibet, London 1958

David-Neel, A.: The Superhuman Life of Gesar of Ling, London 1959

Desjardins, A.: The message of the Tibetans, London 1969

Douglas, N.: Tantra Yoga, Neu-Delhi 1971

Ekvall, R. S.: Religious Observances in Tibet, Chicago 1964

Evans-Wentz, W. Y.: Tibet's Great Yogi Milarepa, Oxford 1951

Evans-Wentz, W. Y.: The Tibetan Book of Great Liberation, Oxford 1954

Evans-Wentz, W. Y.: The Tibetan Book of the Dead, Oxford 1956

Evans-Wentz, W. Y.: Tibetan Yoga and Secret Doctrines, Oxford 1958

Ferrari, A.: Mk'yen-Brtse's Guide to the Holy Places of Central Tibet, fertig gestellt und herausgegeben von L. Petech und H. E. Richardson, Rom 1958

Gordon, A. K.: An Iconography of Tibetan Lamaism, New York 1959

Govinda, A.: Foundations of Tibetan Mysticism, London 1962

Govinda, A.: **The Way of the White Clouds**, London 1966

Guenther, H. V.: **Gampopa, The Juwel Ornament of Liberation**, London 1959

Guenther, H. V.: **The Life and Teachings of Naropa**, Oxford 1963

Guenther, H. V.: **Yuganaddha: The Tantric View of Life**, Benares 1964

Guenther, H. V.: **The Royal Song of Saraha**, Seattle 1969

Hoffman, H.: **The Religions of Tibet**, London 1961

Kawaguchi, E.: **Three Years in Tibet**, Madras 1909

Latourette, K. S.: **The Chinese: Their History and Culture**, New York 1956

Legshay, K. & Gyaltsen: D., History of the **Karma Kargyudpa Sect**, auf Tibetisch,
mit einer Einleitung auf Englisch von Situ Tschökyi Jungne und Belo Tsewang Kunchab,
Neu-Delhi 1972

Li An-Che.: **The Kargyupa sect of Lamaism**, ein Artikel im Journal der American Oriental
Society, 1949

Nebesky-Wojkowitz, R.: **Oracles and Demons of Tibet**, Den Haag 1956

Norbu, T. J.: **Tibet is my Country**, London 1969

Pallis, M.: **Peaks and Lamas**, London 1946

Pranavananda, S.: **Exploration in Tibet**, Kalkutta 1950

Prawdin, M.: **The Mongol Empire: lst Rise and Legacy**, London 1941

Regmi, D. R.: **Medieval Nepal**, Kathmandu 1970

Richardson, H. E.: **Tibet and ist History**, London 1962

Richardson, H. E.: **The Karmapa Sect**, Artikel im Journal der Royal Asiatic Society,
1958 und 1959

Roerich, G. N.: **The Blue Annals of Zhonupal**, zwei Bände, Kalkutta 1949 und 1953

Sahu, N. K.: **Buddhism in Orissa**, Utkal University, Cuttack 1958

Shakabpa, T. W. D.: **Tibet: A Political History**, New Haven 1967

Snellgrove, D. L.: **The Hevajra Tantra**, eine Übersetzung aus dem Tibetischen, London 1959

Snellgrove, D. L.: **Four Lamas of Dolpo**, eine Übersetzung aus dem Tibetischen,
Oxford 1967

Snellgrove&Richardson: **A Cultural History of Tibet**, London 1968

Trungpa, C.: **Born in Tibet**, London 1966

Trungpa, C.: **Mudra**, Berkeley 1972

Tucci, G.: **Tibet**, London 1967

Tucci, G.: **To Lhasa and Beyond**, Rom 1956

Tucci, G.: **Tibetan Painted Scrolls**, drei Bände, Rom 1949

Tucci, G.: Travels of Tibetan Pilgrims in the Swat Valley, Kalkutta 1940

Tucci, G.: **The Debter Marpo Sarma: Tibetan Chronicles**, Rome 1971

Tucci, G.: **Theory and Practice of the Mandala**, London 1971

Waddell, L. A.: **Lamaism: The Buddhism of Tibet**, Cambridge 1967

Warder, A. K.: **Indian Buddhism**, Neu-Delhi 1970

Wright, D.: **History of Nepal**, übersetzt aus dem Parbatiya von Shankar Singh
und Gunanand, herausgegeben von D. Wright, Kalkutta 1958

Wylie, T. V.: **The Geography of Tibet According to the Dzam Ling Rgyas Bshad**, Rom 1962

Adressenliste buddhistischer Zentren

Deutschland (Auswahl)

Buddhistisches Zentrum Berlin, Grunewaldstr. 18 • D-10823 Berlin
Tel.: 030-78704213, Fax: 030-78704214, Infoline: 030-78704215,
E-Mail: Berlin@diamondway-center.org

Buddhistisches Zentrum Bochum, Dorstener Str. 102 • D-44809 Bochum
Tel.: 02324-55225 oder 23649, Fax: 02324-22217,
E-Mail: Bochum@diamondway-center.org

Buddhistisches Zentrum Braunschweig, Kramerstr.18 • D-38122 Braunschweig
Tel.: 0531-798601, Fax: 0531-791009, E-Mail: Braunschweig@diamondway-center.org

Buddhistisches Zentrum Frankfurt, Saalburgstr. 17 • D-60385 Frankfurt
Tel.: 069-4691001, Fax: 069-4691002, E-Mail: Frankfurt@diamondway-center.org

Buddhistisches Zentrum Hamburg, Thadenstr. 79 • D-22767 Hamburg
Tel.:040-4328380, Fax:040-43283810, E-Mail:Hamburg@diamondway-center.org

Buddhistisches Zentrum Heidelberg, Kaiserstr. 39 • D-69181 Leimen
Tel.: 02324-55225 oder 23649, Fax: 02324-22217,
E-Mail: Heidelberg@diamondway-center.org

Buddhistisches Zentrum Kiel Jungmannstr. 55 • D-24105 Kiel
Tel.: 49-431-93533, Fax: 49-431-93633, E-Mail: Kiel@diamondway-center.org

Buddhistisches Zentrum, Köln Aquinostr. 27 • D-50670 Köln
Tel.: 49-221-7327475, Fax: 49-221-7327475, E-Mail: Köln@diamondway-center.org

Buddhistisches Zentrum München, Gabelsbergerstr. 52/RGB • D-80333 München
Tel.: 49-89-52046330, Fax: 49-89-52046340, E-Mail: München@diamondway-center.org

Buddhsitisches Zentrum Schwarzenberg, Hinterschwarzenberg 8 • D-87466 Oy-Mittelberg
Tel.: 49-8366-98380, Fax: 49-8366-983818
E-Mail: Schwarzenberg@diamondway-center.org

Buddhistisches Zentrum Wuppertal, Heinkelstr. 27 • D-42285 Wuppertal
Tel.: 49-202-84089, Fax: 49-202-82845, E-Mail: Wuppertal@diamondway-center.org

Österreich :

Buddhistisches Zentrum Graz, Peifferhofweg 94 • A-8045 Graz
Tel.: 43-316-670700, Fax: 43-316-670070023, E-Mail: Graz@diamondway-center.org

Buddhistisches Zentrum Linz, Hauptplatz 15 • A-4020 Linz-Leonding
Tel.: 43-732-680831, Fax: 43-3732-676534, E-Mail: Linz@diamondway-center.org

Buddhistisches Zentrum Wien, Siebensterngasse 25 • A-1070 Wien
Tel./Fax: 43-1-2631247, E-Mail: Wien@diamondway-center.org

Schweiz:

Buddhistisches Zentrum Basel, Laufenstr. 15 • CH-4053 Basel
Tel./ Fax: 41-61-2720223, E-Mail: Basel@diamondway-center.org

Buddhistisches Zentrum Bern, Kramgasse 33 • CH-3011 Bern
Tel.: 41-31-311145,1 Fax: 41-31-8195297, E-Mail: Bern@diamondway-center.org

Buddhistisches Zentrum Zürich, Hammerstr. 9 • CH-8008 Zürich
Tel.: 41-1-3830875, Fax: 41-1-3800144, E-Mail: Zürich@diamondway-center.org

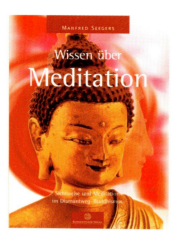

Wissen über Meditation

Wie ist das Erleben von dauerhafter Freude möglich?
Der tibetische Buddhismus besitzt Methoden, die lebensnah und praktisch tiefe Einsichten in die Natur unseres Geistes ermöglichen. Manfred Seegers zeigt in diesem Buch, wie Verstandenes durch die Auseinandersetzung mit buddhistischer Meditation zu einer bleibenden Erfahrung wird.
Das Ziel von Buddhas zeitloser Weisheit ist es, die uns allen innewohnenden Fähigkeiten zu entdecken und vollständig zu entfalten. Die Praxis der Meditation hilft uns dabei, die Kraft unserer Wünsche, Sprache und Handlungen dauerhaft zum Besten Aller einzusetzen.

Manfred Seegers
Wissen über Meditation
Sichtweise und Meditation im Diamantweg-Buddhismus
mit einem Geleitwort des 17. Gyalwa Karmapa Thrinle Thaye Dorje
224 Seiten
Paperback

Format: 16,5x23cm
ISBN 3-937160-08-6
(D) 18,80 Euro

Raum und Freude, Space and Bliss

Buddhistische Statuen & Ritualgegenstände
Buddhist Statues & Ritual Implements

Die Diamantweg-Stiftung zeigt in diesem Ausstellungskatalog zum ersten Mal die Kunstwerke der Sammlung Blomeyer. Die buddhistische Statuen und Ritualgegenstände stammen aus zwei Jahrtausenden und werden mit aussagekräftigen Fotografien präsentiert.

Manfred Seegers und Tanja Böhnke ermöglichen in einer zeitgemäßen Sprache umpfangreiche Einblicke in die Geschichte und die Bedeutung der vorgestellten Statuen. Ein wichtiges Buch sowohl für die Meditation als auch für das Studium des Diamantweg Buddhismus.

Hrsg. Diamantweg-Stiftung
Text: Tanja Böhnke und Manfred Seegers
Fotografie: Ginger Neumann
240 Seiten mit 185 Farbfotografien
Hardcover mit Fadenheftung

Format: 23x23cm
ISBN 3-937160-07-8
(D) 38,00 Euro

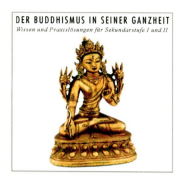

DER BUDDHISMUS IN SEINER GANZHEIT
Wissen und Praxislösungen für Sekundarstufe I und II

Buddhismus ist ein In-Thema im Religions- und Ethikunterricht. Diese Materialsammlung unterstützt Lehrkräfte mit reichhaltiger Hintergrundinformation sowie einer großen Fülle methodischer Ideen – und vor allem: sie stammt aus authentischer Quelle.

Buddhistische Lehrer aus der Karma-Kagyü-Line des tibetischen Buddhismus haben die Inhalte gemäß traditioneller Lehrdarlegung zusammengestellt. Professionelle Pädagogen haben daraus pfiffige und moderne Unterrichtsentwürfe entwickelt.

Die wichtigsten Themen des Buddhismus sind in 26 Kapiteln lebensnah und spannend aufbereitet. Die meisten Unterrichtsentwürfe können als einzelne Stunden verwendet werden. Die Sammlung eignet sich aber auch hervorragend als Baukasten für längere, vertiefende Sequenzen. Querverweise zeigen, wo Themen aufeinander aufbauen oder sich ergänzen.

Hrsg. Diamantweg-Stiftung
Ca. 400 Seiten mit zahlreichen Illustrationen und Fotografien
Loseblattsammlung, 2 Odrner und CD

Format: 27,5x32cm
ISBN 3-937160-10-8
(D) 58,00 Euro